滕阁读书
TENGGE READING

本书为国...
招标课题"建...
究"(项目编号...

周洪宇　龚　苗 ◎编著

教育改革的中国方案

聚焦发展核心素养的
素质教育探索

 江西教育出版社
JIANGXI EDUCATION PUBLISHING HOUSE

·南昌·

图书在版编目（CIP）数据

教育改革的中国方案：聚焦发展核心素养的素质教
育探索 / 周洪宇，龚苗编著 . —— 南昌：江西教育出版社，
2022.2（2023.5 重印）
ISBN 978-7-5705-2992-6

Ⅰ.①教… Ⅱ.①周… ②龚… Ⅲ.①素质教育 - 教
育改革 - 研究 - 中国 Ⅳ.①G521

中国版本图书馆CIP数据核字（2022）第028007号

教育改革的中国方案——聚焦发展核心素养的素质教育探索
JIAOYU GAIGE DE ZHONGGUO FANG'AN —— JUJIAO FAZHAN HEXIN SUYANG DE
SUZHI JIAOYU TANSUO
周洪宇 龚 苗 编著

江西教育出版社出版
（南昌市学府大道 299 号 邮编：330038）

出 品 人：熊 炽
责任编辑：苏晓丽
美术编辑：张 延

各地新华书店经销
南昌市红黄蓝印刷有限公司印刷
700 毫米 ×1000 毫米 16 开本 22.5 印张 323 千字
2022 年 2 月第 1 版 2023 年 5 月第 2 次印刷

ISBN 978-7-5705-2992-6
定价：68.00 元

赣教版图书如有印装质量问题，请向我社调换 电话：0791-86710427
总编室电话：0791-86705643 编辑部电话：0791-86708350
投稿邮箱：JXJYCBS@163.com 网址：http://www.jxeph.com

前　言

　　目前各国和各国际组织都非常重视学生核心素养(关键能力)的培养,将之视为 21 世纪学生培养的关键。什么是 21 世纪的教育? 哈佛大学教育研究生院的全球教育创新倡议(Global Education Innovation Initiative,简称 GEII)从以下几个方面看待 21 世纪的教育:1. 个人领域的能力,包括知识开放、职业道德和责任心;2. 人际关系领域的能力,包括团队合作和领导力;3. 认知领域的能力,包括主意、知识和创造力;4. 价值观和态度;5. 积极、参与和授权的教学法。尤瓦尔·赫拉利[①]以 2050 年为例,指出 2050 年的教育与现在教育的不同应特别体现在:不是向学生灌输信息,而是教他们判断信息;不应看重工作技能,而要强调通用的生活技能;"不连续性"时代,需要不断"重塑"自己;认识你自己:不要被算法控制。可以说,全球主流教育方向已经发生改变,体现在:第一,学习方式基本转向成功。在世界各地,尤其是教育发达地区,几乎无一例外地进行着项目式学习、团队合作学习、多学科融合学习、问题导向式学习、人工智能辅助学习、体验式学习、探究式学习等。第二,教育在关注人的意义。教育的一大目的就是引导学生成为更好的自己,这也是人存在的意义之一。这意味着学生是活生生的人。第三,落实合作学习。合作学习是当今主流学习形式之一,成熟的合作学习理论与实践被证明是全球更好的学习方式。[②] 其实,或是主张何为 21 世纪的教育,或是提出何为 21 世纪的技能,都是全球主流教育方向的

[①]　尤瓦尔·赫拉利,全名尤瓦尔·诺亚·赫拉利,1976 年生于以色列,牛津大学历史学博士,青年怪才、全球瞩目的新锐历史学家。

[②]　张克运:《全球主流教育方向已变,我们还在纠缠起跑线》,《华人时刊(校长)》2019 年第 2 期。

体现,那就是重视核心素养的培养。核心素养是近来国际教育改革的风向标。经济合作与发展组织(以下简称"经合组织")、欧洲联盟(以下简称"欧盟")、联合国等国际组织及美国等国家都在研究 21 世纪要培养出什么样的人,当具有怎样的核心素养。经合组织的 DeSeCo(素养的界定与遴选:理论和概念基础)项目、欧盟的终身学习之核心素养的欧洲参考框架项目、美国的 21 世纪技能等都聚焦发展个体核心素养,深化 21 世纪的教育改革。

纵观我国,近代以来,不少先进教育家也在就培养什么样的人不断地进行探索。严复、梁启超、王国维、蔡元培、陶行知、陈鹤琴、杨贤江等人,是那个时代的先锋,锐意改革,寻找出路。严复、梁启超开了国民性改造的先河,主张体育、智育、德育"三育并重"。王国维将智育、德育、美育、体育统合协调,为近代教育宗旨奠基。蔡元培提出军国民教育、实利主义教育、公民道德教育、世界观教育、美感教育"五育并举"的教育方针,顺应时势,养成共和国民健全之人格。杨贤江以马克思"人的全面发展"理论为指导,提出德智体美劳全面和谐发展的新教育思想,主张教育与生产劳动相结合是实现人的全面发展的重要途径,对青少年要实行"全人生指导",将青少年的身心发展和个性特征贯彻实施到整个"五育"融合过程中。陈鹤琴的"活教育"旨在培养具有健全的身体、创造的能力、服务的精神、合作的态度以及世界的眼光的现代中国人以及世界人。对于培养什么样的"现代"人,从理论到实践,陶行知的回应更加掷地有声。基于其独创的生活教育思想,他提出培养学生生活力、自动力、创造力(简称"三力论")以及"初级常能"与"高级常能"(简称"常能论"),无疑是明确聚焦于那个时代"核心素养"的有益尝试。这些都充分体现了中国先进教育家对于当时"核心素养"培养的先驱性探索,具有世界意义。

在当代,面对全球化浪潮、世界教育改革的大势,为了本国社会发展的需要,在清楚了解人才培养现状的基础上,我国也在不断推动教育的持续深化改革。自上至下,从学界研究到政府推动,聚焦发展核心素养和关键能力的素质教育体系探索,将成为世界教育改革浪潮中的一份中国方案。基础教育新课程改革实验是现当代政府主导的聚焦于学生能力发展的素质教育探索。从"双基"目标到三维目标,再到现在的核心素养,政府始终在推动基于学生能力发展的素质教育改革。由继承与发展陶行知生活教育学说而来的"生活·实践"教育则是由专家和学校在自发探索过程中形成的聚焦发展核心素养的民间方案。"生活·实践"教育的生命力在于其对生活教育学说的创造性转化、创新性发展。生活教育是陶行知为 20 世纪贡献的一份宝贵的教育学说,继承与发展生活教育是历史赋予 21 世纪中国教育工作者的神圣使命。毛泽东曾称陶行知为"伟大的人民教育家",董必武也誉之为"当今一圣人",宋庆龄更赞之为"万世师表"。习近平总书记近年更是在教师节以及全国教育大会上多次提到陶行知,引用其名言。2021 年全国两会期间,习近平总书记在与医疗卫生界、教育界的政协委员座谈时,强调老师们要学习陶行知"'捧着一颗心来,不带半根草去'的奉献精神",当好人民教师。可见,中国共产党领导人对陶行知的评价是一以贯之的,而且特别强调今天要继续学习、弘扬陶行知的生活教育学说、思想与精神。

需要特别指出的是,本研究讨论的教育改革探索,聚焦在核心素养、关键能力这一维度,基于此,在中国教育部分,重点介绍了政府主导的新课程改革和民间推动的"生活·实践"教育实验。事实上,在中国基础教育领域,不少地方的教育改革实验理念先进、改革系统、探索深入、富有成效,甚至比"生活·实践"教育开展得更早,成效更显,影响更大,如叶澜的"生命·实践"教育、朱永新的"新教育实验"、李吉林的"情境教育"等。只是由于本研究的旨趣在于聚焦发展核心素养的素质教育探索,特别是全面贯彻落实习近平总书记近年来关于学习、研究、宣传、实践陶行知思想、人格精神的指示精神,系统梳理和总结近现代教育家陶行知基于生活教育学说,培养学生生活力、自动力、创造力和"初级常能"与"高级常能"的宝贵经验,以及这一经验在当代中国的创造性转化、创新性发展——"生活·实践"教育,因此未将以上重要教育改革探索纳入本研究论述范围。

周洪宇

2021 年 10 月 1 日

目　录

第一章

核心素养的含义及由来

近年来，"核心素养"一词在我国教育界的流行已是不争事实。流行背后的原因大致有三：一是汇入世界教育发展潮流，关注全球化背景下教育之现代化与可持续发展，回应社会需要，同时贡献于世界教育之发展；二是为落实立德树人任务，深化教育改革提供落脚点和突破点；三是完善教育之育人功能，实现个人全面发展。"核心素养"概念是舶来品，漂洋过海来到我们面前，一些国家（如美国）、地区（如中国台湾地区）和国际组织（如经济合作与发展组织）已系统地进行了相关研究。溯其根源，理清其发展脉络，是全面了解一事物的有效方法。基于此，本章将选取研究核心素养较早、推广核心素养力度较大的两个国际组织：经合组织和欧盟进行介绍，同时追踪一些有代表性的国家、地区核心素养项目的发起及推广，旨在使"核心素养"一词之由来、演变过程更加清晰。

第一节

核心素养的基本含义

为使核心素养这一概念及其相应的理论比较完整、清晰地呈现于前,本部分将从概念的内涵与外延、核心素养体系的框架及核心素养这一概念的实质三方面阐述核心素养的含义。

一、核心素养的内涵与外延

众所周知,核心素养这一概念并非产自中国本土。它是舶来品。英文中的主要表达是 Key Competency,其中 competency 也有 competencies,competences,literacy,skills 等不同的表达。由于不同语言的表达习惯及其背后的意蕴,要在中文词汇中寻找一词完全匹配 Key Competency 显然会有分歧。所以,针对 Key Competency 一词的翻译,在国内引起不少讨论,至今尚未完成达成一致。不过,绝大部分学者认为将其译为核心素养或者 21 世纪素养能够较大程度上忠实于原意,即比较综合地反映 competency 的内涵,与此同时,较符合中国人的思维习惯和文化传统。

虽已在翻译上渐趋一致,不过核心素养概念的内涵和外延在不同国家、地区有不同表述。笔者认为有必要一一列举,以期了解各国、地区界定的标准和原则,从而审视我国学者所提出的界定假设。

首先是经合组织对核心素养这一概念的界定。经合组织认为,素养不仅仅是知识和技能,它还包括在特定情境中,利用和调动技能和态度在内的心理社会资源以满足复杂的需求的能力。制定一系列广泛的素养显然是不实际的,因此,经合组织通过 DeSeCo(Definition and Selection of Competencies:Theoretical and Conceptual Foundations)项目,与众多学者、专家和机构合作,确定了一小部分核心素养。每一核心素养必须满足以下特征：为社会和个人贡献有价值的成果；帮助个体达到不同情境之要求；核心素养不仅仅服务于专家，而是服务于所有人。[①]

欧盟先将素养定义为与情境相适应的知识、技能和态度的组合。而核心素养是所有人实现个人发展，成为积极的公民，融入社会和养成就业能力所必需的知识、能力和态度的组合。[②]

中国学生发展核心素养课题组认为，学生发展核心素养，主要是指学生应具备的，能够适应终身发展和社会发展需要的必备品格和关键能力。它是所有学生应具有的最关键、最必要的共同素养，是知识、能力和态度等的综合表现；可以通过接受教育来形成和发展，既表现出发展的连续性，也具有发展的阶段性；兼具个人价值和社会价值，其作用发挥具有整合性。[③]

褚宏启从四个角度给核心素养下定义，不但规定核心素养是什么，而且表明核心素养不是什么。一是素养是行为能力，是行为指向或实践导向的，是知识、技能、态度的统整与融合。二是核心素养是 21 世纪的关键少数素养，不是全面素养或者综合素养。三是核心素养是高级素养或者高阶素养，不同于基础素养。四是核心素养是人人都需要的高级共同素养，即面向全体国民的国民核心素养，不同于职业素养。[④]

张华认为，素养是人在特定情境中综合运用知识、技能和态度解决问题的高级能力与人性能力。核心素养亦称"21 世纪素养"，是人适应信息时代和知识社会的需要，解决复杂问题和适应不可预测情境的高级能力与人性能力。核心素养是对农业和工业时代基本技能的发展与超越，其核心是创造性思维能力

① DeSeCo. The Definition and Selection of Key Competencies：Executive Summary ［EB/OL］. (2003-06-25). https：//www. pisa. oecd. org/dataoecd/47/61/35070367. PDF.

② The European Parliament and the Council of the European Union. Recommendation of the European Parliament and of the Council of 18 December 2006 on Key Competences for Lifelong Learning ［EB/OL］. (2006-12-30). http：//eur-lex. europa. eu/LexUriServ/LexUriServ. do？ uri＝OJ：L：2006：394：0010：0018：en：PDF.

③ 林崇德：《对未来基础教育的几点思考》，《课程·教材·教法》2016 年第 3 期，第 3 页。

④ 褚宏启：《核心素养的概念与本质》，《华东师范大学学报(教育科学版)》2016 年第 1 期，第 2 页。

和复杂交往能力。核心素养具有时代性、综合性、跨领域性与复杂性。[①]

各家对核心素养的内涵表述不一，各有侧重，但是总的来说，包括以下几点：一是素养是知识、技能和态度的融合，而不单指某一方面；二是核心素养的功能性指向，即实现个人发展和社会完善；三是核心素养是关键的、必要的、高级的能力；四是核心素养是应 21 世纪时代所需的产物。

正因为核心素养的功能性指向不同，即不同国家、地区对个体和社会寄予的期待不同，核心素养的外延也不尽相同。比如经合组织的 3 类 9 项核心素养，欧盟的八大核心素养，美国的 1＋3 类 11 项技能，中国台湾地区的 3 类 9 项核心素养，中国学生发展核心素养课题组的三大方面、6 类素养和 18 个基本要点，还有褚宏启强调的六大素养，等等。正如蒋永红所言："'核心素养'的外延并不是自然而然地形成的，而是需要在一个庞大的'competencies'中寻找，这种寻找并不是'想当然'的过程，而是需要大量的数据支持。显然，不同的功能指向、不同的学生、不同的教育水平和不同的社会基础都会对测量的结果产生影响，进而影响'核心素养'的甄选。从这个角度来说，'核心素养'的外延会随着不同国家和地区的需要以及个人的实际情况而有所差别。"[②]

二、核心素养的框架

不同的定义势必形成不同的框架，核心素养的由来部分，将就主要国家和地区的核心素养框架作说明，在此不拟赘述。本部分将就林崇德主持的中国学生发展核心素养课题组所提出的核心素养框架作一重点介绍，旨在帮助读者体会核心素养框架。需要指出的是，看似框架与外延合二为一，但是，框架不同于外延，框架不仅仅有具体的素养，它还涉及素养之间的组合以及相互关系。

中国学生发展核心素养，以"全面发展的人"为核心，分为文化基础、自主发展、社会参与三个方面，综合表现为人文底蕴、科学精神、学会学习、健康生活、

---

① 张华：《论核心素养的内涵》，《全球教育展望》2016 年第 4 期，第 18、19 页。
② 蒋永红：《"核心素养"概念本土化及甄选和构建原则研究》，《教师教育论坛》2016 年第 12 期，第 21 页。

责任担当、实践创新六大素养。① 各素养之间的关系如图 1-1 所示。

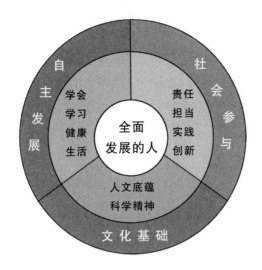

图 1-1 中国学生发展核心素养总体框架

课题组针对框架中的每一素养都作了较为详细的介绍,具体如下:

(一)文化基础

文化是人存在的根和魂。文化基础,重在强调能习得人文、科学等各领域的知识和技能,掌握和运用人类优秀智慧成果,涵养内在精神,追求真善美的统一,发展成为有宽厚文化基础、有更高精神追求的人。

(1)人文底蕴。主要是学生在学习、理解、运用人文领域知识和技能等方面所形成的基本能力、情感态度和价值取向。具体包括人文积淀、人文情怀和审美情趣等基本要点。

(2)科学精神。主要是学生在学习、理解、运用科学知识和技能等方面所形成的价值标准、思维方式和行为方式。具体包括理性思维、批判质疑、勇于探究等基本要点。

(二)自主发展

自主性是人作为主体的根本属性。自主发展,重在强调能有效管理自己的学习和生活,认识和发现自我价值,发掘自身潜力,有效应对复杂多变的环境,

---

① 林崇德:《教育的智慧》,浙江教育出版社,2019,第 118—120 页。

成就出彩人生,发展成为有明确人生方向、有生活品质的人。

(1)学会学习。主要是学生在学习意识形成、学习方式方法选择、学习进程评估调控等方面的综合表现。具体包括乐学善学、勤于反思、信息意识等基本要点。

(2)健康生活。主要是学生在认识自我、发展身心、规划人生等方面的综合表现。具体包括珍爱生命、健全人格、自我管理等基本要点。

(三)社会参与

社会性是人的本质属性。社会参与,重在强调能处理好自我与社会的关系,养成现代公民所必须遵守和履行的道德准则和行为规范,增强社会责任感,提升创新精神和实践能力,促进个人价值实现,推动社会发展进步,发展成为有理想信念、敢于担当的人。

(1)责任担当。主要是学生在处理与社会、国家、国际等关系方面所形成的情感态度、价值取向和行为方式。具体包括社会责任、国家认同、国际理解等基本要点。

(2)实践创新。主要是学生在日常活动、解决问题、适应挑战等方面所形成的实践能力、创新意识和行为表现。具体包括劳动意识、问题解决、技术应用等基本要点。

选取中国学生发展核心素养框架重点介绍,并不是说它已十分完善,而是作为一个已经形成的框架,以它为参考,既可以比较直观地体会我国核心素养框架之特征与素养之间的关系,也可以将其与其他国家、地区的框架作对比,从而分析各框架之特征。总的来说,各国、各地区及国际组织的核心素养框架虽不完全一致,但基本上都呈现出以下特征:一是以培养完整的个体和促进社会发展两个维度为起点。二是在人与社会关系方面,各国、各地区以及国际组织的目光不仅聚焦在本国、本地区,也关注与其他国家、地区之间的关系,培养学生的公民素养和国际公民意识。三是信息素养、科学素养和创新能力等与信息社会、知识社会紧密相连的要素极富时代性,有前瞻性,核心素养是未来教育发展的重要导向。四是各国在求同的同时,尤其关注本国优良传统文化,使核心素养扎根于本国土壤。

三、核心素养的实质

关于核心素养的实质,学术界、教育界也有讨论。从内涵来看,彭凯平认为,所有核心素养的本质是积极心理。换句话说,核心素养就是要弘扬人的积极天性。他还指出,核心素养教育就是积极教育,这是国际共识。积极教育,"作为一个用科学方法弘扬积极天性的学科,肯定对核心素养的提升有极大的帮助"。[①] 彭凯平从心理学角度"看"核心素养概念及其实质,将复杂概念简单化,使其更易为人所接受。不过,关于积极心理的定义,积极心理、积极教育与核心素养、核心素养教育的关系仍需进一步探讨。

事实上,改变"看"核心素养的方式,将会提醒我们不是仅仅纠缠于核心素养的概念辨析,而是关注核心素养的实质性内容以及教育价值取向的深刻变革。[②] 跳出从教育理念、内涵等角度谈核心素养的实质的框框,从其他学科视角来"看"核心素养的实质,不失为一种好的尝试。高伟的《论"核心素养"的证成方式》一文对此提供了新的视角。

在《论"核心素养"的证成方式》一文中,高伟从存在论、社会生活品质、社会正义三个维度来证成核心素养,使得核心素养的实质以别样的角度更加清晰地呈现于眼前。高伟首先肯定了面对社会发展挑战是核心素养证成的共性,除此之外,有理有据地论及了三种相互联系但亦有所不同的进路。一是从存在论的角度证成,核心素养即追求卓越。文章认为,所谓核心素养在其历史脉络中也就显示为人应该成为具有什么样的卓越品格和能力的人,即人之为人的内在规定性。在现代的话语体系里,核心素养不仅关涉人的卓越品格,也关涉人的卓越能力,是品格与能力的统一。在某种意义上讲,核心素养清单也就是一份人性的卓越德性清单,具有宣言的性质,而诸种清单所开列的核心素养的差异,则更多取决于人性的文化属性和社会属性。另外,核心素养所揭示的是人类存在的应然性与未来性,是对人的存在的可能性的筹划。所谓核心素养在存在论上

---

① 彭凯平:《教育的最大问题,是学生的主动精神不够》,2016 年 11 月 18 日。http://www.china.com.cn/education/2016-11/18/content_39731537.htm.

② 高伟:《论"核心素养"的证成方式》,《教育研究》2017 年第 7 期,第 12 页。

就是对人的本质的领会与筹划。再者,核心素养不仅仅是一份能力清单,而且是一种人性设计,即通过对未来人的形象设计,打造教育改革的人性论基础。虽然核心素养的实践仍有可能是不完善的,但它的提出对于回归人类本质以及启发崇高的教育事业仍具有积极的促进作用。二是从生活品质的角度证成,核心素养即生活能力。文章指出,教育所做的一切,就是要使生活过得更好,用现代话语表述,也就是所谓核心素养教育。核心素养所满足的并非生活的全部需要,而是那些对生活来说较为急迫的品格和能力。事实上,想象一种生活是一回事,有能力去过一种生活又是一回事。是否有能力去过一种个体所珍视的生活才是衡量个体生活质量的最终标准,因而能力事实上构成了个体的实质自由。从而,提升个人核心素养的关键在于提升个体的可行能力。核心素养这一教育理念的提出本身就具有象征性意义,它标志着对学生发展和生活能力的真正关注。需要补充的是,在学生核心素养的形成方面,社会和教育负有不可推卸的责任。在某种意义上讲,核心素养是人类发展权的集中体现。核心素养反映了人类对于尊严的、体面生活的权利主张,而这一紧要的任务,有赖于政府和公共决策的性质——是否把提升由人类能力所规定的生活品质真当成一回事。这样看来,生活品质证成的核心素养显示了生活本身对生活设计、生活理想的绝对优先性,也就是说,生活的理想是为了理想的生活,而不是相反。三是从政治哲学的角度证成,核心素养即社会正义。此部分涉及一些术语,比如"能力安全""重叠共识"等。文章通过这些概念从政治哲学的角度帮助我们从新的角度"看"核心素养。从已经公开的核心素养的目录来看,假设不单单关注各种框架的文化比较和社会比较,就不难发现所有的核心素养都既包含了对人的发展的基本要求——作为底线,同时也包含了对人的发展的最高要求——作为标准,而核心素养本质上就是一种有关社会正义的不完全理论——它不是关于人的发展能力的完备性学说,而是具体规定了人的哪些发展能力才是社会正义所期许的最低限度的要求以及社会正义所允诺的发展标准,从而公共决策的义务就在于向民众提出社会生活所依赖的这种能力,纳斯鲍姆将其称为"能力安全"。此外,对公民核心素养的培养实际上是对关涉人的发展的核心自由领域的保护,比如人的实践理性能力,归属感以及公正的社会交往。这些核心素养能力的形成有助于公民选择多种能力以应对具体的社会生活机会,也就是说,有能力去规划生活,规划一个人生活的机会。没有能力,就无从选择;无从选择,就没有机会;没有机会,则根本无所谓自由。因此,核心素养所发展的不仅仅是公民的内在能力,更重要的是其混合能力——一个人必须经由实践才能养成其内在能力。

因此,《论"核心素养"的证成方式》一文从三个维度展示了核心素养的实质。无论是就存在论而言的追求卓越,还是就生活品质而言的养成生活能力,抑或是从社会哲学而言的社会正义,核心素养的提出在某种意义上都是对教育是创造美好生活的根本途径的积极回应,意味着我们对学生生活品质、对教育正义乃至社会正义的真正关切。

第二节

经合组织对"核心素养"概念的最早使用

最早使用"核心素养"概念且产生较大影响的国际组织当首推经合组织。经合组织为何发起核心素养项目,何为核心素养,核心素养框架何以形成,研究成果又将如何使用和推广等,是本节要探讨的问题。探讨这些问题将使得核心素养之庐山真面目显现人前。

一、经合组织与 DeSeCo 项目

经合组织,是由 38 个市场经济国家组成的政府间国际经济组织,旨在共同应对全球化带来的经济、社会和政府治理等方面的挑战,并把握全球化带来的机遇。经合组织成立于 1961 年,总部设在巴黎。应对全球化可说是经合组织在众多领域努力作为的重要动力。发起于 1997 年的 DeSeCo 项目是应对全球

化在教育领域的行动之一。

DeSeCo 项目被译为"素养的界定与遴选：理论和概念基础"，1997 年底由经合组织发起。该项目在瑞士领导下进行，与 PISA（国际学生学业成就评估项目）有关，由多学科的专家、利益攸关方和政策分析人员共同制定框架，旨在为确定核心素养提供健全的概念框架，并加强现有衡量年轻人和成年人能力水平的国际评估项目。[①]

经合组织指出，发起 DeSeCo 项目的主要动力来自商业部门和雇主的需要。从纯粹的经济角度来看，提高个人素养，有利于提高生产能力和市场竞争力，也有利于培养合格劳动力，减少失业，并在以全球竞争为主导的世界中营造创新氛围。从更广泛的社会角度来看，知识、技能和素养之所以重要，是因为这有助于提高个人的民主参与能力，增强社会凝聚力和正义以及加强人权和自治。

经合组织认为，全球化和现代化正构建一个日益多样化和相互关联的世界，为了使世界变得有意义和运作良好，个人需要掌握多变的技术，了解大量可用信息等素养。与此同时，社会也面临挑战，如经济增长与环境可持续性的平衡。在这些情况下，个人所应具备之能力变得更加复杂，不仅仅是掌握某些狭义的技能。经合组织从不同角度表明开展 DeSeCo 项目的必要性和紧迫性。正如经合组织教育部长会议所强调的：可持续发展和社会凝聚力主要取决于所有人的素养——包括知识、技能、态度和价值观的素养。[②]

二、何为素养，框架为何

（一）素养与核心素养

DeSeCo 项目组认为，素养不仅仅是知识和技能，它还是一种能力：在特定情境下调动心理社会资源（包括技能和态度）以满足复杂需求的能力。例如，有

---

① DeSeCo. The Definition and Selection of Key Competencies：Executive Summary [EB/OL]. (2003-06-25). https://www. pisa. oecd. org/dataoecd/47/61/35070367. pdf.

② DeSeCo. The Definition and Selection of Key Competencies：Executive Summary [EB/OL]. (2003-06-25). https://www. pisa. oecd. org/dataoecd/47/61/35070367. pdf.

效沟通是一种素养,它需要利用个人对语言的了解,实际的 IT(互联网技术)技能以及对他或她正在沟通的人的态度。①

应对当今世界复杂的挑战,个人需要一系列广泛的素养。但列出个体在不同时刻、情境中所需之所有素养清单,是不太现实的做法。基于此,经合组织发起 DeSeCo 项目,众多学者、专家和机构合作,扎根相关理论,确定一组核心素养。那么,界定和遴选核心素养的标准是什么?经合组织认为,每一核心素养都必须满足以下三点:一是为社会和个人贡献有价值的成果;二是帮助个体达到不同情境之要求;三是核心素养不是仅仅服务于专家,而是服务于所有人。②

由此可知,核心素养出于素养。考虑到现实需要和实施效率,经合组织通过不同的方法界定和遴选出核心素养,形成一组核心素养,也就有了核心素养框架。

(二)核心素养概念框架

经合组织的核心素养概念框架将众多素养分为三大类。第一类是互动地使用工具的素养。也就是说个体能广泛地使用工具,与环境进行有效的互动,包括物理的工具,如信息技术,社会文化方面的工具,如使用语言等。第二类是在异质群体中互动的素养。世界日益成为密不可分的整体,人与人的交往更加频繁。个体越来越需要与不同文化背景的人交往,如此,在异质群体中互动的素养就显得尤为重要。第三类是自主行动的素养。即个人能管理自己的生活,将生活置于更广泛的社会环境中并自主行事。该框架可概括为 3 类 9 项核心素养,如图 1-2 所示。

3 类素养相互关联,共同形成识别和描绘核心素养的基础。批判性思维是这一素养框架的核心。批判性思维不仅包括运用公式或方法解决问题的能力,还包括应对变化、从经验中学习、以批判的立场思考和行动的能力。经合组织对 9 项核心素养作了具体的说明。

---

① DeSeCo. The Definition and Selection of Key Competencies:Executive Summary [EB/OL]. (2003-06-25). https://www.pisa.oecd.org/dataoecd/47/61/35070367.pdf.

② DeSeCo. The Definition and Selection of Key Competencies:Executive Summary [EB/OL]. (2003-06-25). https://www.pisa.oecd.org/dataoecd/47/61/35070367.pdf.

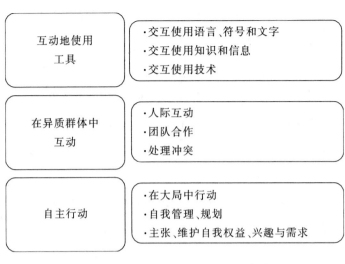

图 1-2 经合组织的 3 类 9 项核心素养

1.互动地使用工具

(1)交互使用语言、符号和文字。此素养包括在多种情境中有效使用口语、书面语言以及计算等数学技能的能力。它是适应社会、胜任工作、与他人进行有效对话必不可少的工具。"沟通能力"或"文学"等术语与这一核心素养有关。阅读能力和 PISA 中的计算能力是此素养之阐释。

(2)交互使用知识和信息。这一核心素养要求对信息本身的性质(它的技术架构及其社会、文化甚至意识形态的背景和影响)进行批判性思考。它包括：识别、确定未知领域；识别、定位和获取合适的信息来源；评估该信息及来源的质量、适切性和价值以及组织知识和信息的能力。交互使用知识和信息素养的一个例证是 PISA 中的科学素养。科学素养旨在了解学生与科学探究的互动程度,包括对科学问题的兴趣程度。

(3)交互使用技术。交互使用技术意味着在日常生活中,个体能有意识地以新方式使用技术。信息和通信技术在多方面都颇具潜力。比如：突破场所限制,改变人们合作的方式；提供大量即时的信息源,获取信息；与世界各地的人们互动；等等。要挖掘这诸多潜力,个人不得不超越简单使用互联网,发送电子邮件等基本技能。与其他工具一样,交互使用技术要求个体了解其性质并反思其潜力。最重要的是,个人应将技术工具可能的效用与自身环境、目标联系起来。个体先将技术纳入其常规做法中,从而熟悉技术,最后扩展其用途。

2.在异质群体中互动

(1)人际互动。此素养意味着个体能尊重、欣赏他人的价值观、信仰、文化和历史,创造出包容、发展的环境。具体来说,它包括:换位思考,即从对方的角度看待问题,自我反省;有效的情绪管理,即有良好的自我意识,能够有效解释自己及他人的情绪和动机状态。

(2)团队合作。合作要求每个人都有一定的品质。每个人都要平衡对团队的承诺和自身目标,贡献领导力并支持他人。该素养的具体内容包括:提出想法与倾听;了解争论的动态与遵循议程;建立战略性或可持续的联盟;谈判能力;做出接纳不同意见的决定。

(3)处理冲突。以建设性的方式处理冲突的关键是认识到这是一个被管理的过程,而不是试图否定它。解决冲突需要考虑他人的利益和需要,寻求双方都获益的解决办法。个体具有管理和解决冲突的素养意味:能分析冲突的根源、相关利益、问题和各方意见,认识到可能存在不同立场;确定一致和分歧的领域;重构问题;优先考虑需求和目标,明确双方能够让步的具体情况。

3.自主行动

(1)在大局中行动。此素养要求个人理解并考虑行动、决策之广泛背景。也就是说,要考虑到它们与社会规范、社会经济制度以及过去发生的事情之间的联系。它包含的内容主要有:了解模式;了解所在社会的制度,即了解其结构、文化、习俗,正式、非正式的规则以及它们发挥的作用;明确行为的直接、间接后果;反思行为对个人、共同规范和目标的潜在影响,选择不同的行动方式。

(2)自我管理、规划。这项素养将项目管理的概念应用于个人。它要求个人视生活为有序的故事,并在变化的环境中赋予其意义和目的。此素养面向未来,意味着乐观和潜力,又是可行范围内的坚定基础。自我管理、规划素养要求个体能够:定义项目和设定目标;识别和评估已有资源及所需资源(如时间、金钱);确定目标的优先级和完善目标;平衡多个目标所需资源;从过去经验中学习,预测结果;监控进度,随项目的进展适时调整。

(3)主张、维护自我权益、兴趣与需求。它主要包括:明白自我权益(如选举权);了解案件的相关书面规则和原则;构建对话平台以满足正当需求和获得正当权利;建议某项安排或提出替代解决方案。

三、核心素养何以界定和遴选,框架何以形成

DeSeCo 项目致力于结合专家和利益相关方之意见,以便较为一致、广泛地分析现代世界所需之核心素养。DeSeCo 项目与 PISA 和 ALL(成人读写能力和生活技能调查项目)这两个有关素养的大型国际评估项目相辅相成。

DeSeCo 项目的核心素养框架始于汇集已有研究和专家意见,汇总各国观点,并利用国际研讨会商定最终框架。自 1997 年发起 DeSeCo 项目始,至 2003 年发布最终报告,界定、遴选核心素养并非想当然,其有较为完整和科学的研究程序支撑着。具体如图 1-3 所示。

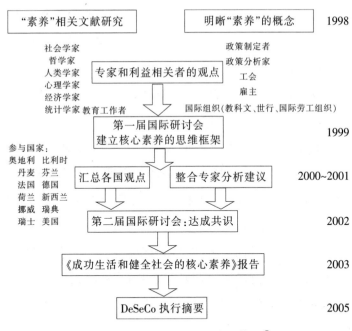

图 1-3 DeSeCo 项目的研究程序图①

① 张娜:《DeSeCo 项目关于核心素养的研究及启示》,《教育科学研究》2013 年第 10 期,第 43 页。

四、框架去向何处

（一）素养框架与教育评估

DeSeCo 项目的要旨之一即为发展、解释教育成果和学习指标提供理论和概念基础，补充、完善国际教育评估。从 PISA 到 ALL 再到 DeSeCo 项目，是经合组织在教育评估方面的重要探索之路。PISA 和 ALL 项目的开展，使得 DeSeCo 项目关于核心素养之研究得以进一步推进。

在评估教育成果、学习指标方面，DeSeCo 项目总体框架的价值在于，为更全面地测量三个类别（互动地使用工具，在异质群体中互动，自主行动）的核心素养所必需的进一步发展提供参考。进一步发展的可能途径包括：建立素养档案，以反映每一素养不可能孤立使用，在任一情境下都需要一组素养的事实；充分运用信息和通信技术进行测试，以产生更多的互动式测试仪器；探索核心素养对社会经济的贡献。

（二）素养框架与终身学习

DeSeCo 项目总体框架同样适用于终身发展所需的素养。它为以学校为基础的教育评估和成人素养评估提供了同一参考框架。终身学习概念的核心在于，不是所有生活所需之素养都能通过初期教育获得。这是因为在整个生命周期中，个人的素养会发展和变化。随着年龄增长，个体可能获得亦可能失去某一素养。此外，由于技术和社会经济结构的转型，社会对个体的要求很有可能在成年期间发生变化。发展心理学亦表明，素养发展并不是在青春期结束，而是持续到成年。尤其是批判性思维能力，随着个体成熟度的增长而增长。DeSeCo 项目素养框架可为终身学习所需素养提供参考。

与此同时，终身学习理念对教育和评估也产生了重要影响。终身学习理念不光为成人教育提供了理论基础，而且，根据共同标准评估个人素养，从而设计出跨越年轻人和成年人的连贯的整体评估策略，终身学习理念也提供了令人信服的理由。

除了在教育评估与终身学习方面发挥重要作用，核心素养框架也将在别的方面大有用途。

第三节

欧盟的使用与推广

欧盟关于核心素养的研究可视为对经合组织之核心素养研究结果的进一步使用。与此同时,由于欧盟在本地区以及世界之影响力,其对核心素养之关注不得不引人注目,如此,又进一步推广核心素养的研究。

一、欧盟与欧洲参考框架

欧盟总部设在比利时首都布鲁塞尔,由欧洲共同体发展而来,创始成员国分别是德国、法国、意大利、荷兰、比利时和卢森堡。欧盟现拥有 27 个会员国,是欧洲地区规模较大的区域性经济合作国际组织。它的宗旨是促进和平,追求公民富裕生活,实现社会经济可持续发展,确保基本价值观,加强国际合作。

正如其宗旨所主张,欧盟致力于追求公民富裕生活,实现社会经济可持续发展。终身学习之核心素养的欧洲参考框架项目(Key Competences for Life-long learning — A European Reference Framework)是实现其宗旨的重要举措之一。2006 年 12 月 18 日欧洲议会和理事会关于终身学习核心素养之建议书对此作了说明。文件指出,随着全球化进程的加快,欧盟面临新的挑战。为了灵活适应不断变化、高度互联的世界,公民需具有一系列广泛的核心素养。教育将在确保欧洲公民获得核心素养方面发挥关键性作用。[1]

具体而言,教育对培养核心素养之作用表现在:要使不同个体获得核心素

---

[1]　The European Parliament and the Council of the European Union. Recommendation of the European Parliament and of the Council of 18 December 2006 on Key Competences for Lifelong Learning [EB/OL]. (2006-12-30). http://eur-lex. europa. eu/LexUriServ/LexUriServ. do? uri＝OJ:L:2006:394:0010:0018: en:PDF.

养,应确保教育平等和准入,以此满足学习者的不同需要,尤其是由于个人、社会、文化或经济因素处于不利地位,需要特别支持以实现其教育潜力的群体。此类群体包括基础技能弱的人,特别是识字不多者,早期离校者,长期失业或长期休假者,老年人,移民和残疾之后返回工作的人员等。

实现公民的终身学习,是欧盟构建核心素养之欧盟参考框架的主要动力源,与欧盟之宗旨一以贯之。

基于此,欧盟将核心素养之欧盟参考框架的宗旨主要定位为:一是明确和界定知识社会中个体实现个人发展,成为积极的公民,融入社会和养成就业能力所必需的核心素养。二是确保在早期教育、培训结束之时,青年所具之核心素养能发展至为成年生活作准备的水平,同时,为进一步学习和工作奠定基础。如此,成人得以在生活中继续发展和更新核心素养。三是为决策者、教育工作者、雇主和学习者本身提供欧盟层面的参考框架,促进各成员国朝着共同目标一道努力。四是为"2010年教育和培训工作计划"以及"社区教育和培训计划"方案中社区一级的进一步行动提供框架。[①]

二、欧盟参考框架的八大核心素养

素养是什么?欧盟认为,素养是知识、技能和态度的组合,是个体为了实现个人发展,成为积极的公民,融入社会和养成就业能力所必需的知识、能力和态度的组合。

八大核心素养何以形成?裴新宁、刘新阳的《为21世纪重建教育——欧盟"核心素养"框架的确立》一文中关于欧盟核心素养发展演化历程的框架图比较直观地呈现了八大核心素养的由来,具体如图1-4所示。

① The European Parliament and the Council of the European Union. Recommendation of the European Parliament and of the Council of 18 December 2006 on Key Competences for Lifelong Learning [EB/OL]. (2006-12-30). http://eur-lex. europa. eu/LexUriServ/LexUriServ. do? uri＝OJ:L:2006:394:0010:0018: en:PDF.

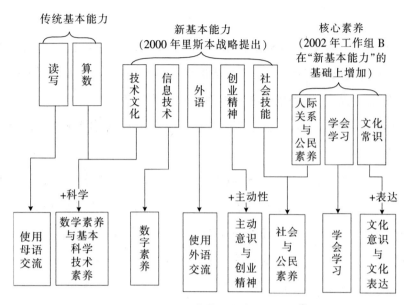

图 1-4 欧盟核心素养的发展演化历程①

可见,八大核心素养的形成非一朝一夕之功,它的形成与发展有个历史演变的过程。比如,从传统基本能力的"读写""算术"发展到现有的"使用母语交流""数学素养与基本的科学技术素养"。可见,欧盟参考框架不仅吸收以往的有益经验,而且结合现实需要,旨在研究出进阶的、更为核心的素养。

八大核心素养有哪些? 欧盟参考框架列出了八大核心素养:母语沟通;外语沟通;数学素养和基本科学技术素养;数字(信息)素养;学会学习;社会与公民素养;主动意识与创业精神;文化意识和文化表达。在此基础上,欧盟参考框架认为,每一素养同等重要,因为每一素养都可为成功生活做出贡献。许多素养重叠和互锁:一个领域至关重要的方面将支持另一个领域的素养。语言、识字、计算以及信息和通信技术(ICT)的基本技能是学习的重要基础,而学会学习支持所有学习活动。批判性思维、创造力、主动性、解决问题、风险评估、决策和情感的建设性管理贯穿其中,在八大核心素养中都发挥作用。

为了更加直观、清晰地阐明八大核心素养,在此以 2006 年 12 月 18 日欧洲

---

① 裴新宁、刘新阳:《为 21 世纪重建教育——欧盟"核心素养"框架的确立》,《全球教育展望》2013 年第12 期,第 92 页。

议会和理事会关于终身学习核心素养之建议书①为蓝本,借鉴《为 21 世纪重建教育——欧盟"核心素养"框架的确立》一文中关于核心素养内容的表格框架加以介绍,具体如表 1-1 所示。

表 1-1 欧盟核心素养的结构与内容

核心素养	定义	构成		
		知识	技能	态度
母语沟通	使用母语进行口头或书面表达和解释的能力;在各种社会文化情境中恰当和创造性地运用母语进行交流的能力。	母语词汇、语法及语言功能等知识。了解文学语言与非文学语言以及各种语境下的不同语言形式。	在各种场合下运用口语和书面语进行交流,适时调整沟通情况。甄别和使用不同表达方式;检索和处理信息;使用词典等辅助工具;形成和表达观点。	对批判性和建设性对话的积极倾向。对语言之美的欣赏与追求。与人交流的兴趣。积极和富有社会责任感地使用母语的意识。
外语沟通	在适当范围的社会文化情境中使用外语进行口头或书面理解、表达与解释的能力;跨文化理解、交流与协调能力。	外语词汇、语法及语言表达形式等知识。社会习俗、文化和语言演变的相关知识。	口语会话、阅读、理解和编辑文本的能力。使用词典等辅助工具及自学外语。	欣赏文化多样性。对语言和跨文化交流的兴趣和好奇心。

---

① The European Parliament and the Council of the European Union. Recommendation of the European Parliament and of the Council of 18 December 2006 on Key Competences for Lifelong Learning [EB/OL]. (2006-12-30). http://eur-lex. europa. eu/LexUriServ/LexUriServ. do? uri＝OJ:L:2006:394:0010:0018: en:PDF.

（续表）

核心素养	定义	构成		
		知识	技能	态度
数学素养与基本科学技术素养	数学素养：发展和运用数学思维处理日常生活问题、使用数学模型和数学表征的能力和意愿。 科学技术素养：使用科学知识和方法体系解释自然界、发现问题和得出基于证据的结论的能力和意愿；应用相关知识和方法达到目的或满足需要；理解人类活动所带来的变化及个体公民的责任。	关于数、度量、结构、基本运算和数学表征的扎实知识；对数学概念和原理的理解以及数学问题意识。 自然科学基本原理、基本科学概念和原则及方法、技术和技术产品及过程等基础知识；对科学技术对自然界的影响，以及科技的优势、局限和风险等的理解。	应用基本数学原理解决日常情境中的问题，遵循和评估证据链；进行数学推理，理解数学证明及运用技术手段，数据达到目标或得出基于证据的结论。 运用技术工具、机器及科学数据实现目标或达成基于证据的决策或结论；并就其结论和推理进行交流。	尊重事实真相；愿意探寻原因和评估有效性。 有好奇心和批判精神；对伦理问题、安全和可持续发展的关注；对与自身、家庭、社区和全球问题相关的科学和技术议题的关注。
数字素养	在工作、生活和交往中自信、批判地使用信息技术的能力，以基本的信息技术能力如使用计算机和互联网的能力为基础。	有关信息技术本质、作用和操作等方面较好的知识和理解，包括文字处理、数据库、信息管理等软件的使用方法。 认识网络及电子媒介所带来的机会和潜在风险。 理解信息技术如何支持创新。 对信息的可靠性和合法性的判断以及对相关法律和伦理问题的认知。	批判和系统地检索、收集、处理和运用信息。 鉴别和评价信息。 使用软件和网络服务生成、表达和理解复杂信息。 运用信息技术支持批判性思维、创造和创新。	对信息的反思和批判的态度。 负责任地使用交互性媒体。 出于文化的、社会的以及职业的目的置身网络和虚拟社区的兴趣。

（续表）

核心素养	定义	构成		
		知识	技能	态度
学会学习	求知的能力和持之以恒地学习的能力，组织个人或团队学习的能力；对学习过程、目标和机会的认识，解决学习困难的能力；在已有知能基础上获取新知能的能力；动机和自信。	对于特定工作或职业目标，个体要知道相关能力、知识、技能和程度的要求。　对于各种情况下的学习，个体要了解自己所偏好的学习策略及其技能、程度的优势及劣势，知道如何获得教育和培训机会和帮助。	以读写、算术和信息技术使用等基本技能为基础，获取、处理和吸纳新知能。　有效管理、反思评价自己的学习和工作，认识学习需要和机会，持之以恒。　自律与协作。　寻求建议和支持。	终身学习的动机和信心。　问题解决的积极态度。　运用已有知识和生活经验在各种情境中探求新知的好奇心和愿望。
社会与公民素养	个人交流、人际和跨文化等方面的能力；以有效和建设性的方式处理多变的社会和职业生活的问题、解决冲突的能力。　充分参与公民生活；认识和积极、民主地参与社会和政治活动。	保持身心健康的生活方式的知识；对不同社会文化环境中认同的行为方式的认识；了解与个人、组织、性别平等、非歧视及相关社会文化知识；理解多维社会经济和多元文化并认同本国文化。　有关民主、正义、平等、公民身份及权利的知识；对本国、欧洲乃至世界的历史、现实问题和趋势的认识；对欧洲一体化与欧盟组织结构和运作、多样性及文化认同的认识。	在不同社会文化环境中进行建设性的交流，包容和理解不同文化和观点；表达、处理压力和挫折。　有效参与公共事务；表现自己解决当地或更广区域问题的决心和兴趣；批判性、创造性地反思和建设性地参与社区、地方、国家乃至欧盟各层次的决策活动，特别是以民意表决的方式参与这些活动。	协作、自信果断和诚实正直；对社会经济活动和跨文化交流感兴趣；尊重多样性，尊重他人；和解与不持偏见。　充分尊重人权；具有所在地方、国家、欧盟和欧洲乃至世界的归属感；参与各个层次的民主决策，理解和尊重共享的价值体系；建设性地参与公民活动，支持社会多样性、凝聚力和可持续发展，尊重他人的价值观和隐私权。

（续表）

核心素养	定义	构成		
		知识	技能	态度
主动意识与创业精神	个体将想法付诸实践的能力，包括创造创新能力、风险承担能力、计划和管理项目的能力；觉知环境与把握机遇的能力；开展和参与社会活动或商业活动的能力；伦理价值和善治的意识。	辨识个人及职业活动机遇的知识。把握全局的知识。对雇主和组织所面临的机遇和挑战的认识。理解企业伦理观。	积极主动地进行项目管理（计划、组织、管理、领导和委托、分析、沟通、解释、评估和记录的能力）。有效地表达和谈判。独立工作和团队协作。判断和甄别自身的优缺点以及评估和承担风险。	积极主动精神。个人和社会生活中的独立和创新意识。追求目标达成的动机和决心。
文化意识与文化表达	认同以音乐、表演艺术、文学和视觉艺术等形式创造性表达思想、体验和情感的重要性。	有关当地、国家和欧洲文化遗产及其世界地位的知识，包括主要文化作品的基础知识。理解欧洲及世界各地的文化和语言多样性。对保护多样性和日常生活中美学元素重要性的认识。	欣赏艺术作品和表演。依据自身天赋进行艺术表达的技能。创造性地表达和评价艺术作品。辨别和认识文化活动中所蕴藏的社会和经济机遇。	对自己文化的深刻理解和良好的认同感。对文化表达多样性的尊重和开放的心态。创造。通过自我艺术表现，参与文化生活培养审美能力的意愿。

三、欧盟参考框架之特点

较之 DeSeCo 项目，欧盟参考框架有其自身的特点，较为显著地反映在以下两点：一是欧盟参考框架强调核心素养与终身学习的关系。正如项目名称所示，此框架中的核心素养为终身学习服务，换言之，具备这一系列的核心素养将促进终身学习。需要指出的是，两者并非单向的关系。养成终身学习习惯，拥有终身学习能力的同时,核心素养也将得到更加充分的发展。二是欧盟参考框架明确地列出了每一核心素养之知识、技能和态度要求。不同于 DeSeCo 的三大类素养,欧盟参考框架列出八大核心素养,对其一一定义之后,分别指出与此相关的知识、技能和态度要求。除了不同之处,欧盟参考框架吸收和借鉴 DeSeCo 项目的相关成果,在此基础上,因地因时制宜,提出了较为完整的核心素养之欧盟参考框架。

第四节

其他国家和地区的使用与发展

除了经合组织和欧盟之外,近年也有很多国家、地区加入研究核心素养的队列中来。有的国家在经合组织之前就关注学生的能力发展,如英国、澳大利亚,只不过经合组织正式提出了核心素养概念。在众多研究学生能力的国家中,时刻对世界发展动态特别敏锐的教育强国——美国,对人才培养,尤其是21 世纪以来的学生能力发展尤为关注。而我国台湾地区对于核心素养的使用和发展对大陆地区而言也有借鉴意义,值得关注。

一、美国的"21 世纪技能"项目

(一)缘起

美国对受教育者未来职业发展的关注向来不少。1990 年,美国劳工部成立专门委员会——职场基本技能达成秘书委员会(Secretary's Commission on Achieving Necessary Skills,简称 SCANS),旨在探求、确立青年在职场中获得成功所必需之技能。2002 年,美国正式启动"21 世纪技能"项目,创建 21 世纪技能联盟(Partnership for 21st Century Skills,简称 P21)。为将技能整合到核心科目教学中,21世纪技能联盟制定了一个统一的、集体的学习框架,被称为"21世纪学习"框架(亦称为"21世纪技能"框架)。本框架描述了在工作和生活中取得成功所必需的技能、知识和专业知识,它是具体技能、学科知识、专业知识和读写等能力的融合。"21世纪技能"框架体系,在世界范围内产生了广泛影响。

(二)21世纪学生技能

如图1-5所示,整个框架图包括两个部分:彩虹部分和光圈部分。

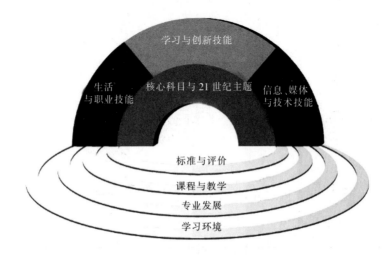

图1-5 21世纪技能与支持体系图①

彩虹部分主要列了21世纪技能内容。具体如表1-2所示:

表1-2 21世纪学生技能具体内容

核心技能	构成要素	具体内容
核心科目与21世纪主题	核心科目	英语、阅读或语言艺术;世界语言;艺术;数学;经济学;科学;地理;历史;政府和公民(社会科)。
	21世纪主题	全球意识;金融、经济、商业和创业素养;公民素养;健康素养以及环境素养。

① P21. P21 Framework Definitions [EB/OL]. (2015-05-15). http://www. p21. org/storage/documents/docs/P21_Framework_Definitions_New_Logo_2015. pdf.

(续表)

核心技能	构成要素	具体内容
学习和创新技能	创造与创新	创造性地思考;创造性地与他人共事;践行创新想法。
	批判性思维和问题解决	有效推理;使用系统思维;做出判断和决定;问题解决。
	沟通与合作	明确地沟通;与他人合作。
信息、媒体和技术技能	信息素养	获取、评估信息;使用、管理信息。
	媒体素养	利用媒体;创建传媒产品。
	信息、通信和技术素养	有效使用技术。
生活和工作技能	灵活性和适应性	适应变化;变通。
	主动和自我引导	目标和时间管理;独立工作;成为自我引导的学习者。
	社会和跨文化交流技能	和他人有效互动;在不同团队中有效地工作。
	生产力和责任	管理项目;产生结果。
	领导力和责任	引导他人;对他人负责。

（三）支持系统

彩虹的外围也即光圈部分，是21世纪技能的支持系统。确保学生掌握21世纪技能，支持系统实属必需。这一支持系统的主要元素有：21世纪标准、评估、课程、教学、专业发展和学习环境，它们协调一致，支持21世纪技能的达成。

二、中国台湾地区的"核心素养"

（一）缘起

台湾地区较早关注、研究核心素养。在参考国外相关研究的基础上，我国台湾地区拟定了核心素养的架构与内涵。2014年2月17日公布的"基本教育课程发展指引"比较集中、详细地探讨了核心素养的定义、内涵及与其相关的系列概念。

（二）"核心素养"滚动圆轮意象

台湾地区之核心素养体系强调培养以人为本的终身学习者，包括自主行动、沟通互动、社会参与三大面向，以及身心素质与自我精进、系统思考与解决问题、规划执行与创新应变、符号运用与沟通表达、科技资讯与媒体素养、艺术涵养与美感素养、道德实践与公民意识、人际关系与团队合作、多元文化与国际理解九大项目。如图1-6所示。

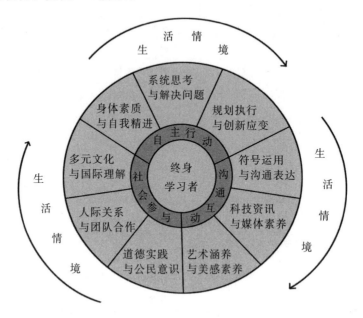

图1-6 中国台湾地区"核心素养"滚动圆轮意象

自主行动是指在社会情境中，个体能负责自我生活管理以及能进行自主行动选择，达到身心素质的提升以及自我精进。个人为学习的主体，能够选择适当的学习途径，进行系统思考与解决问题，并具备创造能力与积极行动力。

沟通互动是指强调广泛地运用工具，有效地与人及环境互动。这些工具包括物质工具和社会文化工具，前者如人造物、科技与信息，后者如语言（口语、手语）、文字及数学符号。工具不只是被动的媒介，同时也是人与环境之间积极互动的管道，用以表达经验、情意、思想与价值。于此，个体也应具备艺术涵养与生活美感素养。

社会参与是指在彼此生活紧密联结的"地球村"，个人需要学习处理社会的多元性，与人建立适宜的合作方式与人际关系，个人亦需要发展与他人或群体良好互动的素养，以提升人类整体生活素质，这既是一种社会素养，也是公民意识。

"核心素养"的滚动圆轮意象建基于终身学习的概念，强调终身学习者必须能够转化与创新,成为主动且积极的学习者,并充分发展其主体性,借以彰显现代公民核心素养之延续性与全面性,也能层层外扩开展形成滚轮式的动态发展。

(三)转化实施与支持系统

或因台湾地区较之早期研究核心素养之国家和地区起步稍晚,得以充分借鉴相关研究成果,加上因循重视学生能力研究和课程改革的传统,台湾地区的核心素养框架在学理和实践方面都相对完善和丰富。在"基本教育课程发展指引"中,不仅详细地阐述了核心素养的定义、内涵与框架,也一一论述了核心素养与学科的关系,核心素养转化到总纲及各学科纲要的层次,以及如何实践等问题。其中,核心素养转化到总纲及各学科纲要的层次是一个亮点。

文件指出,在未来课程纲要中,可通过总纲的"核心素养""各教育阶段核心素养"及各领域/科目纲要的"各领域/科目核心素养""各领域/科目学习重点"来进行转化与表述,如图1-7所示。

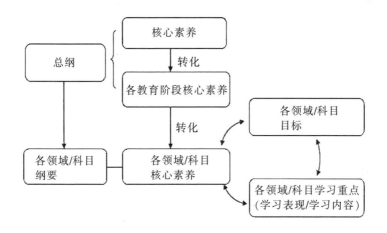

图1-7　核心素养在课程纲要中的转化及其与学习重点的对应关系

为使核心素养更好地落到实处,"基本教育课程发展指引"的实践策略是:通过培养学生的主动学习态度,调整教师的教学策略,发展兼顾学习内容与历程的教材,运用真实有效的评量工具,颁布并推动相关政策及配合措施,鼓励家长参与政府与学校的活动,善用社会资源与进行沟通及传播等措施,达成定位与目标。

第二章

"核心素养"概念在中国教育学界的
引进与发展

核心素养之所以在全球范围内引起关注,是时代的需要,或者说是生活的倒逼。中国教育学界引进"核心素养"概念,并非只是一时跟风,而是因应世界发展的需要,因应我国发展的现状,以推进教育改革。"核心素养"概念作为教育领域的新概念,它的引进或将成为我国教育改革新的动向与契机。中国教育学界立足本土实际,对"核心素养"的引进与创新性发展,值得世界关注。

第一节

"核心素养"概念在中国教育学界的引进、讨论与进展

核心素养在中国教育学界的发展,经历了引进、讨论到逐渐发展的过程。

一、引进:循序渐进

考虑到学界对某一事物、概念的关注主要以论文的形式呈现,因此,本部分以中国知网的高级检索功能为工具,以核心素养为篇名、关键词分阶段检索相关论文,管中窥豹,以此探究"核心素养"概念大概何时、以何姿态进入中国教育学界。

虽说在 1997 年之前,已有不少的国家和地区进行类似核心素养界定与遴选的项目,不过,以核心素养姿态正式亮相的标志性事件还是 1997 年经合组织开始的 DeSeCo 项目,尽管相关的研究报告后来才形成。基于此,从 1997 年 1月 1 日开始,以一定时间间隔检索和筛选相关文献。检索发现,1997 年 1 月 1日至 2007 年 12 月 31 日期间,以核心素养为篇名的论文只有一篇——《抓住核心素养 切合就业需要——"职业教育就是就业教育"背景下中职语文教学内容新体系的构建》[①],而且,此文的重点并非学界所热议之"核心素养",而是强调中职教育中核心语文素养是职业语言素养,而不是通用语言素养。2008 年 1月 1 日至 2012 年 12 月 31 日期间,共有八篇论文以核心素养为篇名,其中七篇所谈的核心素养并非现阶段学术界所指之专有概念"核心素养",而只是其字面所指。不过,其中有一篇文章尤值得注意,是台湾地区学者蔡清田 2012 年 10

---

① 朱丹:《抓住核心素养 切合就业需要——"职业教育就是就业教育"背景下中职语文教学内容新体系的构建》,《现代语文(教学研究版)》2007 年第 9 期,第 10 页。

月发表于《中国社会科学报》的《"核心素养":新课改的目标来源》①一文。此文所涉及的"核心素养"概念虽是台湾地区"本土化"的概念,不过,它的内涵与外延大致是现阶段学界所谈之"核心素养"概念。研究发现,早在 2005 年至 2007 年间台湾地区就已经进行"界定与选择国民核心素养:概念参考框架与理论基础研究"的整合型研究计划(以下简称"台湾地区 DeSeCo")②,因此,蔡清田在这篇文章中论及的核心素养概念建立在台湾地区已有的核心素养研究成果的基础上,大致与我们现所论及之核心素养是同一概念。不过,考虑到台湾地区和大陆地区之间存在的差异,暂以 2012 年 10 月蔡清田所发之文章为中国引入核心素养概念这一重要事件。2013 年 1 月 1 日至 2013 年 12 月 31 日期间,符合检索条件的文章就比较多了。不过,其中绝大部分主题关于学科核心素养,文中涉及核心素养概念的内容不多也不典型。这一年来,比较突出的一篇文章是辛涛等人于 2013 年 1 月发表在《北京师范大学学报》上的《我国义务教育阶段学生核心素养模型的构建》③,此文可以说以比较全面、明确的方式将"核心素养"概念引入中国教育学界。这一年还有几篇文章重点介绍国外的核心素养研究,分别是夏雪梅的《基于学生核心素养的学校课程建设:水平划分与干预实例》,张娜的《DeSeCo 项目关于核心素养的研究及启示》以及裴新宁、刘新阳的《为 21 世纪重建教育——欧盟"核心素养"框架的确立》。2014 年 1 月 1 日至 2014 年 12 月 31 日期间,共有 15 篇文章以核心素养为篇名。尤值得一提的是,在 2014 年 4 月 24 日,教育部正式印发《关于全面深化课程改革 落实立德树人根本任务的意见》,文件中提出了此次课程改革的三项新的措施,第一就是研究制定学生发展核心素养体系,明确学生应具备的适应终身发展和社会发展需要的必备品格和关键能力。如果说辛涛等人的《我国义务教育阶段学生核心素养模型的构建》一文是正式将核心素养概念引进教育学界的重要事件,那么《关于全面深化课程改革 落实立德树人根本任务的意见》就是正式将核心素养概

① 蔡清田:《"核心素养":新课改的目标来源》,《中国社会科学报》2012 年 10 月 10 日,第 B01 版。
② 洪裕宏:《定义与选择"国民"核心素养的理论框架》,《研习资讯》2011 年第 4 期,第 15 页。
③ 辛涛、姜宇、刘霞:《我国义务教育阶段学生核心素养模型的构建》,《北京师范大学学报(社会科学版)》2013 年第 1 期,第 5 页。

念引进社会的重要事件。

自 2014 年始,学界正式开启对核心素养概念的一轮大讨论。不过在这之前,笔者在搜索的过程中有新的发现。其实,在学界正式引入核心素养概念之前,自 2007 年始,就有一些学者关注到国际上的"核心素养"概念,他们或翻译或系统介绍"核心素养"概念。只是当时核心素养还不是"核心素养",它们有的被译为素养,有的被译为关键能力,不过实际所指正是现为大家所接受的核心素养。在众多论文中,笔者发现了几篇重要的文章,主要有发表于 2007 年 5 月的《勾勒关键能力,打造优质生活——经合组织关键能力框架概述》一文,同年 6 月《基础教育研究》介绍欧盟的终身学习的关键能力,还有发表于 2010 年 7 月的《从 PISA 看欧洲学生终身学习的关键能力》一文,已经介绍并且试图引进两大国际组织——OECD 和欧盟——在此方面的研究成果。2012 年 1 月,马东明等人发表的《国际"终身学习素养"研究综述》一文就较为系统地比较、分析了国际上有关核心素养的研究成果,只是那时候还不叫核心素养。这样看来,我国教育学界早有一批人在关注核心素养相关研究,也试图借鉴吸收,以指导推动我国教育实践。经过一段时间的酝酿,至 2013 年左右,形成了一个致力于研究核心素养的团队,他们引领教育学界乃至社会各界发起对核心素养的关注和讨论。这样看来,核心素养并非一部分人所批评的那样是突然兴起,更不是学界的又一次"脑热"和追逐世界教育潮流之草草行动。作为一新兴事物,它的引进,有一个循序渐进的过程,或许刚开始只是少数人的无意为之,然而,随着研究的深入和现实的倒逼,核心素养研究成为中国教育学界有意为之的一个大动作。

补充一点,事实上,教育学界最早提及核心素养是在职业教育领域,这和德国职业教育所提倡的关键能力有关。1997 年,姜大源翻译了在德国发行量很大的《中学生职业选择》杂志中介绍关键能力的一篇文章,题为《关键能力——打开成功之门的钥匙》,这是职业教育界公认的最早提及关键能力(key competences,现译为"核心素养")的文章。此时期所指的关键能力与现在所讨论的核心素养是否为同一概念,是新瓶装旧酒,还是别有发展? 针对这一问题,陈向阳的回答给人以启发。陈向阳指出,之所以会有"核心素养不是新概念,而是新瓶装旧酒"的论调,或许与目前的研究有关,现有文献仅止于罗列梳理国际组织关于核心素养的各种概念界定、框架和具体内容,对核心素养提出的历史背景、社会文化意涵分析明显不足。反之,他以为,并非新概念的核心素养,深藏在职业教育领域几十年,却在 21 世纪之初迅速蹿红之现象值得研究,且核心素养从一个简单的词不断转义并被赋予新的内涵,这一现象值得好好深究。一方面热词出现并非空穴来风,它折射着丰富的政治学内涵;另一方面,任何一个有效概念都必须置于整体的社会语境和脉络中去把握,它体现着社会变迁的律动。研究发现,"关键能力"的提出伴随着新职业主义的产生和发展,其社会背景主要在于劳动力市场发生变化,职业流动性增强,对技术技能人才的岗位迁移和适应能力提出了新的要求,关键能力虽是综合性的,但它体现的主要还是"做事"的规定性;与"关键能力"相比,"核心素养"提出的社会背景更为宏大,它是各国为应对全球化、知识经济和信息化时代的产物,分析不同的核心素养框架,其内涵体现了各自的社会和文化特征,彰显着独特的价值追求。从内涵上看,核心素养更为丰富和宽广,不仅指关键能力,还包括必备品格和价值观念,也就是说除了工具性要求之外,还体现了人的发展性需求,不仅指做事的能力与态度,更涵盖着学会做人的修养。由此,在职业教育领域重新关注职业素养,体现了新时代职业教育新的目标定位与价值追求,体现了职业教育培养全面发展的人之回归。[1] 这是核心素养的职教表达。陈向阳的回应虽然是从职业教育的角度出发的,但的确也道明了核心素养之所以被提出的更为宏大的社会背景,有助于我们正视核心素养。

二、讨论:各抒己见

核心素养被正式引进中国教育学界,一时之间引起了学者们热烈的讨论。对于绝大部分的学者和教育工作者而言,它是全新的事物。什么是核心素养,它的内涵和外延分别是什么,具体的框架和体系如何,与过去的基础知识和基本技能(以下简称"双基")教育、素质教育有无关系,如何应用到具体的课程改

---

① 陈向阳:《核心素养的职教表达与可能路径》,《当代职业教育》2018 年第 1 期,第 17、18 页。

革中去,如何和学科联系,如何评价,等等,成为教育学界所热议之话题。学界对核心素养的讨论可谓火热,这从近几年来与此相关的论文数量上可见一斑。此部分将重点介绍教育学界几位学者针对核心素养概念及其相关问题的论述,尽量梳理我国教育学界在这方面讨论的大致情况,进一步追踪核心素养概念在我国教育学界发展的历程。

教育部核心素养课题组负责人林崇德指出,现在世界整个教育界关注的焦点之一就是"学生核心素养"。什么叫核心素养? 核心素养是学生在接受相应学段的教育过程中,逐步形成的适应个人终身发展和社会发展需要的必备品格和关键能力。它应该包含六个方面:核心素养是所有学生应具有的最关键、最必要的基础素养;核心素养是知识、能力和态度等的综合表现;核心素养可以通过接受教育来形成和发展;核心素养具有发展连续性和阶段性;核心素养兼具个人价值和社会价值;学生发展核心素养是一个体系,其作用具有整合性。未来基础教育的顶层理念就是强化学生的核心素养。[1] 就核心素养这一概念,林崇德讲得比较全面和到位。

褚宏启认为,可以把核心素养简单界定为:为了适应 21 世纪的社会变革,人所应该具备的关键素养。简而言之,核心素养即"21 世纪关键素养"。第一,核心素养是"关键素养",不是"全面素养"。第二,核心素养要反映"个体需求",更要反映"社会需要"。第三,核心素养是"高级素养",不是"低级素养",甚至也不是"基础素养"。第四,核心素养要反映"全球化"的要求,更要体现"本土性"的要求。[2] 聚焦"核心",褚宏启明确指出"核心"的内涵,进而区别核心素养、全面素养和基础素养,旨在澄清错误认识。

相较而言,崔允漷的观点比较犀利。他针对"核心素养热"指出,这种现象只表明人们的"向善"之心,关于"素养"的一些学理问题其实还远没有被澄清。[3] 他列举了关于核心素养的不同定义,意在表明关于核心素养的概念还未

---

① 林崇德:《对未来基础教育的几点思考》,《课程·教材·教法》2016 年第 3 期,第 3 页。

② 褚宏启:《核心素养的概念与本质》,《华东师范大学学报(教育科学版)》2016 年第 1 期,第 2 页。

③ 崔允漷:《素养:一个让人欢喜让人忧的概念》,《华东师范大学学报(教育科学版)》2016 年第 1 期,第 3 页。

达成共识,此外还提到了作为教育概念的核心素养在其他方面所面临的挑战。他的观点在众多为核心素养摇旗呐喊的声音中显得尤为中肯,可以说是"核心素养热"之下的冷思考。

谢维和则认为,预示力是核心素养的基本资格。什么是预示力?在这里,预示力的基本含义是儿童和青少年学生应该具备,并且能够持续影响他们一生的某些素养,是若干由此能够预示儿童和青少年学生未来基本走向,并使他们终身受益的素养。真正具有这种预示力的素养只能是一种以道德素养为基础的综合性素养,由此真正成为儿童和青少年终身健康发展和社会持续发展的必备品格和关键能力。因此,谢维和认为,在核心素养体系的建设中应该更加突出和强调学生的道德素养。[1]

有些学者则从核心素养与三维目标的关系中把握核心素养,杨九诠撰文指出,从课程改革的工作推进来看,核心素养是三维目标的深化、具体化。从概念外延看,三维目标宽于核心素养,因为除了核心素养,还有更多的非核心素养。从概念内涵看,核心素养倾向于内在,即教育内容内在于人的状态与水平;三维目标倾向于内化,即教育内容内化的机制。两者俱为一体,共同对学习行为以及受教育者素质给予结构性、整体性阐释。[2] 余文森认为,作为核心素养主要构成的关键能力和必备品格,实际上是三维目标的提炼和整合,把知识与技能、过程与方法提炼为能力,把情感态度与价值观提炼为品格。能力和品格的形成即是三维目标的有机统一。[3] 杨九诠和余文森等从核心素养与"双基"、三维目标,尤其与三维目标之间关系的视角,历史、动态、发展地看待核心素养概念的形成。核心素养概念虽是舶来品,但它与三维目标有着内在的一致性。

关于核心素养与课程改革的关系,也是很多学者讨论的焦点。比如杨向东从核心素养与我国基础教育课程改革的关系出发,指出核心素养是基于中国基础教育课程改革和发展实际的再创造,基于核心素养的课程改革,试图回应当

---

[1] 谢维和:《谈核心素养的"资格"》,《中国教育学刊》2016年第5期,卷首。
[2] 杨九诠:《三对关系中把握核心素养》,《中国教育报》2016年7月13日,第9版。
[3] 余文森:《从三维目标走向核心素养》,《华东师范大学学报(教育科学版)》2016年第1期,第12页。

前问题,很有可能产生实质性的突破。^① 张华回顾课程改革历史,从现实出发,呼吁借由此次因核心素养带来的契机,从深度国际化、继承发扬教育民主化传统和构建素养本位的课程与教学新体系实现我国基础教育课程改革"再出发"。^② 总的来说,多数学者认为核心素养或将成为此次深化课程改革的重要突破点,对此持乐观态度。

当然,也有一部分学者就核心素养如何落地生根,滋养中国土壤,提出看法。这方面的讨论主要集中在两个方面,一方面,是从具体落实角度来谈,比如辛涛在《学生发展核心素养研究应注意几个问题》^③一文中指出,核心素养与学科素养、学业质量标准以及素养的细化与分段都是实现核心素养扎实落地不得不解决的问题。尹后庆则直接呼吁,核心素养要落地,学习方式必须变,具体提及问题化学习、情境化教学、单元设计、学科活动以及两种课程等多方面的改变,为核心素养的落实建言献策。^④ 另一方面,有些学者从中国传统和教育现实出发,呼吁核心素养的中国表达。比较有代表性的观点有成尚荣的《核心素养的中国表达》,他认为,核心素养的中国表达主要表现在:其一,中国学生发展核心素养是一个结构,具有方向性、理念性、价值性、落实性的召唤,因而它是一个召唤性结构。其二,中国学生发展核心素养的根本任务是落实立德树人的根本宗旨,探索、建构具有中国特色的立德树人的育人模式。其三,中国学生发展核心素养体系深植于中华优秀的文化传统土壤中,又面向现代化、面向世界、面向未来,既具有中国文化底蕴,又具有时代特点,两者融合、互动、支撑。^⑤ 本书作者之一周洪宇的《核心素养的中国表述:陶行知的"三力论"和"常能论"》一方面使人惊叹于陶行知在培养人方面的洞见,另一方面此文提供好的视角,帮助我们从传统中吸收营养,惠及现实。

① 杨向东:《核心素养与我国基础教育课程改革的关系》,《人民教育》2016 年第 19 期,第 19—21 页。

② 张华:《核心素养与我国基础教育课程改革"再出发"》,《华东师范大学学报(教育科学版)》2016 年第 1 期,第 9 页。

③ 辛涛:《学生发展核心素养研究应注意几个问题》,《华东师范大学学报(教育科学版)》2016 年第 1 期,第 6,7 页。

④ 尹后庆:《核心素养要落地,学习方式必须变》,《中国教育报》2016 年 9 月 14 日,第 5 版。

⑤ 成尚荣:《核心素养的中国表达》,《中国教育报》2016 年 9 月 19 日,第 3 版。

三、进展:多维视角

有关核心素养的研究和讨论远没有停止,在已有研究的基础上,或从哲学视角再界定核心素养,辨析核心素养与其他相关概念,或针对核心素养框架作细致的分析,或从评价入手,从继续探讨是否应该评价、如何评价等角度深入核心素养的评价,等等。总之,不同的视角,多样的理论,深入具体的挖掘,都使得学界对核心素养有更多的认识,虽然"横看成岭侧成峰,远近高低各不同",但是,通过讨论,核心素养的"庐山真面目"愈加清晰,中国教育学界对"核心素养"概念的研究有了新的进展。

有学者继续在界定核心素养,辨析相关概念方面提出看法。比如,在《基于学生发展的核心素养界定》一文中,朱旭东就对学生发展、学生发展核心素养和学科核心素养几个概念进行辨析,以澄清对教育来说应选择哪个概念作为基本的价值观。针对人们在构建学科核心素养上很难形成共识这一现实问题,他提出,不建议使用学科核心素养概念,而建议使用学科核心要素,它既包括学科概念、理论及其所反映的事实等基本要素,也包括学科本质、思想、方法和哲学等深层要素。学生只有学习基本要素才能获得发展,但同时还应掌握学科本质、思想、方法和哲学,才能获得认知发展、情感发展、道德发展、公民性发展、个性和社会性发展、健康和安全发展以及艺术和审美发展。[①] 再如柳夕浪的《"综合素质"与"核心素养"——再谈"培养什么样的人"》一文,不再就核心素养谈核心素养,而是将注意力转移到综合素质。文中指出,从本土生长出来的、强调广泛适应性的综合素质不是可有可无的,与注重关键少数的核心素养相比,反而有它自己的优势,不失为应对变动不居的未来世界的有效谋略。与此同时,他也承认核心素养的价值。他认为核心素养对综合素质中的关键性要素作了具体的刻画、描述,有助于我们对综合素质的认识,特别是对不同层次、不同方面素质关系的把握变得更加清晰,两者之间不是对立的,而是互补的。[②] 究竟综合

---

① 朱旭东:《基于学生发展的核心素养界定》,《教育发展研究》2017 年第 4 期,第 3 页。

② 柳夕浪:《"综合素质"与"核心素养"——再谈"培养什么样的人"》,《华东师范大学学报(教育科学版)》2017 年第 2 期,第 74 页。

素质与核心素养孰轻孰重,在此不作判断。不过,需要强调的是,核心素养虽有其局限性,但在应试教育仍大行其道、世界发展如此之快的现实下,不失为好的探索和尝试。

杨志成的《核心素养的本质追问与实践探析》从教育哲学的视角追问核心素养的教育哲学本质。杨志成认为核心素养提出的本质是教育哲学的本体性回归,由现代教育的知识本位的教育哲学观,回归到基于人(儿童)本位的教育本体论。他还从价值哲学的角度分析,认为中国学生发展核心素养体系与三元教育价值分类体系形成互相对应的关系,体现了教育的个体生命性、工具性和社会性价值。文中指出核心素养对综合素养具有全息撬动性的观点颇为新颖。杨志成在《是核心还是综合》一文中从哲学认识论角度切入,辨析核心素养、综合素养和全面素养的关系。运用全息理论辨析、梳理了三者之间的关系,即核心素养对综合素养具有全息撬动性,核心素养是全面素养发展的全息单元。①基于此,他认为,在实践过程中不必拘泥于"核心"与"综合"的概念争论,充分发挥核心素养对综合素养的全息撬动性,才是实践中最为重要的原理。

也有学者集中于论述核心素养的框架。林崇德在《构建中国化的学生发展核心素养》一文中指出,构建中国化的学生发展核心素养体系过程中始终将坚持正确的政治方向作为研制的总遵循,坚持以马克思主义为指导,明确人才培养的目标指向;充分体现社会主义核心价值观,系统落实党的教育方针,细化人才培养目标的具体要求;传承中华优秀传统文化,凸显人才培养的民族底色;洋为中用,批判性吸收核心素养国际研究的构建方法与合理成分。该文用不长的篇幅相当系统、全面地论述中国学生发展核心素养课题组的研究成果,尤其针对核心素养框架的理论依据和价值取向作了比较详细的介绍,这篇文章以及2016年出版的《21世纪学生发展核心素养研究》一书展示了中国学生发展核心素养体系的来龙去脉,在很多引人质疑和模糊不清的地方,该文和此书都作了比较全面的论述。这也让很多只看框架而不思其理论依据的批评显得苍白无力。当然,论述框架的相关文章还有很多,比如说郭文娟、刘洁玲认为自主学习

---

① 杨志成:《是核心还是综合》,《中国教育报》2017年4月19日,第5版。

能力作为核心素养框架的核心与本质,对其他关键能力的发展具有引领和触发作用,适宜成为核心素养研究的切入点。[①]

评价、测量是这一阶段研究、讨论"核心素养"概念的焦点之一。袁建林、刘红云的《核心素养测量:理论依据与实践指向》一文从评价的角度谈核心素养。因为此文两位作者的学科背景,此文从心理学角度来谈如何应对核心素养测量方面的挑战。文章指出,在理论层面,需要以"证据中心的设计"理论为依据,围绕"基于证据进行推理"的核心思想进行测验设计与开发。在实践层面,要充分利用信息技术工具,提供动态性、交叉性的测验环境,建构复杂的任务情境,获取复杂、详尽、类型多样的测验数据。这为研究核心素养的评价提供了可供参考的有效路径。

刘云杉的《"核心素养"的局限:兼论教育目标的古今之变》一文引入文化研究中的关键词分析,梳理了教育古今之变中若干词语的出现、演变与流失。语文以此视角,看核心素养在教育中可能的局限,尤其是在评估学业表现和学习结果方面。当学界都在担心空泛的"核心素养"不好落地,强调核心素养的细化和分段,刘云杉的这篇文章提供了新的思考,即在不乏评估的现今,如何使评估到位,评估该评估的、可以评估的,使核心素养更好落地;如何善用评估,不过分评估,理解与尊重不可评估的"禁区"。这样的提醒是中肯的,也是引人深思的。

还有郭宝仙的《核心素养评价:国际经验与启示》,辛涛、姜宇的《基于核心素养的基础教育评价改革》和邵朝友的《评价范式视角下的核心素养评价》都集中从评价的角度谈核心素养,无论是从国际经验,还是从范式的转型,抑或是从如何应用至基础教育领域,都是核心素养研究在评价方面新的进展。

[①] 郭文娟、刘洁玲:《核心素养框架构建:自主学习能力的视角》,《全球教育展望》2017年第3期,第16页。

第二节

"核心素养"概念在中国内地教育学界的
创新性发展

上一节介绍了"核心素养"在我国教育界的引进、讨论和新发展,大致了解核心素养作为外来概念,如何被引进,又如何被发展和使用,对核心素养在我国教育界的发展历程有了基本了解。本节将从内涵、遴选的内容、与教育改革和课程改革的关系、与教育现代化的关系以及中国表达几方面谈核心素养在中国内地教育界的创新性发展。

一、核心素养内涵上的创新

核心素养是外来的概念,所以,当它被引进中国教育界时,学者引用时都有些谨慎。大家都已形成共识,即无论多得当的概念、事物,当它从一个异质文化中被引进,都需要有适应、调整的过程。如何使核心素养更好地适应、调整,真正有益于我国的发展?厘清它的发展脉络,清楚界定它的内涵与外延很有必要。因此,当核心素养逐渐进入教育学者的视野时,从概念上讨论它,研究它,进而达成共识,就成了学界研究核心素养非常重要的一步。

前已介绍核心素养刚进入我国教育学界时,翻译介绍外国的研究成果是主要的工作。发展至稍微成熟的阶段,便有不同学科背景的教育学者从各自的学科角度来谈核心素养。尤其针对核心素养概念这一角度,有学者从哲学的角度或谈核心素养是人的教育的回归,或认为核心素养是全面素养的全息单元,它具有结构的复制性、全息撬动性。这些观点基于对核心素养这一理念的肯定,从自身的学科背景出发解释核心素养,为了解核心素养提供了新的视角。不过,这类文章更趋向解释。在界定内涵上的创新性发展,李艺、钟柏昌的《谈"核心素养"》一文,可以说是另辟蹊径,在解释核心素养的概念上确实别具一格,有独到的创见。

在《谈"核心素养"》一文中,和众多谈核心素养的文章一样,李艺、钟柏昌也先对经合组织和欧盟的核心素养研究检视了一番。然而不同于其他文章的是,他们肯定经合组织和欧盟基于对教育实践的深刻了解、对教育的美好憧憬以及较为准确的方向判断在核心素养界定和遴选方面所起的积极作用之外,也直言两家的局限,即都缺少应有的科学方法的情怀,都是朴素地在表层上进行演绎,不能说明其核心素养思路的合理性,不能证明其给出的框架之完整性,因此都做得还不够。谈到国内的相关研究,他们认为,整体上看,国内学者关于核心素养认识的方法和风格,与经合组织和欧盟如出一辙。在关于学校教学内容中的"双基"、跨学科性(综合性)、功能指向(问题解决指向)等方面,国内学者对核心素养的认识基本上是对经合组织和欧盟观点的进一步解读或是简单翻版,并无太多新意。

之后,他们从学科意义的核心素养层面入手,尊重"双基"、功能论思想(问题解决指向)、跨学科性、终身受益等诸多观点,在既有学习科学和教育科学成就的基础上,对相关问题进行批判性反思并梳理出核心素养的学理思路,尝试从基础教育的特性(本质)入手廓清核心素养。在这过程中他们发现了学科思维的重要理论价值,最终得出结论认为,基础教育界所称"核心素养"的内涵可以从三个层次上来把握:最底层的"双基"指向,以基础知识和基本技能为核心;中间层的"问题解决指向",以解决问题过程中所获得的基本方法为核心;最上层的"科学(广义)思维指向",指在系统的学习中通过体验、认识及内化等过程逐步形成的相对稳定的思考问题、解决问题的思维方法和价值观,实质上是初步得到认识世界和改造世界的世界观和方法论。学科思维,或者说科学思维指向,可以说是他们在核心素养概念上的创新性发展,值得引起学术界的关注与讨论。

朱传世认为,核心素养是素养的核心部分。核心素养是客观存在,而非主观判断,它是对人及人才在时代、社会、国家、民族、政党、个体发展等方面的规约(见图 2-1),是这些重要变量共同作用的结果,通过客观分析变量的当代和未来特征、把握要求和需求、限定数量等路径，就能核定核心素养。① 这一观点新在从多个方面、多个路径说明核心素养及其由来。

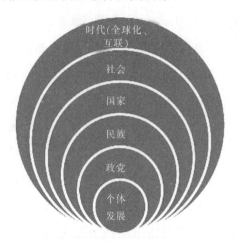

图 2-1　影响核心素养遴选的重要变量

二、核心素养遴选上的创新

核心素养遴选上的发展，我们可以首讲中国学生发展核心素养课题组发表的核心素养框架，正如课题组负责人林崇德所强调的，构建中国化的学生发展核心素养体系过程中始终将坚持正确的政治方向作为研制的总遵循，坚持以马克思主义为指导，明确人才培养的目标指向；充分体现社会主义核心价值观，系统落实党的教育方针，细化人才培养目标的具体要求。因此，全面发展的人成为中国学生发展核心素养的核心。这其实是在框架内容方面另有发展。至于创新，褚宏启的《核心素养的国际视野与中国立场——21 世纪中国的国民素质提升与教育目标转型》一文或能带来新的启发。在给核心素养下定义之后，即核心素养是 21 世纪人人都需要具备的关键少数高级行为能力，是知识、技能、态度的统整与融合，褚宏启认为在这场世界范围内关于教育质量的升级运动中，中国的核心素养框架要凸显中国立场与主体意识，要反映现实国情与未来诉求。通过研究，他列出了中国 21 世纪现代人素养的清单：创新能力、批判性

---

① 朱传世：《简论核心素养的十大关系》，《中国教师》2018 年第 1 期。

思维、公民素养、合作与交流能力、自主发展能力、信息素养。其中，创新能力是中国"核心素养的核心"，培养创新人才是中国教育的优先目标。需要指出的是，乍一看，这六大素养并不新鲜，它们活跃于世界各国、各地区的核心素养框架中，这表明它们的重要性，或者说是"核心"，但是，这是不是意味着落掉了其他素养？为何筛选出它们，使其成为中国 21 世纪现代人素养呢？这是褚宏启经过国际比较研究和综合分析，在借鉴 2016 年 9 月发布的《中国学生发展核心素养》研究成果的基础上，重点列出的六大素养。它们为国民素质提升、国民性改造指明了基本方向；是中国学生亟待发展的重点素质，是深化素质教育的优先选项，为推进教育现代化确定了战略重点。在笔者看来，内容虽不新鲜，但是，如此基于国家现代化和人的现代化需要，立足于促进中国国民素质提升以及反映创新、理性、民主、合作、自主等现代精神而重点提出的六大素养，确实和文章中所提的关键少数高级行为能力前后呼应。不得不说，这种提法需要一定的理论勇气。

值得一提的是，褚宏启提出的六大素养，其中大部分也是陶行知非常关注的学生能力。比如创新能力大致可对照陶行知所提的"创造力"；另外陶行知虽未直接提出批判性思维，但在生活力中已涵盖此；合作与交流能力亦是。至于公民素养，陶行知曾认为"现在所需要的，是一种新的国民教育，拿来引导他们，造就他们，使他们晓得怎样才能做成一个共和的国民，适合于现在的世界"，可见陶行知非常注重国民之共和等素养，与公民素养类似。自主发展能力亦可对照陶行知所提之培养学生自动力。如此看来，仅有信息素养，因为陶行知所在时代未曾出现，所以难以涵盖。其实，陶行知的理论已经大致涵盖现在"核心素养"的主要内容。在某种程度上，陶行知的"三力论"与"常能论"是世界教育史上最早的核心素养理论之一。

三、核心素养与教育改革、课程改革之关系

我们一再强调核心素养是外来概念，但是，世界教育发展的潮流从某种程度上也反映了教育发展的规律，而这一规律当然适用于中国。因此，当核心素养与我国教育领域的深化改革相遇时，核心素养为解决教育改革方面的问题提

供了新的思路。为此,不少学者将历来教育改革的举措与核心素养进行对比研究。

比较典型的有,将核心素养与"双基"、三维目标放至一起探讨,从纵向的角度看待"双基"、三维目标与核心素养的关系,如前已提及之余文森、杨九诠等人的研究。另外,朱传世以为,核心素养是教育总目标中的核心目标,是上位目标,但不是教育的全部目标;三维目标是操作层面的实现目标,概念层级更为下位。例如,中国发布的核心素养中的"科学精神"是总目标之一,要借助具体的课程(数学、小学科学、物理、化学、生物、地理、信息技术、通用技术、劳动技术等)、一些课程的具体内容(科普作品、法理、逻辑等)以及其他学习形态(科技成就展、研究性学习、实验、课题、小制作、小发明、小论文等)来实现,而在每个具体内容的备课环节,教师则可以围绕三维目标来开展融合性设计……当然,核心素养绝不止于三维目标,它还要为学生过成功而优质的生活奠基,促成学生创造性学习和终身学习,引导学生树立崇高的思想境界和美好的社会理想。①

也有论述素质与核心素养之关系的,就这两者的关系有不同的观点,有的学者认为,核心素养是素质教育在概念上的更新,使散乱的有关素质教育理论和实践通过国际上比较成熟的研究成果以及实践上可操作性更强的核心素养理论得以真正落到实处。柳夕浪则认为,素质教育思想发展到今天,已经深入人心,为教育界内外大多数人所接受,且已上升为国家政策法规,不是引进核心素养概念就可以随意取消的。从素质与素养的关系来看,人的素质经由生理、心理、文化、思想等不同层次,不断提升,逐步完善。素质是素养的上位概念,素养的特性尤其是它的可教、可学、可测的特点在素质层次结构中得到了科学的说明。从素质教育与核心素养来看,以学生发展核心素养研究的成果,丰富和完善素质教育命题:一方面,我们可以更加清楚地认识到素质教育这一命题的独特价值;另一方面,我们可以进一步理清、推进素质教育的思路,站在新的历史起点上寻求素质教育的新突破。② 近来,柳夕浪再次撰文指出,与注重关键

---

① 朱传世:《简论核心素养的十大关系》,《中国教师》2018年第1期。

② 柳夕浪:《从"素质"到"核心素养"——关于"培养什么样的人"的进一步追问》,《教育科学研究》2014年第3期。

少数的"简化范式"不同,综合素质是关系性思维的产物,主要是指人身心、知行、文理等多方面协调发展,广泛适应现实生活中各种变化与挑战所必须具备的能力和品质。其中,身心关系范畴最广,知行次之,文理复次之。在应对变动不居的未来世界的挑战中,综合素质更为有效。当然,核心素养体系对综合素质中的关键性要素作了具体的刻画、描述,有助于我们对综合素质的认识,特别是对不同层次、不同方面素质关系的把握变得更加清晰,两者关系是互补性的,而非取代与被取代的关系。[①]

对此,朱传世先厘清素质与素养的关系,再谈素质与核心素养的关系。他认为,素质对素养具有统领作用。学理也指向素质对素养的包含关系。……素质与素养存在前后的时序关系、内外的源流关系与彼此的因果关系,素质发展与素养培育之间又存在循序递进的互促关系。核心素养与素质的关系亦当如此。……核心素养培育作为教育范畴内的概念,它的上位是素养教育、人才的教育、人的教育。[②]

不管从"双基"、三维目标的角度看核心素养,还是比较核心素养与素质教育,这其中都隐含了一个关联,就是有一大部分学者视核心素养为深化我国教育领域改革,尤其是课程改革的突破口,有学者指出,没有核心素养,改革就缺了灵魂。[③]

林崇德如此阐释核心素养在教育改革中的主要功能:简单来说,核心素养主要是解决两个问题:一是培养什么样的人,二是怎样培养。换句话说,核心素养提出了育人的目标体系,它将指导整个课程体系的设计;指导学生学习的方向;指导教学实践,引导教师专业的发展;指导教育评价,即培养评估如何进行。具体内容见图 2-2。[④]

① 柳夕浪:《"综合素质"与"核心素养"——再谈"培养什么样的人"》,《华东师范大学学报(教育科学版)》2017 年第 2 期,第 74 页。
② 朱传世:《简论核心素养的十大关系》,《中国教师》2018 年第 1 期。
③ 钟启泉:《核心素养的"核心"在哪里》,《中国教育报》2015 年 4 月 1 日,第 7 版。
④ 林崇德:《核心素养是什么》,2016 年 8 月 8 日。https://m.sohu.com/n/463187051/.

图 2-2　核心素养在教育改革中的主要功能

　　具体到以核心素养指导教师专业发展方面,陈琳的观点对广大教师(尤指外语教师)很有启发。陈琳认为,针对此,广大教师应该做的:一是,以我们制定的学生发展核心素养的标准来要求自己,而且要全面地、严格地要求自己。二是,要全面地、系统地、不折不扣地按照课程标准所规定的内容组织和实施我们的教学工作。三是,要改变目前还在一定程度上存在的外语教学理论理解薄弱的状况。四是,应当不断提高自己的外语水平,包括语言理论和运用能力。[①]

　　因此,从课程改革的角度,尤其是总结我国历次课程改革经验的角度论证核心素养的合理性和必要性,可以说是我国教育学界在核心素养理论研究方面的创新。

四、核心素养与教育现代化之关系

　　将核心素养与教育现代化联系,这是褚宏启在研究核心素养与教育现代化方面的创新。虽然学界对核心素养的概念、内容等还存在争议,但核心素养理念作为未来教育乃至社会之重要追求越来越成为学界共识。不过,将培养国民核心素养明确与教育现代化建立联系,褚宏启可谓另辟蹊径,与此同时,肯定了核心素养之于教育与社会发展的重要性。

[①]　陈琳:《颂"学生发展核心素养体系"》,《英语学习(教师版)》2016年第1期。

褚宏启认为,我们需要有内涵、有根、有魂的教育现代化。21世纪新时代的教育现代化包括教育目标现代化、教育过程现代化、教育管理现代化、教育体系现代化和教育保障现代化。核心素养与教育现代化的关系集中表现在教育目标的现代化。教育目标的现代化就是要培养现代人,也就是具有现代素质的人。他甚至认为,衡量中国教育现代化水平的根本尺度,是看所培养的人是否是现代人,是否具有现代的精神气质。教育现代化的最后归宿或者根本目标是人的现代化。那么,在21世纪,现代素质究竟有哪些? 这正是核心素养所回应的问题。为此,褚宏启列出了创新能力、批判性思维、公民素养、合作与交流能力、自主发展能力、信息素养六大素养,以其为中国21世纪现代人素养的清单,并认为,这六大素养为推进教育现代化确定了战略重点。其中,核心素养的核心是创新能力,培养创新人才是中国教育的首要目标,是中国教育现代化的首要任务。

另外,朱传世认为"加快教育现代化,办好人民满意的教育""推进教育公平"的新要求应更多体现在落实核心素养培育上来,对此,应提高认识的一个方面是,借力教育现代化目标,将核心素养培育过程与教育现代化的根本——人的现代化结合起来,着力培养未来需要的创新型建设者和高素质的接班人。[1]

五、核心素养本土表述上的创新

本土化,是理论更好地应用于实践的惯常路径。有时,当一个理论扎根于某一土壤时,当它与当地的历史、现实、未来结合时,就会绽放出别样的光彩。在核心素养本土化的过程中,许多学者都强调核心素养的中国表达,也在这方面有所尝试。比如说,构建中国学生发展核心素养时也强调传承中华优秀传统文化,凸显人才培养的民族底色。因此,中国学生发展核心素养课题组根据中华优秀传统文化中关于修身成德的思想以及不同时期学校教育培养学生的内容与要求,建构起以道德修养为核心的学生发展核心素养指标体系,以培养学生的仁爱精神为根本,以社会关怀、家国情怀和人格修养教育为重点,引导儿

---

① 朱传世:《简论核心素养的十大关系》,《中国教师》2018年第1期。

童、青少年养成崇高的道德品质、文明的行为方式和深厚的文化修养。成尚荣强调核心素养的中国表达,他认为中国学生发展核心素养应植根于中华优秀传统文化土壤中;主动、积极回应中国现代化建设的伟大召唤;从基础教育课程改革的经验总结和深度反思中,吸取丰富的营养,获得重要启示;紧贴中国学生发展的实际,从中国学生发展的特点和需求出发。在研究脉络、内涵界定、价值取向、核心素养的结构、落实和实施上体现中国表达的特点。

第三节

中国香港、台湾地区教育学界的创新性发展

要说当代中国教育界在核心素养方面的创新发展,香港、台湾地区,尤其是台湾地区的探索与研究颇具系统,值得关注。

一、香港地区之核心素养研究:Yes or No

香港地区,针对核心素养这一概念,大致有两种不同的看法。无论哪种看法,都可视为当代教育界在核心素养研究方面的创新性发展。其中一种看法认为,核心素养是未来教育的新方向和核心。例如李子建在《21 世纪技能教学与学生核心素养:趋势与展望》一文中,先探讨 21 世纪技能、核心素养的背景及趋势,之后就《中国学生发展核心素养》进行分析。李子建认为,虽然与 21 世纪技能(Assessment and Teaching of 21st Century Skills,简称 ACT21S)和美国 P21 不尽相同,但是部分内容仍然反映国际趋势,同时具备中国特色,对此持肯定的态度。文中重点谈了核心素养的提出,对课程改革和教学改革的启示。就课程取向而言,李子建认为,在 21 世纪的脉络和对"核心素养"的考量下,未来的课程取向宜平衡和兼收并蓄地综合五种课程取向:认知过程的发展取向、科技取

向、自我实现取向、社会重建及关联取向和学术理性主义取向。教学取向方面，教师宜直接考虑平行而多元的有效教学策略，即采取科学主义、建构主义及人文主义取向的有效教学，去培养学生的核心素养。评估方面，文中认为评估要配合目的，可考虑包括师生对学习和评估抱持较开放的关系，与学生清晰地分享学习的意图等向度。最后，李子建认为：变革宜循序渐进，采取平衡取向，一方面结合传统教学的优点和利用中华文化的优势（例如重视学习和教育），另一方面利用电子学习和资讯科技发展的趋势，强调无边界学习，利用大数据和学习分析工具，为学习者的进度及对知识和技能的掌握，提供适切的反馈。①

另一种观点认为，看不到"核心素养"的香港课程改革在改革路向和政策设计方面可能做出了更为适切的选择。首先，尹弘飚认为，此次香港走上了一条看不到"核心素养"的课程改革之路。这不仅使香港的课程改革成为海峡两岸及香港中的异类，而且和当前全球化教育改革的主流也出现了明显分歧。但是，这种独树一帜未必不可。本轮课改受 PISA 的影响深远，但教育改革全球化趋势并不意味着同质化，反而应珍惜其中蕴含的异质性和多样性，鼓励各国家与地区的教育决策者们根据自己独特的社会背景对全球化浪潮加以检视，并做出地方性的调适。香港选择以"聚焦、深化、持续"的方式设计新一轮系统性课程改革，显示出决策者对既有改革经验的重视和对本地社会与文化生态的尊重。其次，尹弘飚认为课程方案或改革政策的合理性对改革实施有着重要影响，大陆和台湾地区提倡的"核心素养"概念本身较为模糊，决策者应该关注这个概念如何在实践中被教师理解，是否符合时宜，并且它与原有政策又有何联系等。相比之下，香港选择了渐进式、扬弃式的道路，更容易配合学校教育。再次，改革者需要关注新课程方案的学理基础，这涉及对课程以及课程设计范围的理解。2014 年以来大陆和台湾地区的"核心素养"课程改革中，课程被视为一套"目标"或"预期达到的学习成果"，课程设计的起点只是确定一个"核心素养"框架，并没有考虑如何转化为完整的课程指引，这种方式窄化了课程设计的

---

① 李子建：《21 世纪技能教学与学生核心素养：趋势与展望》，《河北师范大学学报（教育科学版）》2017 年第 3 期，第 72—76 页。

范围,并在"目标"走向"计划"的过程中增加了一个转化环节。如果这两个阶段的工作是由不同的设计者群体完成的,可能增加政策脱节的风险。最后,尹弘飚认为"核心素养"在理论基础上仍过于单薄。对比海峡两岸及香港的这两轮课改政策,2000 年前后课程改革中许多措施所依据的理论观点,如课程统整、经验课程、多元智能、建构主义、校本课程发展等,均经过长期的学术讨论,具有丰厚的研究经验作为支持,且具备理智上的启发性和吸引力。相比之下,尽管当前的各种"核心素养"框架虽遵循了"证据为本"(evidence-based)原则,不少还有大规模数据分析结果作为支持,但其理论还不成熟,难在理智上给人以启迪。综上所述,2014 年以来海峡两岸及香港在设计新一轮大规模系统性课程改革时,虽然香港迥异于内地、台湾,决定进行一次没有"核心素养"的课程改革,但就改革路向和政策设计而言,香港这次在当今教育改革的全球化时代中可能做出了更为正确的选择。①

二、台湾地区之核心素养研究:从洪裕宏到陈伯璋再到蔡清田

台湾地区的核心素养研究有较长时间的积累,陈伯璋(2007)、蔡清田(2007)、洪裕宏(2008)等都较早着手核心素养研究。尤其是陈伯璋、蔡清田在已有研究的基础上,结合课程,进一步深度研究核心素养。从洪裕宏到陈伯璋再到蔡清田,台湾地区学者不断探索,使核心素养研究在台湾地区不断演变发展,深化完善。

(一)洪裕宏:核心素养的基本四维架构

洪裕宏从哲学与理论层面探讨界定与选择全民核心素养的概念架构(conceptual framework)与一致性(consistency),包括分析素养概念、方法学、理想社会的基本假设、成功人生与运作良好的社会的内涵与背后之假定、对经合组织/DeSeCo 计划成果的批判分析等。他认为全民核心素养的目的在界定与选择一组核心素养,以期让具备这些素养的个人可以实现成功人生,使社会整体

① 尹弘飚:《课程改革一定要"核心素养"吗?——兼评全球化时代的香港课程改革》,《全球教育展望》2017 年第 10 期,第 73—80 页。

能运作良好。而在关于什么是成功的人生以及什么是运作良好的社会这两大问题上,洪裕宏利用专业优势,有针对性地、系统地探讨了在台湾地区何为成功的人生,何为运作良好的社会。他认为,台湾地区 DeSeCo 的成功人生指标主要有:1.经济位阶与资源,包括有收入的工作和有意义的工作;2.政治权利与权力,包括参与政治决策和参与政治性团体;3.知识资源,包括接受正规教育权和学习资源的取得;4.住宅与基础建设,包括居住品质和居住环境;5.个人健康与安全,包括健康与医疗保险、人身安全;6.社会网络(社会资本),包括家庭与亲友、参与社会组织;7.休闲与文化活动,包括参与休闲活动和参与文化活动;8.个人满足与价值导向,包括个人人生目标之实现和价值导向的自主性。台湾地区 DeSeCo 的良好社会指标有:经济生产(economic productivity),经济分配正义(justice of economic distribution),民主程序(democratic processes),团结与社会凝聚(solidarity and social cohesion),工业民主(industrial democracy),人权与自由(human rights and peace),平等、平权与免于歧视(equity, equality, and the absence of discrimination),生态永续(ecological sustainability)。综合以上,洪裕宏提出了台湾地区发展未来全民核心素养之基本四维架构。

表 2-1　台湾地区发展未来全民核心素养之基本四维架构

台湾地区全民核心素养的四维层面	台湾地区全民的基本素养
能使用工具沟通互动	阅读理解　沟通表达 使用科技资讯　学习如何学习 审美能力　数的概念与应用
能在社会异质团体运作	团队合作　处理冲突 多元包容　国际理解 社会参与与责任　尊重与关怀

（续表）

台湾地区全民核心素养的四维层面	台湾地区全民的基本素养
能自主行动	反省能力　问题解决 创新思考　独立思考 主动探索与研究　组织与规划能力 为自己发声　了解自我
展现人类的整体价值 并建构文明的能力	形式逻辑能力、哲学思想能力、与生活相关的逻辑能力、社会正义、与规范相关的逻辑能力、与意志价值追求相关的逻辑能力、工具理性

有学者认为,洪裕宏进行的"界定与选择全民核心素养:概念参考架构与理论基础研究",提出"能使用工具沟通互动""能在社会异质团体运作""能自主行动""展现人类的整体价值并建构文明的能力"等四维架构,特别强调人文素养的形式逻辑能力、哲学思想能力以及与"生活"相关的逻辑能力、社会正义、与规范相关的逻辑能力、与意志价值追求相关的逻辑能力、工具理性的重要性,正视长期以来教育欠缺足够的理性教育的这一事实。这或许是台湾地区与经合组织的素养定义同中有异之处,可弥补台湾地区历史文化的理性与现代性发展之不足。[1]

（二）陈伯璋:核心素养的基本架构

陈伯璋较早关注核心素养的研究。他以未来学、社会建构论与知识社会学、人本主义、多元学习——学校外的教育为核心素养立论之基础,归纳出台湾地区全民核心素养之关键指标的三维立论依据,即全球化与在地化,学校内与学校外的环境变迁,过去、现在与未来社会三面向。在文献分析的基础上,举行台湾地区专家座谈会广征专家的意见,最后综合理论及学者意见,陈伯璋提出台湾地区全民核心素养的理论框架(见表2-2)。[2]

---

[1] 蔡清田:《核心素养的学理基础与教育培养》,《华东师范大学学报(教育科学版)》2018年第1期,第44页。

[2] 陈伯璋:《台湾全民核心素养与中小学课程发展之关系》,《课程研究》2010年第2期。

表 2-2 台湾地区全民核心素养之基本架构

DeSeCo 核心素养的三维层面	台湾地区的全民核心素养
能使用工具沟通互动	阅读理解　沟通表达 使用科技资讯　学习如何学习 审美能力　数的概念与应用
能在社会异质团体运作	团队合作　处理冲突 多元包容　国际理解 社会参与与责任　尊重与关怀
能自主行动	反省能力　问题解决 创新思考　独立思考 主动探索与研究　组织与规划能力 为自己发声

各项素养内涵之具体说明如下：

1.能使用工具沟通互动

本素养界定为"个人能使用语言、符号、科技工具及各种讯息进行沟通互动"，其内涵包括以下六项：

（1）阅读理解：经由阅读的过程，能够有效地理解文本中的讯息。

（2）沟通表达：通过口语或肢体的动作或其他工具，正确地传递或接收讯息，能准确地理解他人的思想，并将自己的想法表达清楚，进而能够维持关系与达成共识。

（3）使用科技资讯：能了解且适当地使用科技与资讯，以协助达成工作目标。

（4）学习如何学习：知道如何学习。

（5）审美能力：对美的事物鉴别、评价与欣赏的能力；不是只感受到美、辨别美与丑，而是对美能加以理解与分析、评价。

（6）数的概念与应用：理解数的概念，并应用于日常生活，解决问题。

2.能在社会异质团体运作

本素养界定为"个人能与他人良善相处、共同合作，以尊重、包容的态度理解多元文化，并能进一步积极关怀与参与社会"，其内涵包括以下六项：

（1）团队合作：与他人一起行动或工作，并能协同合作，共同完成任务。

（2）处理冲突：与他人的想法或做法不同而产生冲突时，能够控制情绪，积极化解冲突。

（3）多元包容：能尊重且友好地对待与自己不同的人、事、物，包容彼此的差异。

（4）国际理解：理解与欣赏本国及世界各地历史文化，并深切体认世界为一整体的地球村，培养相互依赖、互信、互助的世界观。

（5）社会参与与责任：关心社会、参与社会运作，投入个人的意见、行动及资源，影响社会的改变与发展，将社会及其安乐视为自己的责任。

（6）尊重与关怀：欣赏自己与他人，尊重自己与异于自己的群体及文化；关怀自己，关怀他人与自然，关怀理想。

3. 能自主行动

本素养界定为"个人具有自主、反省、创造与解决问题之能力，并能表现出决策与行动"，其内涵包括以下八项：

（1）反省能力：对自己的言行举止与情绪、思维详加考察其对错，并能加以检讨与改革。

（2）问题解决：能够合理且有效地处理事件，解决问题，而获致良好的结果。

（3）创新思考：突破个人的思维，提出不同于现存形式的任何新思想、行为或事业，在活动的过程中所具有的开创新意的表现。

（4）独立思考：解决问题者独自去做推理及解决问题的历程。

（5）主动探索与研究：主动是一种关怀和参与的意愿和精神；探索是好奇心与敏感度的表现；研究则是运用严谨的分析、推理与归纳等科学方法，探究问题，以发现新的事实、理论或法则。

（6）组织与规划能力：个体在面对各个问题情境时，要能运用以往组织的知识来分析问题的性质，以规划解决问题的计划，在拟订计划时要能考虑实施计划的各个步骤的可行性。

（7）为自己发声：重视自己的权益，面对不合理之对待，能有效地为自己表达经验、意见与权利，建立自己的主体地位。

（8）了解自我：充分了解自己的身体、能力、情绪、需求与个性等，以及影响这些特质的背后因素。养成爱护自我、自省、自律的习惯，乐观进取的态度及良好的品德，并表现个人特质，发展自己的专长。

陈伯璋还指出，全民教育核心素养的课程目标，必须与学习领域的课程内容、教学运作与实施通则、学习评量等进行紧密联结。蔡清田在此方面作了很多探索。

（三）蔡清田：核心素养与课程设计

在联结核心素养与课程方面，蔡清田先从核心素养与各基础教育阶段的连贯着手。蔡清田认为，从心理学的理论观点而言，核心素养是可以在幼儿期、儿童期、青少年期、青年期与成年期等不同发展阶段逐渐发展与培育的。因此，强调以终身学习者为主体，依照个体身心发展特点，使学习者在各教育阶段中的认知、技能与情意等维度循序渐进地发展，使学习者成为一位在各维度均衡发展的健全公民。各教育阶段核心素养的具体发展，展现了由易到难、由近到远、由简单到复杂的垂直衔接的精致设计，合乎认知发展论有关感官动作期、前操作期、具体操作期、形式操作期的理论，也呼应了阶段发展任务等心理学理论。① 各基础教育阶段核心素养的具体内涵列表（表 2-3）如下。

---

① 蔡清田：《核心素养与课程设计》，北京师范大学出版社，2018，第 151 页。

表2-3　各基础教育阶段核心素养的具体内涵

一个核心	三面维度	九项主轴	具体内涵	4~6岁幼儿期学前教育阶段幼儿园教育阶段核心素养的具体内涵	6~12岁儿童期初等教育阶段小学教育阶段核心素养的具体内涵	12~15岁青少年期中等教育阶段初中教育阶段核心素养的具体内涵	15~18岁青少年期后期中等教育阶段高中教育阶段核心素养的具体内涵
终身学习者	A 自主行动	A1 身心素质与自我精进	具备身心健全发展的素质，拥有合宜的人性观与自我观，同时透过选择、分析与运用新知，有效规划生涯发展，探寻生命意义，并不断自我精进，追求至善。	K-A1 具备良好的生活自理能力与习惯，并能表达自我需求与选择。	E-A1 具备良好的生活习惯，促进身心健全发展，发展生命潜质。	J-A1 具备良好的身心发展知能与态度，并展现自我人性，自我价值与潜能，探索人性、自我价值与潜能，积极实践。	U-A1 提升各项身心健全发展素质，发展个人潜能，探索自我价值，肯定自我价值，并通过自我精进与超越，追求至善与幸福人生。
		A2 系统思考与解决问题	具备问题理解、思辨分析、推理批判的系统思考与后设思考素养，并能行动与反思，以有效处理及解决生活、生命问题。	K-A2 具备探索环境的能力，并能尝试解决生活中的问题。	E-A2 具备探索的思考能力，并通过体验与实践处理日常生活问题。	J-A2 具备理解情境全貌，并做独立思考与分析的知能，运用适当的策略处理与解决生活及生命议题。	U-A2 具备探索的素养，思考、分析与反省，深化后设思考，对挑战面以解决人生的各种问题。
		A3 规划执行与创新应变	具备规划及执行计划的能力，并试探与发展多元专业知能、充实生活经验，发挥创新精神，以因应社会变迁、增进个人的弹性适应力。	K-A3 具备以图表或其符号工作计划的能力，并能适应生活情境，调整活动的进行。	E-A3 具备拟订计划与实作的能力，并以创新思考方式，因应日常生活情境。	J-A3 具备善用资源以拟定计划，有效执行，并主动学习与发展的素养。	U-A3 具备规划、实践与创新的素养，并检讨反省的态度，以创新的态度与行为因应新的情境或问题。

（续表）

一个核心	三面维度	九项主轴	具体内涵	4~6岁幼儿园学前教育阶段幼儿园教育阶段核心素养的具体内涵	6~12岁儿童期初等教育阶段小学教育阶段核心素养的具体内涵	12~15岁青少年期前期中等教育阶段初中教育阶段核心素养的具体内涵	15~18岁青少年期后期中等教育阶段高中教育阶段核心素养的具体内涵
终身学习者	B 沟通互动	B1 符号运用与沟通表达	具备理解及使用语言、文字、数理、艺术等各类符号进行表达、沟通及互动之能力，应用在日常生活及工作中。	K-B1 具备运用肢体、口语与图像的素养，并能对日常生活进行绘图表达或记录。	E-B1 具备"听说读写作"的基本语文素养，并具有生活所需的基础数理、肢体及艺术等符号知能，能以同理心应用于生活与人际沟通中。	J-B1 具备运用各类符号表情达意的素养，能以同理心与人沟通互动，并理解数理、美学等基本概念，应用于日常生活中。	U-B1 具备精确掌握各类符号表达的能力，以进行经验、思想、价值与情意之表达，能以同理心与他人沟通并解决问题。
		B2 科技信息与媒体素养	具备善用科技、信息与各类媒体之能力，培养相关伦理及媒体识读的素养，能分析、思辨、批判人与科技、信息及媒体之关系。	K-B2 具备运用生活中基本的科技与信息操作之素养，并能丰富生活与扩展经验。	E-B2 具备科技与信息应用的基本素养，并理解各类媒体内容的意义与影响。	J-B2 具备善用科技、信息与媒体以增进学习的素养，并察觉、思辨、批判科技、信息与媒体的互动关系。	U-B2 具备适当运用科技、信息与媒体之素养，进行各类媒体识读与批判，并能反思科技、信息与媒体伦理的议题。
		B3 艺术涵养与美感素养	具备艺术感知、创作、欣赏、体会生活文化之美，通过生活美学的省思，丰富美善的人事物的人事物，进行赏析、建构与分享的态度与能力。	K-B3 具备感受生活中各种美好事物的素养，通过生活美感体验，丰富美好的人事物，进行赏析、建构与分享的能力。	E-B3 具备艺术创作与欣赏的基本素养，促进多元感官的发展，培养生活环境中的美感体验。	J-B3 具备艺术展演的一般能力及表现，欣赏各种艺术的风格和价值，并了解美感的特质，认知与表现方式，增进生活的丰富与美感体验。	U-B3 具备艺术感知、欣赏、创作与表现的能力，体会艺术创作与社会、历史、文化之间的互动关系，通过生活美学的涵养，对美善的人事物，进行赏析、建构与分享。

（续表）

一个核心	三面维度	九项主轴	具体内涵	4~6岁幼儿期学前教育阶段幼儿园教育核心素养的具体内涵	6~12岁儿童期初等教育阶段国小教育核心素养的具体内涵	12~15岁青少年期前期中等教育阶段国中教育核心素养的具体内涵	15~18岁青少年期后期高中中等教育阶段核心素养的具体内涵
终身学习者	C 社会参与	C1 道德实践与公民意识	具备道德实践的素养，从个人小我到社会公民，循序渐进，养成社会责任意识，主动关注公共议题并积极参与社会活动，关怀自然生态与人类永续发展，而展现知善、乐善与行善的品德。	K-C1 具备主动参与团体活动与遵守规范的素养，并在生活中展现尊重与关怀。	E-C1 具备个人生活道德的知识与是非判断的能力，理解并遵守社会道德规范，培养公民意识，关怀生态环境。	J-C1 培养道德思辨与实践能力，具备民主素养、法治观念与环境意识，并主动参与公益团体活动，关怀生命伦理议题与生态环境。	U-C1 具备对道德课题与公共议题的思考与对话素养，培养良好品德、公民意识与社会责任，主动参与环境保育与社会公益活动。
		C2 人际关系与团队合作	具备友善的人际情怀及与他人建立良好的互动关系，并发展与人沟通协调、包容异己、社会参与及服务等团队合作的素养。	K-C2 具备与人协商即关心他人的素养，同时会调整自己的态度与行为。	E-C2 具备理解他人感受，乐于与人互动，并与团队成员合作之素养。	J-C2 具备利他与合群的知能与态度，并培育相互合作及与人和谐互动的素养。	U-C2 发展适切的人际互动关系，并展现包容异己、沟通协调及团队合作的精神与行动。
		C3 多元文化与国际理解	具备自我文化认同的信念，并尊重与欣赏多元文化，积极关心全球议题及国际情势，且能顺应时代潮流与社会需要，发展国际理解、多元文化价值观与世界和平的胸怀。	K-C3 具备理解与欣赏人己之间差异的素养，并能接纳多元文化。	E-C3 具备理解与关心本土与国际事务的素养，并认识与包容文化的多元性。	J-C3 具备敏察和接纳多元文化的涵养，关心本土与国际事务，并尊重与欣赏差异。	U-C3 在坚定自我文化价值的同时，又能尊重欣赏多元文化，拓展国际化视野，并主动关心全球议题或国际情势，具备国际移动力。

　　如此,无论小学、中学还是高级中等教育都有相应的核心素养内涵,不过,全民核心素养要实实在在成为"十二年全民基本教育"课程纲要的课程设计的核心的话,在 K12 年级这四个关键教育阶段中,每一教育阶段核心素养课程设计的特色和重点何为,每一教育阶段核心素养课程设计又当遵循何种原则等等,都是题中应有之义。对此,蔡清田提出了自己的看法,具体见表 2-4。

表 2-4　K12 年级四个关键教育阶段核心素养课程设计的特色与原则[①]

K12 年级四个关键 教育阶段	教育阶段核心素养课程 设计的特色和重点	教育阶段核心素养课程 设计的原则
4～6 岁幼儿期学前教育阶段的幼儿园是第一关键教育阶段。	幼儿园阶段是奠定核心素养的第一关键教育阶段,幼儿阶段具有主动探索、丰富想象与创造力的发展潜能;经由人与环境互动的体验与参与,涵养学习做人与学习生活的素养。	课程设计必须掌握幼儿园学前教育阶段的学习者的主体性、课程目标的连贯性、幼儿生活经验的统整性、幼儿园学前教育阶段各领域核心素养与幼儿生活经验进行课程统整设计的各领域课程内容的纵向连贯与横向统整性等原则。
6～12 岁儿童期初等教育阶段的小学是第二关键教育阶段。	小学阶段是奠定核心素养的第二关键教育阶段,是奠定学生各项素养基础的重要阶段,强调从生活情境及实作中陶冶和培养学生在自主行动、沟通互动、社会参与方面应具备的最基本的核心素养。	课程设计必须掌握小学教育阶段的学习者的主体性、课程目标的连贯性、儿童生活经验的统整性、小学教育阶段各领域核心素养与儿童生活经验进行课程统整设计的各领域课程内容的纵向连贯与横向统整性等原则。
12～15 岁青少年期前期中等教育阶段的初中是第三关键教育阶段。	初中阶段是培养核心素养的第三关键教育阶段,初中学生正值青春期,处在身心发展、自我探索与人际互动面临转变与调适阶段,因此需完整提升各维度的素养,以满足此阶段学生成长发展需要。	课程设计必须掌握初中教育阶段的学习者的主体性、课程目标的连贯性、青少年生活经验的统整性、初中教育阶段各领域核心素养与青少年生活经验进行课程统整设计的各领域课程内容的纵向连贯与横向统整性等原则。

---

①　蔡清田:《核心素养与课程设计》,北京师范大学出版社,2018,第 175 页。

（续表）

K12 年级四个关键 教育阶段	教育阶段核心素养课程 设计的特色和重点	教育阶段核心素养课程 设计的原则
15～18 岁青年 期后期中等教育阶 段的高中是第四关 键教育阶段。	高级中等教育阶段是培养核 心素养的第四关键教育阶段，也 是十二年基本教育的最后一个阶 段，此阶段教育应着重提供学生 学习衔接、身心发展及生涯定向 所需具备的素养，同时让此阶段 学生具备独立自主能力，满足终 身学习者及世界公民所需的各项 核心素养。	课程设计必须掌握高中教育 阶段的学习者的主体性、课程目标 的连贯性、青年生活经验的统整 性、高中教育阶段各领域核心素养 与青年生活经验进行课程统整设 计的各领域课程内容的纵向连贯 与横向统整性等原则。

　　探讨了各教育阶段核心素养的内涵及课程设计的重点、原则后，蔡清田进一步指出，要发展"领域/科目核心素养"，引导各教育阶段课程连贯与统整。什么是"领域/科目核心素养"？"领域/科目核心素养"系指"全民核心素养"在各领域/科目内展现的核心素养具体内涵，虽不完全等同于各领域/科目的所有素养，但可强调该领域/科目所强调要培养的核心素养的具体内涵。"领域/科目核心素养"同时强调全民核心素养、"教育阶段核心素养"、领域/科目课程目标与基本理念，并重视该"领域/科目"所强调要培养的认知、技能及情意。表2-5以"A1 身心素质与自我精进"为例，说明各教育阶段"领域/科目核心素养"之内涵。

表 2-5　"A1 身心素质与自我精进"各教育阶段"领域/科目核心素养"内涵举例①

A1 身心素质 与自我精进	具备身心健全发展的素质,拥有合宜的人性观与自我观,同时通过选择、分析与运用新知,有效规划生涯发展,探寻生命意义,并不断自我精进,追求至善。		
领域/科目核心 素养具体内涵 各教育阶段 核心素养 具体内涵	小学(12 岁):E—A1 　具备良好的生活习惯,促进身心健全发展,并认识个人特质,发展生命潜能。	中学(15 岁):J—A1 　具备良好的身心发展知能与态度,并展现自我潜能,探索人性、自我价值与生命意义,积极实践。	高级中等教育(18 岁):U—A1 　提升各项身心健全发展素质,发展个人潜能,探索自我观,肯定自我价值,有效规划生涯,并通过自我精进与超越,追求至善与幸福人生。
国语文	国—E—A1 　认识国语文的重要性,培养国语文的兴趣,能运用国语文认识自我、表现自我,奠定终身学习的基础。	国—J—A1 　通过国语文的学习,认识生涯及生命的典范,建立正向价值观,提高语文自学的兴趣。	国—U—A1 　通过国语文的学习,培养自我省思能力,从中发展应对人生问题的行事法则,建立积极自我调适与不断精进的完善品格。
英语文	英—E—A1 　具备认真专注的特质及良好的学习习惯,尝试运用基本的学习策略,强化个人英语文能力。	英—J—A1 　具备积极主动的学习态度,将学习延伸至课堂外,丰富个人知识。运用各种学习与沟通策略,精进英语文学习与沟通成效。	英—U—A1 　具备积极探究的态度,主动探索课外相关信息,扩展学习场域,提升个人英语文知能,运用各种资源,强化自主学习,为终身学习奠定基础。
第二外国语文		外—J—A1 　具备认真专注的特质及良好的学习习惯,尝试运用基本的学习策略,精进个人第二外国语文能力。	外—U—A1 　具备积极主动的学习态度,将学习延伸至课堂外,丰富个人知识。运用各种学习与沟通策略,强化第二外国语文学习与沟通成效。

----

　① 注:修改自蔡清田、陈伯璋、陈延兴、林永丰、卢美贵、李文富、方德隆、陈圣谟、杨俊鸿、高新建、李懿芳、范信贤.十二年全民基本教育课程发展指引草案拟议研究(教育研究院委托研究报告)[R].嘉义:台湾中正大学课程研究所,2013:34.引自蔡清田:《"全民核心素养"转化成为领域/科目核心素养的课程设计》,《湖南师范大学教育科学学报》2016 年第 5 期。

（续表）

A1 身心素质 与自我精进	具备身心健全发展的素质，拥有合宜的人性观与自我观，同时通过选择、分析与运用新知，有效规划生涯发展，探寻生命意义，并不断自我精进，追求至善。		
闽南语文	闽—E—A1 认识台湾闽南语文对个人生活的重要性，进而建立主动学习台湾闽南语文的能力。	闽—J—A1 拓展台湾闽南语文之学习内容，增进自我了解，并能通过选择、分析与运用，感知其精神与文化特色，具备合宜的人性观与自我观。	闽—U—A1 理解台湾闽南语文的思考模式、特色与地位，进而建立自信心，有效规划生涯，探索生命意义，追求真善美的人生。
客家语文	客—E—A1 学习客家语文，认识客家民情风俗，借此培养良好生活习惯以促进身心健康、发展个人生命潜能。	客—J—A1 认识客家语文，具备主动学习客家语文的兴趣与能力，探索自我价值，增进自我了解，积极发展自我潜能。	客—U—A1 了解客家语文特质与传承意义，进而肯定自我价值，努力自我精进，规划个人生涯，追求美善与幸福的人生。
台湾地区少数民族语文	原—E—A1 具备说族语的基本能力及习惯，建立台湾地区少数民族的文化主体性，启发族语文化及其相关文化内涵的兴趣。	原—J—A1 具备积极主动学习族语的能力与兴趣，展现台湾地区少数民族的文化主体性，并主动融入族语社群，认识族语文化的内涵，发展传承家族与民族文化精神之态度与能力。	原—U—A1 能以台湾地区少数民族文化主体性的观点，主动探索课外关于族语及文化的讯息，积极拓展学习或使用族语的场域，自我精进族语的沟通能力，具备实践生命价值的能力与热忱，进而乐于传承民族文化。
新住民语文	新—E—A1 理解新住民语言与文化，并乐于学习新住民语文。	新—J—A1 欣赏新住民语言与文化，并持续学习新住民语文。	

（续表）

A1 身心素质 与自我精进	具备身心健全发展的素质，拥有合宜的人性观与自我观，同时通过选择、分析与运用新知，有效规划生涯发展，探寻生命意义，并不断自我精进，追求至善。		
数学	数—A1 具备学好数学的信心与态度，理解数学的意义性与有用性，并能自主学习，努力不懈地探究、分析与解决数学问题。		
社会	社—E—A1 认识自我，培养良好的学习态度，并探索自我未来的发展。	社—E—A1 发展自我潜能，探索自我价值与生命意义，培育合宜的人生观。	社—U—A1 探索自我，发展潜能，肯定自我，规划生涯，健全身心素质，通过自我精进，追求幸福人生。
生活	生活—E—A1 能通过自己与外界的联结，产生自我感知并能对自己有正向的看法，学习照顾与保护自己的方法。		
自然	自然—E—A1 能运用五官，敏锐地观察周遭环境，保持好奇心、想象力持续探索自然。	自然—E—A1 能应用科学知识、方法与态度于日常生活当中。	自然—U—A1 理解科学的进展与对人类社会的贡献及限制，将科学事业纳为未来生涯发展选择之一。
艺术	艺—E—A1 参与艺术活动，探索生活美感。	艺—J—A1 参与艺术活动，增进美感知能。	艺—U—A1 参与艺术活动，以提升生活美感及生命价值。

（续表）

A1 身心素质 与自我精进	具备身心健全发展的素质，拥有合宜的人性观与自我观，同时通过选择、分析与运用新知，有效规划生涯发展，探寻生命意义，并不断自我精进，追求至善。		
综合	综—E—A1 认识个人特质，初探生涯发展，觉察生命变化历程，激发潜能，促进身心健全发展。	综—J—A1 探索与开发自我潜能，善用资源促进生涯适性发展，省思自我价值，实践生命意义。	综—U—A1 思考生命与存在的价值，具备适切的自我观与人性观，探索自我与家庭发展的历程，并进行生涯规划与发展，追求至善与幸福人生。
科技	科—E—A1 具备正确且安全地使用科技产品的知能与行为习惯。	科—J—A1 具备良好的科技使用态度，并能应用科技知能，以发挥自我潜能及实践自我价值。	科—U—A1 具备应用科技知能有效规划生涯发展，以达成自我精进及肯定自我价值的能力与态度。
健体	健体—E—A1 具备良好身体活动与健康生活的习惯，以促进身心健全发展，并认识个人特质，发展运动与保健的潜能。	健体—J—A1 具备体育健康的知能与态度，展现自我运动与保健潜能，探索人性、自我价值与生命意义，并积极实践。	健体—U—A1 提升各项运动与身心健全的发展素养，发展个人运动与保健潜能，探索自我观，肯定自我价值，有效规划生涯，并透过自我精进与超越，追求健康与幸福的人生。

　　台湾地区学者洪裕宏、陈伯璋、黄光雄、蔡清田等较早从事台湾地区本土之核心素养研究，并结合以往课改、教改之经验，系统探讨核心素养与课程之关系，于教育实际中深入推进核心素养之落实，形成了独具一格的台湾地区核心素养体系，值得借鉴与吸收。

第三章

核心素养研究的进展：
《面向未来：21 世纪核心素养教育的
全球经验》和《21 世纪核心素养的
5C 模型》

世界教育创新峰会（World Innovation Summit for Education，WISE）、21 世纪学习联盟相继与北京师范大学中国教育创新研究院合作，联合发布《面向未来：21 世纪核心素养教育的全球经验》《21 世纪核心素养的 5C 模型》等研究报告，共同推动核心素养研究的深化，为全球核心素养教育提供"中国方案"。

第一节

世界教育创新峰会与中国教育创新研究院：共同发布《面向未来：21世纪核心素养教育的全球经验》

2016年6月3日,世界教育创新峰会与北京师范大学中国教育创新研究院共同发布《面向未来:21世纪核心素养教育的全球经验》[①]。

本报告先是正名,采用"21世纪核心素养"(21st Century Competencies)这一名称,强调核心素养鲜明的时代特征。主旨有四。一是分析、归纳各国际组织、国家或地区提出核心素养的动力因素,并且分析不同收入水平经济体(高收入经济体、中等及以下收入经济体)对各动力因素关注度的差异。此分析有一定参考价值,在素质教育探索中应结合地域特点,予以考虑。二是归纳出两个维度的18个素养条目。同样从不同收入水平经济体对具体核心素养的关注度差异入手,进行对比。批判性思维、沟通与合作在不同收入水平经济体中的关注度都较高。三是如何将核心素养理论转为实施。体现核心素养理念的课程是重要载体,面向核心素养的教与学是关键,与核心素养相应的评价体系是重要推手。从课程到教学再到评价,有机联合,缺一不可。四是落实核心素养教育的支持体系;政府提供政策支持;加强地方、学校、教师自主权;充分利用社区等社会资源;加强教师培养。此外,本报告还提出关于21世纪核心素养的政策建议。总的来说,这是一份兼具理论价值和实践价值的研究报告,值得推介。以下为报告摘要:

面对日新月异的社会与经济变革,全球许多国际组织、国家或地区都在思考如何培养未来的公民,以使其能够更好地适应21世纪的工作与生活。

---

① 中国教育创新研究院:《面向未来:21世纪核心素养教育的全球经验》,2019年7月13日。https://www.ceie.org.cn/index.php/cms/show-91.html。

　　为此,他们基于对未来公民形象的追问,提出了 21 世纪技能(21st Century Skills,美国 P21)、21 世纪核心素养(21st Century Competencies,经合组织)、关键素养(Key Competences,欧盟)、综合能力(General Capabilities,澳大利亚)、共通能力(Generic Skills,中国香港)、核心素养(Core Competencies,中国大陆和中国台湾)等理念。这些理念甚至成为许多国家或地区制定教育政策、开展教育改革的基础。

　　本报告中的"21 世纪核心素养",英文为"21st Century Competencies"。一方面考虑到 21 世纪核心素养教育旨在培养"未来公民","21 世纪"一词能很好地反映这一特点,且"21 世纪技能"(21st Century Skills)为美国 P21 等著名团体所倡导,已在世界范围内产生广泛的影响力,为公众所熟知,故借用"21 世纪"一词。

　　另一方面,与"技能"(skills)相比,"素养"(competencies)具有更丰富的内涵,与本研究以及许多国际组织、国家或地区在相关教育目标中所表达的含义更加贴近。同时,这些素养都是适应个人幸福生活、实现终身发展、融入并推动社会进步所必需的核心内容,因此使用了"21 世纪核心素养"一词。

　　本报告围绕四个核心问题展开:

　　(1)哪些因素促使各国际组织、国家或地区纷纷提出 21 世纪核心素养,即提出 21 世纪核心素养的动力因素有哪些?

　　(2)国际上已有的 21 世纪核心素养框架的结构和要素具有怎样的特点?未来公民所必需的 21 世纪核心素养应该包括哪些方面?

　　(3)21 世纪核心素养的教育如何从理论转化为实践? 在课程、教与学、评价等方面有哪些可供参考的实践案例?

　　(4)为了促进 21 世纪核心素养教育的落实,需要政府及社会各界建立怎样的支持体系?

　　为了回答这些问题,本报告从全球范围内选取了有代表性的 5 个国际组织和 24 个国家或地区(或称经济体)的 21 世纪核心素养框架。所选取的分析对象具有地理区域和文化的广泛性,目前包括了除南极洲以外全球 6 大洲有代表性的经济体;同时,经济体的经济收入水平具有广泛性,不仅包括 15 个高收入经济体,也包括 9 个中等及以下收入经济体。

1.为什么各国纷纷提出 21 世纪核心素养

本报告从 29 个国际组织或经济体发布的权威教育文件中提取关键词,将内涵相同或相近的动力因素合并,如贫困地区、学术成就低、辍学率高等合并为教育公平。再对合并后的动力因素进行频次统计,发现了三大类共 10 项最重要的动力因素,分别为:时代与科技变革类动力因素,如全球化、知识时代、科技发展与信息时代;经济与社会发展类动力因素,如经济成长、职业需求、人口结构变化、多元文化、环境与可持续发展;教育发展类动力因素,如教育质量提升、教育公平。

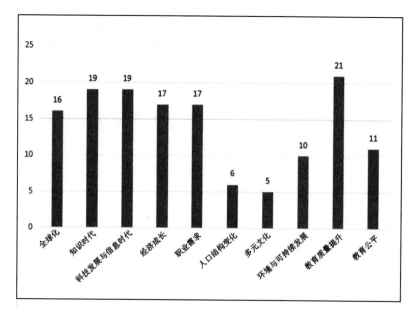

图 3-1　推动各国际组织或经济体提出 21 世纪核心素养的动力因素频数分布图

频数统计(见图 3-1)发现,全球化、知识时代、科技发展与信息时代、经济成长、职业需求、教育质量提升等对一半以上的国际组织或经济体提出 21 世纪核心素养起到了推动作用,可以认为,这 6 项动力因素是全球范围内 21 世纪核心素养提出的共同推动力量。而人口结构变化、多元文化、环境与可持续发展、教育公平只被少数国际组织或经济体的文献关注,说明这些动力因素目前反映的仅仅是局部地域或少数经济体面临的挑战和需求。

从不同收入水平经济体的比较(见图 3-2)看,无论收入水平高低,其教育都面临着科技发展与信息时代、经济成长、职业需求、教育质量提升的压力;比较而言,高收入经济体对"全球化"和"知识时代"可能带来的影响更为敏感;相反,中等及以下收入经济体对"教育公平"和"环境与可持续发展"的关注更加迫切。

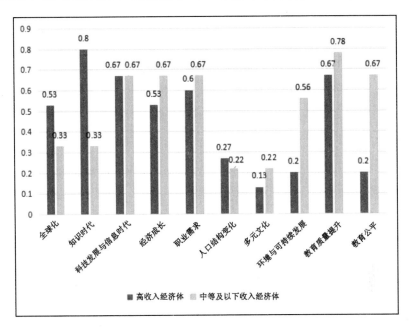

图 3-2　不同收入水平经济体对各动力因素关注度的对比图

(注:图中纵坐标代表的是不同收入经济体对驱动力的关注度,如在 15 个高收入经济体中,共有 12 个经济体关注"知识时代"这一驱动力,那么高收入经济体对这一驱动力的关注度就是 12/15＝0.8。)

2.未来公民所需的 21 世纪核心素养应该包括哪些方面

为应对时代变化与未来发展的多项需要,各国际组织或经济体制定的 21 世纪核心素养框架均具有综合性的特点;同时,由于国际组织制定框架的初衷和服务对象各有不同,经济体的社会经济发展阶段与文化特征也有差异,不同素养框架呈现出各自鲜明的特色。

有的框架注重帮助公民实现成功生活并发展健全社会,如经合组织等;有的侧重培养学习能力,指向终身学习,如欧盟等;有的关注 21 世纪职场需要,强调创造力和创业精神的培养,如美国 P21 等;有的凸显核心价值观,强调培养有责任感的合格公民,如新加坡等;还有的对公民日常生活和文化休闲质量给予重视,如俄罗斯等。

为了便于进一步比较分析,本报告将 29 个素养框架中的相关内容进行了拆分,再将含义相近、层级相当的项目合并,共归纳为 18 项素养条目,大体反映了全球范围内不同组织或经济体的政策制定者对未来公民所应具备的核心素养的基本判断和整体把握。在这 18 项素养条目中,有 9 项都与某个特定内容领域密切相关,称之为领域素养,包括基础领域素养(6 项)和新兴领域素养(3 项);另 9 项超越特定领域的素养,称之为通用素养,它们分别指向高阶认知(3 项)、个人成长(2 项)与社会性发展(4 项)。具体内容见表 3-1。

表 3-1　21 世纪核心素养内容

维度		素养
领域素养	基础领域	语言素养、数学素养、科技素养、人文与社会素养、艺术素养、运动与健康素养
	新兴领域	信息素养、环境素养、财商素养
通用素养	高阶认知	批判性思维、创造性与问题解决、学会学习与终身学习
	个人成长	自我认识与自我调控、人生规划与幸福生活
	社会性发展	沟通与合作、领导力、跨文化与国际理解、公民责任与社会参与

报告也对各素养在不同国际组织或经济体中的分布状况进行了分析(见图 3-3),发现沟通与合作、创造性与问题解决、信息素养、自我认识与自我调控、批判性思维、学会学习与终身学习、公民责任与社会参与等七大素养被各国际组织或经济体高度重视;同时,财商素养、环境素养、人生规划与幸福生活以及领导力等素养也开始得到关注。

通过比较发现,无论收入水平高低,不同国家和地区对语言、数学、人文与社会、运动与健康、批判性思维、沟通与合作、公民责任与社会参与等素养的关注程度基本相当;较之中等及以下收入经济体,高收入经济体更加关注信息素养、创造性与问题解决、跨文化与国际理解,特别是自我认识与自我调控;而中等及以下收入经济体更加重视科技素养、艺术素养、环境素养,特别是学会学习与终身学习;值得一提的是,财商素养、人生规划与幸福生活以及领导力仅为高收入经济体所关注。具体内容见图 3-4。

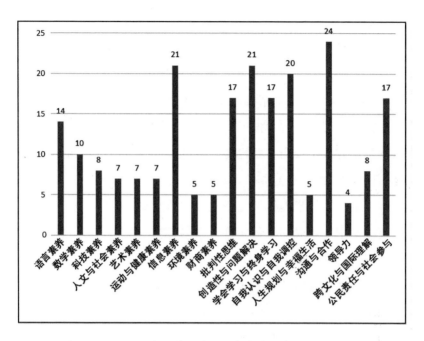

图 3-3　国际组织或经济体对不同素养关注情况的频数统计

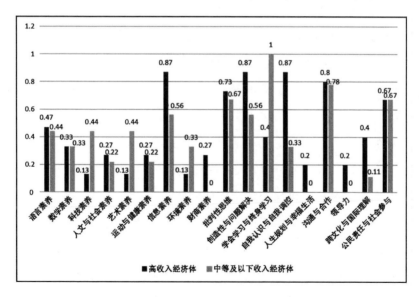

图 3-4　不同收入水平经济体对核心素养关注度的对比图

（注：图中纵坐标代表的是不同收入经济体对核心素养的关注度，如在 15 个高收入经济体中，共有 11 个经济体关注"批判性思维"这一核心素养，那么高收入经济体对这一核心素养的关注度就是 11/15＝0.73。）

3.怎么把21世纪核心素养从理论转化为教育实践

21世纪核心素养的教育实践是一个逐步发展的过程,需要通过多层次的复杂教育系统才能最终落实。由于21世纪核心素养的提出是比较晚近的事情,全球大部分地区尚处于框架制定阶段,还缺少系统的教育实践;其实践效果在学生身上得以体现尚需一段时日,因此对其实践成效展开述评还为时尚早。本报告以举例的方式呈现出一些已有的推进21世纪核心素养的方式和途径。

一是面向21世纪核心素养的课程。

(1)将21世纪核心素养框架完整地融入国家或地区中小学课程设计中,形成一套体现核心素养理念的课程实施体系,如澳大利亚将其七项通用能力融入国家学科课程。

(2)设置跨学科主题,结合基于真实生活情境的跨学科主题展开课程内容,如STEM(科学-技术-工程-数学)已成为全球普遍认可的跨学科主题,新兴的创新与创业教育也正在蓬勃发展。

(3)开发课程资源,不管是将21世纪核心素养融入中小学学科课程中,还是选取适当的跨学科内容展开学习,都需要提供与之相匹配的课程资源,如美国21世纪素养联盟研发的课程资源用于支持其中小学课程。

二是面向21世纪核心素养的教与学。基于核心素养的教育要求,教与学的方式发生变革。"以学生为中心"、围绕真实情境中的问题展开探索,能够激发学生的原有经验,促进学生主动学习,有助于满足不同学生的需求,促进相关素养的培养,如通过设计并开展基于问题或基于项目的学习,实现以学生为中心、使学生主动学习和解决现实情境中的问题。

三是面向21世纪核心素养的评价。开发体现核心素养的多样化、多形态的测评工具,建立以核心素养为导向的评价与反馈系统,是各国或地区推进21世纪核心素养教育的重要抓手,如新西兰将对核心素养的监测融入了其每年一次的学生学业成就国家监测研究中。面向21世纪核心素养的评价可以依托形成性评价、统一考试或教育监测、行业资格证书等形式来实现,如法国使用个人能力手册完整地记录学生的素养发展,以及欧盟多数国家通过信息通信技术(ICT)类资格证书评价学生相应的素养等。

4.政府及社会各界应该建立哪些支持体系

由于教育的复杂性,在推进和落实 21 世纪核心素养教育的过程中,需要各级政府相关部门、相关研究机构与组织、社区和社会机构等多方面协调合作,提供支持和服务。许多国际组织或经济体都在思考并尝试,通过多种途径在教育系统的不同层面上构建 21 世纪核心素养教育的支持体系。

一是政府政策支持。有些经济体由政府相关部门发布文件,借助政策推动并指引面向 21 世纪核心素养的教育实践。这些政策或者针对全部 21 世纪素养,从课程方案的设计入手,推进 21 世纪素养的落实;或者针对某一项或几项素养制定政策来推进,强化素养框架中的某些方面。如西班牙在其《教育组织法 2/2006》中要求全国义务教育开设基于基本素养的共同核心课程,俄罗斯通过联邦第 309 号法令确定必须在所有的教育水平以各种形式发展学生的核心素养。

二是加强自主权。注重加强地方、学校和教师的自主权,使其根据自身特点和需求,从多个方面推进、支持 21 世纪核心素养的教育实践。研究机构或民间组织对 21 世纪素养提出自己的学术观点,并促进一系列的思考和改革。

如美国 P21 基于研究提出 21 世纪核心素养框架,这一框架及技能要素在各州政府联合开发和设计的州共同核心标准中得到体现。又如加拿大的 C21 组织参与了加拿大核心技能框架的设计,并于 2012 年推出 21 世纪核心素养框架。再如国际儿童储蓄基金会通过财商教育培养青少年进行财务管理的意识和能力,该课程目前已经在多个国家实施。

三是利用社会资源。21 世纪核心素养教育的落实离不开社会资源的支持,如通过家长和社区的支持,从社会生产、社区生活中为学生提供真实学习机会;通过行业雇主的支持,与职业教育相结合。如在中国北京,博物馆、科技馆、科研单位、企事业单位等几百家机构已经申报成为中学生的学习基地,包括综合社会实践活动基地和科学实践活动基地,这些实践基地的建设极大地丰富了教育的课程资源和师资资源。

四是加强教师培养。不少经济体指向 21 世纪核心素养的教师研修,促进教师了解 21 世纪核心素养的内涵,掌握培育 21 世纪核心素养的方法和手段;

有的经济体为教师提供课程资源以及可操作性的工具支持,帮助教师更好地将教育理念转化为教学实践。如印度科学院成立的科学教育委员会为教师组织了一系列全国性活动,邀请他们参与科学项目,提升教师自身的科技素养以及进行科学教学的能力。再如在韩国,仁川广域市、京畿道等地方教育部门都在积极开发以"未来核心素养"为关键词的各类课程与学习材料。

5.关于21世纪核心素养的政策建议

本报告在回答每个核心问题的过程中,都在着力思考可以为政策制定以及21世纪核心素养的落实提供哪些启示,以供教师、教育管理者、政策制定者以及研究者参考。

第一,以全球视野全面、深入地梳理与分析教育变革的关键动力因素,在充分考虑自身实际的同时,关注和跟踪世界发展的未来趋势,是政策制定的重要基点。各经济体需要依据自身所处的社会发展阶段、文化背景,发掘并遴选优先值得关注的动力因素,来反思本国的状况和教育目标,进而作出相应的政策调整。同时也要有一定的预见性,诸如人口结构变化、多元文化等影响因素,也可能会演变成全球必须共同面对的问题,需要提前思考并加以应对。

第二,确立面向21世纪的核心素养,既要回应社会、经济、科技发展提出的新问题、新挑战,更要遵循人的身心发展规律和成长规律,这是21世纪核心素养政策制定的核心。

在确定21世纪核心素养架构时,既要与时俱进,丰富和充实语言、数学、科技等基础领域素养的内涵;也需要适时引入诸如信息素养、财商素养等新兴领域素养,以适应时代的要求;更要重视批判性思维、人生规划与幸福生活、公民责任与社会参与等跨领域的通用素养对儿童成长的价值和意义。要梳理不同素养之间的相互关系,建立素养之间相互关联的图谱,而不是素养的简单堆砌。要通过对素养发展进程的研究,将21世纪核心素养有机融入不同年龄阶段的教育之中。

第三,将21世纪核心素养纳入课程政策,实现21世纪核心素养与课程、教学与评价的深度融合,是整体推动21世纪核心素养有效落实的关键所在。将21世纪核心素养渗透在国家或地区的整体课程方案中,落实在各学科课程中。

以学生为中心,设立和实施跨学科主题活动,以推动批判性思维、创造性与问题解决、合作与交流、公民责任与社会参与等通用素养的培养。要采用多样化的评价方式,特别是形成性、发展性评价,推动核心素养的有效落实。

第四,建立从教育系统内到教育系统外全方位的 21 世纪核心素养教育支撑体系,是有效落实 21 世纪核心素养教育的重要支持条件。总体上讲,21 世纪核心素养作为教育目标已经在全球范围内得到广泛的共识。但是基于 21 世纪核心素养的实践仍处于起步阶段,相关政府、社会机构等对于 21 世纪核心素养教育提供的支持还比较局部和相对单一,与 21 世纪核心素养的目标与教育诉求相比任重而道远。

21 世纪核心素养的有效落实,需要建立一个连贯的支持系统,既包括在教育系统内政府教育部门、各地区教育相关部门、学区、学校以及课堂教学等多层级的支持,也需要教育系统以外的研究机构、社会组织、企业、社区、家长及社会公众等多方面的广泛支持与协助。

特别要给予教师强有力的专业支持,探索基于 21 世纪核心素养的教师专业发展的途径,加强教师研修的有效性;同时,要充分发挥现代网络技术在大规模、个性化、互动性方面的优势,推动 21 世纪核心素养教育的落实,打造促进 21 世纪素养教育的可复制、可推广的系统解决方案。

《面向未来:21 世纪核心素养教育的全球经验》这一报告在全球范围内针对"21 世纪核心素养的动力因素,21 世纪核心素养是什么,如何从理论到实践,21 世纪核心素养的支持体系"四个方面进行了归纳和总结,并基于此提出相应的政策意见,对提出核心素养的"中国方案"很有帮助。

第二节

21 世纪学习联盟与中国教育创新研究院：
从"4C"到"5C"

2017 年，大卫·罗斯博士到访北京师范大学中国教育创新研究院，双方在进行深入讨论后达成了共识，决定联合开展核心素养 5C 模型的研究，并得到思珂特教育科技有限公司（以下简称 SKT）的支持。这项合作旨在有效整合双方在 21 世纪核心素养方面的已有研究，引入美国 P21 在 21 世纪技能的框架、内涵、实施、评价等方面的长期积累，开发一套既具有中国特色、适合在中国使用，又符合国际话语体系、便于国际推广的核心素养框架。经过一年左右的研制，双方于 2018 年 2 月在"美国高中生学术十项全能中国赛"期间，发布了《21 世纪核心素养的 5C 模型》研究报告。需要指出的是，前文提及的世界教育创新峰会与中国教育创新研究院共同发布的《面向未来：21 世纪核心素养教育的全球经验》侧重于核心素养的国内外研究综述以及在此基础上形成的政策建议。此处谈到的"5C"模型研究则综合各方建议，适时提出 5C 模型：文化理解与传承（Cultural Competency）、审辩思维（Critical Thinking）、创新（Creativity）、沟通（Communication）、合作（Collaboration）。这两项研究是核心素养研究的最新进展、重要成果。在聚焦发展核心素养的素质教育探索中，应该借鉴吸收，以下为研究报告摘要。

一、研究背景

（一）21 世纪核心素养教育引起全球关注

面对日新月异的社会与经济变革，全球许多国际组织、国家和地区都在思考如何培养面向未来的公民，以使其能够更好地适应 21 世纪的工作与生活。

近十几年来,21世纪核心素养的教育与测评日益引起全球的关注,甚至成为许多国家或地区制定教育政策、开展教育改革的基础。

我国教育界对21世纪核心素养教育的关注也日益升温,逐步实现从理念向实践的转化。2014年,教育部《关于全面深化课程改革　落实立德树人根本任务的意见》指出"研究制订学生发展核心素养体系和学业质量标准"是着力推进的关键领域之一(中华人民共和国教育部,2014)。2016年,《中国学生发展核心素养(征求意见稿)》(中国教育学会,2016)的出炉,也引起教育界的广泛关注。新颁布的高中课程标准,将"核心素养"作为重要的育人目标,并要求在高中教材修订和教学实践中落实。在学术界,围绕核心素养展开的讨论非常热烈;各地教育部门与中小学校都纷纷开展基于核心素养的课程、教学、评价相关探索。这些都是21世纪核心素养在我国扎根、发展的表现。

(二)研究院在21世纪核心素养教育领域的持续探索

2015年,北京师范大学中国教育创新研究院受世界教育创新峰会组织(WISE)的委托,进行全球21世纪核心素养教育实施经验的梳理与总结。该研究以北京师范大学的研究者为主体,协同在世界各地工作、留学的华人学者,组建30余人的研究团队,经过历时一年的集体攻关,对5个国际组织和24个国家或地区的文献进行调研和深入加工,形成《面向未来:21世纪核心素养教育的全球经验》研究报告,报告英文版和中文摘要于2016年6月3日由WISE和北京师范大学联合向全球发布,报告的中文版和阿拉伯文版于2016年11月在WISE网站上发布;该研究的主体成果以系列论文的方式在《华东师范大学学报(教育科学版)》和《人民教育》两份杂志上发表(共7篇,2016年)。该报告发布后引起广泛关注,国内外不少学者认为该报告对21世纪核心素养的研究与实践做出了积极贡献。

在21世纪核心素养教育的实践层面,总体上讲全球都缺少广泛、系统的教育实践,缺少指向核心素养的具体可行的教育解决方案。由北京师范大学中国教育创新研究院主办的"中国教育创新公益博览会"(以下简称"教博会")以发现、遴选、培育、推广教育创新成果为核心任务,已于2015年、2016年、2017年成功举办三届,共有600余项成果参展。"聚焦核心素养,全力推动教育供给侧结构性改革"逐渐成为教博会的核心理念,积极发现、重点评选、优先展示在核心素养教育方面作出有益探索的教育创新成果,有力地推进了核心素养从理论到实践的转化。

(三)通过国际合作继续深化 21 世纪核心素养教育研究

2017 年,由北京师范大学中国教育创新研究院、美国 P21、SKT 联合发起,通过国际合作进一步深化关于 21 世纪核心素养教育的研究。三方合作有效整合了研究院在 21 世纪核心素养方面的已有研究,引入 P21 在 21 世纪技能的框架、内涵、实施、评价等方面长期积累的研究成果,进一步开展相关领域的实践。

P21 发布的《21 世纪学习框架》核心部分是 4C 模型(Critical Thinking,审辩思维;Creativity,创新;Communication,沟通;Collaboration,合作),这四个方面反映了 21 世纪人才标准的发展走向,在国际社会具有较为广泛的影响。但需要指出的是,4C 模型对于学生面向社会生活和职业发展所需的关键能力关注较多,而在价值取向、道德伦理等价值观方面存在结构性缺失。鉴于此,在与 P21 方面沟通的基础上,项目组经过充分论证,增加一个新的素养——文化理解与传承(Cultural Competency)。新增的文化理解与传承素养,对任何一个国家或民族的人才培养都具有指导意义。就国内而言,旨在引导青少年从优秀传统文化中汲取营养,规范行为、涵养人格,在全球化的进程中葆有中国心。故此,我们提出 21 世纪核心素养 5C 模型。

二、主要成果

本研究提出 21 世纪核心素养 5C 模型,并架构结构、阐述内涵。该模型包括文化理解与传承(Cultural Competency)、审辩思维(Critical Thinking)、创新(Creativity)、沟通(Communication)、合作(Collaboration)五个方面,每个方面又包括 3~4 个二级维度,如表 3-2 所示。

表 3-2　21 世纪核心素养 5C 模型的结构框架

一级维度	二级维度
文化理解与传承素养 （Cultural Competency）	1. 文化理解
	2. 文化认同
	3. 文化践行
审辩思维素养 （Critical Thinking）	1. 质疑批判
	2. 分析论证
	3. 综合生成
	4. 反思评估
创新素养 （Creativity）	1. 创新人格
	2. 创新思维
	3. 创新实践
沟通素养 （Communication）	1. 同理心
	2. 倾听理解
	3. 有效表达
合作素养 （Collaboration）	1. 愿景认同
	2. 责任分担
	3. 协商共赢

（一）文化理解与传承素养是核心，为其他素养提供价值指引

本研究提出的文化理解与传承素养包括多个层面的含义，既包括在认知层面对不同文化内涵、共性与差异的认识和理解，更包括在价值观层面能够认同并愿意传承中华民族优秀文化中所蕴含的价值观念、道德伦理、行为习惯等，还强调在行为层面切实践行优秀文化中所蕴含的这些价值观念。该素养是一个中国人具有中国根基、打下中国烙印的体现，为其他四个方面的素养提供价值指引。

每一位中国公民都应该具备一定的文化理解与传承素养。第一，任何一个民族优秀的文化对于个体形成良好的道德准则、行为习惯具有不可替代的作用。社会群体中的每个个体都需要通过对"我是谁""我从哪里来"等问题的思考形成身份认同。这是个体建立自我认知、融入社会生活、产生归属感和幸福

感的基础。第二,从个体未来发展的角度来看,如果个体有文化理解与传承的意识与能力,在时间深度(历史视角)和空间广度(国际视野)上对文化有更深入的认识,能够践行优秀文化中所蕴含的价值观念,能够以平等、尊重的态度看待和理解不同的文化,那么这样的人在社会生活和职业发展等方面会更具有竞争力,在进行跨文化交流和国际合作中也会更有优势,同时引导中国学生在走向世界的时候,葆有一颗中国心。第三,对于整个社会的和谐发展而言,文化理解与传承中所蕴含的价值取向和行为准则,是凝聚人心的基石。促进社会群体中的个体齐心协力、共筑精神家园,由此对于国家治理、社会发展有突出价值,而社会的良性发展反过来对个体的美好生活也有重要意义。

将价值观置于核心素养的中心地位,是亚洲特别是受儒家文化影响的国家或地区的共同趋势。在我国,党的十八大明确提出"把立德树人作为教育的根本任务";党的十九大报告鲜明指出我们必须"推动中华优秀传统文化创造性转化、创新性发展,继承革命文化,发展社会主义先进文化,不忘本来、吸收外来、面向未来,更好构筑中国精神、中国价值、中国力量,为人民提供精神指引"。以文化理解与传承素养为核心,对于建立人力资源强国具有深远意义。

(二)五项素养既各有侧重,又相互紧密关联

每个素养各有侧重。文化理解与传承素养是核心,该素养包含的价值取向对所有行为都具有导向作用;审辩思维与创新更多地表现为认知能力,审辩强调理性、有条理、符合逻辑,创新强调突破边界、打破常规;沟通与合作侧重反映个体的社会技能,沟通强调尊重、理解、共情,合作强调在实现共同目标的前提下做必要的坚持与妥协。

五大素养又相互关联。文化理解与传承是核心;创新离不开审辩思维,沟通是合作的基础;良好的审辩能力能够提升沟通与合作的效率,有效的沟通与合作有助于实现更高质量的创新。

综上,五个素养从不同角度刻画21世纪人才必备的核心素养,它们之间既各有侧重,又相互紧密关联,形成一个整体,我们用图3-5表现它们之间的关系。

图 3-5 21 世纪核心素养 5C 模型

三、框架与内涵

（一）文化理解与传承素养

文化是人类在长期历史发展过程中创造的物质与精神成果，文化理解与传承指人们对文化的认知与理解、继承与扬弃、发展与创新的过程与行为。一个具有文化理解与传承素养的个体，能够在理解的基础上认同并传承中华民族优秀文化，能够以平等、尊重的态度看待和理解不同文化间的共性与差异，具有体现中华民族优秀文化特点的价值观念、道德伦理、行为习惯等。该素养又可进一步具体化为文化理解、文化认同、文化践行三个要素，具体如下：

1. 文化理解

文化理解指对文化的基本内涵、特征及其历史渊源和发展脉络、不同文化的共性与差异及其相互影响的体验、认知和反思。文化理解既包括理解文化的具体内容和表现，也包括理解文化中所蕴含的思想和价值观；既包括对本土民族文化传统和价值的体验、认知和反思，也包括对域外文化的理解，也就是所谓的"跨文化理解"。文化理解是文化认同和文化践行的基础，只有在文化理解的基础上，才能真正形成理性、自觉的文化认同与文化践行，从而实现文化的传承与发展。跨文化理解可以促进不同文化背景的人相互沟通、合作，有助于更好地解决人类所面对的共同挑战和发展问题。

与该要素有关的行为表现举例：

（1）对中华优秀传统文化具有充分的感受与认知；

（2）选择家乡某个特定的文化现象开展专题研究，了解其渊源及其对人们生活方式的影响；

（3）选择我国某个特定的文化现象开展专题研究，了解其发展脉络及背后凸显的人文精神；

（4）选择域外某个特定的文化现象开展专题研究，了解其历史演变和文化内涵；

（5）具有尊重多元差异的立场和开放包容的心态，对社会上常见的文化现象和相关观点做出评价与反思。

2.文化认同

文化认同指一个社会共同体的成员对特定文化环境中的审美取向、思维方式、道德伦理、行为或风俗习惯等的接纳和认可。文化认同从根本上要回答"我（们）是谁""我（们）来自哪里"的问题，它是社会共同体成员身份识别和认同的基础，也是民族和国家认同的根本。文化认同既包括情感上自发的文化认可，也包括在高度理解和反思基础上理性自觉的文化接纳。人们在长期共同生活中对自身生活方式和文化价值的肯定和认可，是让个体建立自我认知、融入社会生活、产生归属感和幸福感的基础，是凝聚社会共同体成员的精神纽带，也是其延续发展的精神基础。在经济全球化时代，文化认同是我国综合国力竞争中最重要的软实力。

与该要素有关的行为表现举例：

（1）接纳所在社群中健康的生活方式和良好的风俗习惯；

（2）体认中华优秀传统文化讲仁爱、重民本、守诚信、崇正义、尚和合、求大同的时代价值；

（3）感悟中华文明在世界历史中的重要地位，对中华民族的文化生命力及其发展前景具有坚定信念和情感认同。

3.文化践行

文化践行指一个社会共同体的成员对其所选择和认同的生活方式、文化观念和价值原则等在现实生活中主动加以实践、传承和改造、创新。这是从文化理解、文化认同落实到具体的实践层面的过程。中华文明绵延五千年经久不衰，与中华民族自觉的文化践行密切相关，文化践行的过程同时也是创新和发展文化的过程。从教育的角度看，优秀的民族文化对于个体形成良好的道德意识、审美取向、行为习惯等具有不可替代的作用，文化践行本质上是一个立德树人的教育过程，也是立德树人教育的结果。每个个体如果都能积极践行优秀民族文化中所蕴含的价值取向和行为准则，便能够有效促进社会群体齐心协力、共筑精神家园，对于国家治理、社会和谐发展有突出价值。

与该要素有关的行为表现举例：

（1）能自觉遵循并积极宣传所在社群中健康的生活方式和良好的风俗习惯；

（2）能自觉遵循中华优秀传统文化中所蕴含的价值观念、道德伦理、行为习惯，自觉以中华传统美德律己修身；

（3）积极宣传中华优秀传统文化中的经典案例，并体现讲仁爱、重民本、守诚信、崇正义、尚和合、求大同的时代价值；

（4）结合个人兴趣爱好选择性学习并掌握某种文化形式，弘扬中华优秀传统文化。

综上所述，文化理解、文化认同、文化践行构成了"文化理解与传承"素养的三个重要方面。从某种意义上讲，三者之间存在一定的递进关系，没有对某一文化的表现形式及其所蕴含价值观的基本理解，就不可能形成真正的认同和热爱，也不可能真正地付诸实践。"文化理解与传承"应当立足于中华优秀传统文化，着眼于人类命运共同体的高度，本着"不忘本来、吸收外来、面向未来"的原则，理解、吸收不同国家或民族文化中的优秀部分和积极因素，促进文化的创造性发展和创新性转化。

（二）审辩思维素养

审辩思维是一种反思性思维，指经过审慎思考并利用先前知识和多方面证据来阐释、分析、评估、推理、论证、自我调节并做出判断和决策的过程。一个具有审辩思维素养的个体，面对不同情境，不但能够不懈质疑，理性分析，不断反思,得出合理结论或生成有效解决方案,而且能慎重考虑他人观点且尊重他人挑战自己观点的权利。该素养又可进一步具体化为质疑批判、分析论证、综合生成和反思评估四个要素,具体如下:

1. 质疑批判

质疑批判既包括不轻易接受结论的态度,也包括追根究底的品格。质疑批判应是理性的、双向的,不仅指向他人,不迷信权威,也指向自己,并因此更加包容异见。质疑批判是审辩思维的起点,不懈质疑的行为背后是独立思考、充满好奇心和开放性的人格倾向。在信息爆炸的社会,质疑批判为我们辨别信息来源、分析评价信息内容,进而做出正确选择和决策奠定了基础,是分析论证、综合生成、反思评估发生和发展的基础。

与该要素有关的行为表现举例:

(1)对既有的观点或做法持怀疑态度;

(2)能从不同角度不断提出新问题;

(3)坚守真理的相对性,不迷信权威;

(4)考虑并包容不同意见,特别是与自己相左的意见。

2. 分析论证

分析论证强调基于证据的理性思考,在对各种信息或证据进行理解、识别、比较和判断的基础上,实现多角度、有序的合理分析与有效论证。分析论证是审辩思维的核心技能,是得出合理结论或找到有效解决方案的前提。

与该要素有关的行为表现举例:

(1)区分事实与假设,辨别信息的真伪;

(2)选择合适的、多方面的证据;

(3)识别系统中的变量,分析它们之间的关系;

(4)能借助证据、合理的推理形式进行有效论证;

(5)分析论证过程或证据与结论的关系,发现论证过程中的逻辑漏洞。

3. 综合生成

综合生成指在分析论证的基础上进行系统整合与重构,形成观点、策略或其他成果的过程。基于证据得出结论、基于调研设计方案、基于分析进行决策等都是综合生成的体现。综合生成侧重体现思维结果,直接指向问题解决。在信息纷繁的社会环境和复杂的任务情境中,综合生成有助于我们获得有效的解决方案,做出正确的决策。

与该要素有关的行为表现举例:

(1)综合不同角度的分析论证得出结论;

(2)形成问题解决方案;

(3)设计与开发新产品。

4.反思评估

反思评估指基于一定标准对思维过程、思维成果以及行动进行监控、反思、评估和改进,促进自我导向、自我约束、自我监控和自我修正。缺乏理性反思的思维不是审辩思维,反思评估贯穿于审辩思维的全过程。反思评估让个体把潜在的思维过程外显出来,检查思维过程的合理性和严谨性,针对不当的思维环节进行调节,使思维方式更加缜密、思维成果更加有效。这一过程有助于学习者更加积极主动地建构意义、解决问题、合理行动。

与该要素有关的行为表现举例:

(1)评估证据的可靠性及论证过程的逻辑性;

(2)区分因果与相关,考虑其他可能原因或解释;

(3)复盘任务执行过程及完成情况,反思经验与教训;

(4)基于证据评估自己、他人或团队的行为表现;

(5)在对思维、行为、产品等评价的过程中能运用适当的标准。

综上所述,审辩思维素养的四个要素既各有侧重,又相互关联。从人格倾向的角度,审辩思维起始于对信息和观点的批判质疑,回归到对不同意见的包容融合,多角度考虑问题。从思维过程的角度,分析论证侧重于将研究对象分为各个部分分别加以考察,并借助证据进行推理论证;综合生成侧重于对各个部分或属性取舍权衡、整合统一,做出决策,产生解决方案。反思评估则贯穿质疑批判、分析论证、综合生成的全过程,进行监控和调节,使思维更加理性、审慎。

(三)创新素养

创新是人类文明进步与社会发展的根本动力,是提升个人竞争力的核心要素。一个具有创新素养的个体,能够利用相关信息、资源,产生新颖且有价值的观点、方案、产品等成果。该素养包括创新人格、创新思维和创新实践三个要素,具体如下:

1. 创新人格

创新人格指个体具有好奇心、开放心态、勇于挑战和冒险、自信并坚持自己的观点等特质,即与创造性相关的非智力因素。创新人格对创新主体进行创新活动具有重要的驱动和调控作用。创新人格具有一定的稳定性,通常可以预测一个人在相关领域所能取得的创造性成就。

与该要素有关的行为表现举例:

(1)有很强的好奇心和旺盛的求知欲;

(2)具有开放心态,愿意接纳新生事物,不断拓宽视野;

(3)敢于冒险,能容忍不确定性;

(4)勇于挑战,乐于探究复杂事物,面对批评、挫折有韧性;

(5)对自身的创造性有信心;

(6)能坚持自己的观点,具有较强的自主性、独立性。

2. 创新思维

创新思维是人类的最高级认知活动,是以感知、记忆、思考、联想、理解等能力为基础,以探索性、求异性、综合性为特征的心智活动。创新思维是多种思维形式,特别是发散思维、聚合思维和重组思维高度结合的结果。高品质创新思维具有流畅性、灵活性、独创性等特点。创新思维是创新实践的心智基础和能力基础,它可以不断地提高人的认知能力,开辟实践活动的新领域。

与该要素有关的行为表现举例:

(1)能够沿着不同的方向进行发散性思考,从多个角度寻求解决问题的途径;

(2)能根据一定的目的,将多种思路和各种信息梳理聚焦,进行系统分析与推理,以求得有效的解决方案;

(3)能根据需要,把已有的几种事物(或者其部分)进行重组整合,生成新的、具有更优功能效果的新事物。

3.创新实践

创新实践指个体参与并投入旨在产生新颖且有价值的成果的实践活动。创新实践包含澄清目标或表征问题、搜集信息或资源、付诸实践(创意产生或问题解决)等环节。众多研究表明,无论是学生群体,还是工作场景中的成年人,对创新实践的投入程度越高,最后表现出来的创造力水平就越高。有关团队层面的研究也有类似发现,一个团队整体的创新实践投入程度会显著影响这个团队的创造力水平。

与该要素有关的行为表现举例:

(1)从多个角度对目标进行澄清和分解,或者对问题进行识别和表征;

(2)围绕目标或问题,能搜集不同来源的信息或资源;

(3)付诸行动,通过引入新的思路和方法,或者对已有解决方案进行重组,以产生创意或解决问题;

(4)选择特定主题,开展创新实践活动,形成作品等各种形式的成果。

综上所述,创新素养包括创新人格、创新思维和创新实践。创新人格侧重于情意因素;创新思维侧重于内在的思维过程和方法;创新实践侧重于外显的行为投入。创新素养需要这三个要素的协同作用,是三个要素交互作用的结果。

(四)沟通素养

沟通作为一个信息交流的过程,有效的沟通基于双方有效的互动,也就是说作为信息发出者,要具备有效的组织和传递信息的能力,而作为信息接收者,要有理解和解释信息的能力;沟通又是一个传递思想、情感和价值观的心理和社会过程,一方面受到沟通者的个性、能力、动机与情感等因素的影响,另一方面又受到沟通者所处的社会文化环境和背景的影响。一个具有良好沟通素养的个体,为了实现特定目标,能够有效地与他人或群体交流信息、思想、情感和价值观,并能够对沟通对象抱有同理心。该素养包括同理心、倾听理解和有效表达三个要素。

1.同理心

同理心指能体会他人的情绪和想法、理解他人的立场和感受,并站在他人的角度思考和处理问题的一种能力,是一种了解他人感受、预测他人行为的社会洞察能力。同理心主要体现在情绪自控、换位思考、表达尊重等与情商相关的方面。

同理心是人与人交往沟通的基础,也是人际沟通的基本技能,更是促成有效沟通的基石。在沟通中具备同理心,更容易获得他人的信任,有利于改善和增进双方的关系,进而达成沟通目标。当今世界,人们生活的相互关联前所未有,多元文化并存,不同国家和民族都拥有各自独特的价值体系,不同社会群体的人所作的价值判断可能具有相当大的差异,人与人之间的互相理解也因而可能变得更加困难,在这样的情况下,同理心对于不同国家、民族和文化背景的人之间的相互理解和沟通也变得尤为重要。

与该要素有关的行为表现举例:

(1)能尊重沟通对象的人格、价值观及社会文化背景;

(2)能依据对象的知识水平和接受程度调整沟通行为;

(3)能感知、理解和把握沟通对象的感受、情绪和情感;

(4)能从对方立场上思考和处理问题。

2.倾听理解

倾听理解指能够正确理解沟通对象以语言、文字及其他多种形式传递的信息,以及隐含的意图、情绪情感、态度和价值观等。本研究中倾听理解包括积极倾听和深度阅读的能力。积极倾听与消极倾听或被动倾听相对,指在听的过程中,思维保持活跃的状态,对听到的信息进行深度加工。深度阅读是指在特定的沟通情境中,对相关阅读材料中的信息进行提取、分析、推论、反思和评价的能力。

倾听理解是达成良好沟通的基础,是实现有效表达的前提。此外,身处信息化时代,人们面临着信息超载和知识碎片化的挑战,对信息的深度分析和反思成为现代人的必备能力。

与该要素有关的行为表现举例:

(1)具有良好的倾听技能,让沟通对象感受到尊重和关注;

(2)理解沟通对象所表达的内容和观点,体会其意图、情感、思想和价值观;

(3)对信息的来源、观点的可信度、论证的充分性等进行反思与评价;

（4）监控自己的理解，当遇到理解障碍时选择适当时机让对方进行澄清；

（5）避免作出没有根据的假设。

3.有效表达

有效表达指在不同的情境下，运用语言或非语言等多种形式，清楚地传达信息、表达思想和观点，以达到沟通的目的。"有效"是强调表达的有效性和适当性，指向沟通预期的目标。表达能力包括语言表达能力和非语言表达能力，其中非语言表达指通过与语言无关的途径所表达的信息，包括身体语言、手势、面部表情、眼神交流以及副语言等；语言表达则包括书面表达和口语表达。

进入21世纪，互联网的普及、信息技术的发展使得人与人之间沟通的渠道、形式、手段、载体发生了革命性变化。沟通在生产生活中变得更加频繁和便捷，范围也在不断扩大；借助信息技术对所想传递的信息和表达的观点进行多样化呈现的重要性日益突出，流媒体、自媒体等的广泛应用和普及，极大地丰富了表达形式，激发了公众表达的欲望，跨时空的沟通成为人们日常生活的重要组成部分。

与该要素相关的行为举例：

（1）语言流畅、条理清晰；

（2）善用多种形式或手段表情达意，符合相关语境；

（3）能有效运用信息技术手段进行表达；

（4）对表达过程和效果以及情绪情感进行有效的监控与调节；

（5）表达的内容合乎社会规范、伦理道德。

综上所述，本研究对沟通素养的内涵界定立足于全球化和信息化时代对每个公民素质的要求，从同理心、倾听理解和有效表达三个要素进行系统阐释，既兼顾了认知层面，又兼顾了情感、态度和价值观层面。三者相辅相成，其中同理心是倾听理解和有效表达的基础和保障，倾听理解又是有效表达的前提。只有三者有机结合，才能更有利于实现沟通目标。

（五）合作素养

合作是个体在认同团队或组织共同愿景的基础上，积极主动承担分内职责，并本着互尊互利的原则，通过与团队不同成员间的平等协商，灵活地作出妥协、解决争议,实现共同目标的过程。一个具有合作素养的个体,能够主动与他人或群体有效配合、协同行动,实现共同目标。该素养又可进一步具体化为愿景认同、责任分担、协商共赢三个要素,具体如下:

1.愿景认同

愿景认同即个体认同团队或组织的目标、使命以及核心价值取向,并使之内化为自己工作的目标和信念。团队的目标、使命、核心价值取向和未来蓝图有机融合并被成员所认可后,便形成了团队的共同愿景。共同愿景为团队的发展提供方向,也是其凝心聚力的重要基础。个体只有实现了对共同愿景的认同,并使之内化为自己工作的目标和信念时,才能进一步激发出个体的积极性和创造力,从而为目标的实现奠定基础。研究也表明,在团队层面,个体的亲社会动机,即帮助和贡献他人的欲望,能够有效提升团队的产出质量。

与该要素有关的行为表现举例:

(1)具有较强的组建或融入团队的动机;

(2)参与建立团队目标及价值观;

(3)学习并理解团队目标、使命及价值观;

(4)在共同愿景下积极思考个人定位和目标;

(5)监控并不断调适个人目标与团队愿景的一致性。

2.责任分担

责任分担指个体积极主动承担分内职责,并制定工作目标和计划,充分发挥个人能动性,以较强的责任和担当意识,做好本职工作。只有团队中的每个个体都按照自身的角色定位和工作目标,认真履行自己的职责,高质量完成本职工作,才能有效推动团队目标的最终实现。未来社会的发展,更加需要团队成员间的合理分工、勇于担当、有效合作,方能解决复杂的甚至是不可预知的问题。只有分工没有承担,仅认同共同愿景但不身体力行,合作就不可能达成。

与该要素有关的行为表现举例:

(1)目标分解,角色定位;

(2)制定具体工作方案;

(3)遵守规则,尽职尽责;

（4）对行为过程进行有效监控；

（5）评估结果是否达到预期目标。

3.协商共赢

协商共赢即个体运用沟通技能,本着互尊互利、平等协商的原则,与相关成员展开对话,并适时、灵活地作出必要的妥协或让步,有效推进团队进程,实现共同目标。在与团队成员共同完成一项任务的过程中,不可避免会出现分歧、争议,甚至利益冲突。在这种情况下,个体既要尊重对方的利益诉求与关切,适时做出必要的妥协,又要恰当表达个人观点或诉求,坚持有利于目标达成的合理主张,从而寻求共赢或多赢的结果,促进团队目标的实现。平等协商的过程是有序合作的前提,作出妥协的意愿和努力是高效合作的黏合剂,坚持合理主张则是合作沿正确方向发展的保障。

与该要素有关的行为表现举例：

（1）站在团队或对方立场考虑问题；

（2）有效协调资源与行动；

（3）合理表达个人观点或诉求；

（4）对出现的分歧与争议进行有效协商；

（5）必要时做出妥协或让步；

（6）监控、反馈成员角色与团队组织形式。

综上所述,本研究对于合作素养的内涵界定,既包括能力层面的描述,即具有合作意识和能力的个体能够展示出的能力和技能,也涵盖态度和价值层面的引导。三要素的界定中有效融合了平等与尊重、责任与担当、妥协与共赢等合作的理念和态度,这些也恰恰是合作素养的精髓。在这三个要素中,愿景认同指向动机,责任分担侧重行为,协商共赢既是手段也是结果。只有个体从动机层面认同了共同愿景,才能有效管理并协调个人行为,承担责任；在出现争议的情况下,本着共赢的目的,平等协商,适度妥协,合理解决争议,有效协调资源与行动,实现团队目标。三要素相辅相成,共同构成合作能力的有机整体。

21世纪核心素养5C模型既具有国际视野又体现中国特色。审辩思维、创新、沟通、团队合作四方面素养已为国际社会普遍共识；报告中关于文化理解与传承的阐述,虽然植根于中华民族优秀传统文化土壤,但其讨论问题的视角、框架、内涵阐释于世界各国、各民族都适用。依托北京师范大学的学术平台,借助P21的全球合作网络和SKT的企业实践,中国教育创新研究院将与其他国际组织一道,共同将本研究成果推向国际,为全球核心素养教育提供一份"中国方案"。

第四章

关键能力(核心素养)与学科核心素养:中国政府之应对

Key Competency 亦可翻译为"关键能力"。2014 年,教育部印发的《关于全面深化课程改革 落实立德树人根本任务的意见》指出,教育部将组织研究提出各学段学生发展核心素养体系,明确学生应具备的适应"终身发展"和"社会发展"需要的必备品格和关键能力。适应终身发展和社会发展需要的必备品格和关键能力即核心素养。2017 年 9 月,中共中央办公厅、国务院办公厅印发的《关于深化教育体制机制改革的意见》提出要注重培养支撑终身发展、适应时代要求的关键能力。在这两份文件中,界定核心素养与关键能力的定语非常相似,主要表现为终身发展与社会发展,这表明两个概念颇为相似。经过研究,我们认为关键能力是核心素养在中国的又一表达,学科核心素养则是中国政府落实关键能力(核心素养)的重要落脚点。

第一节

关键能力与新时代育人观

关键能力并非凭空出现的,它与核心素养概念息息相关。

一、关键能力与核心素养:相去几何

需要澄清的是,本节所指之关键能力以《关于深化教育体制机制改革的意见》所提之概念为本,它不完全等同于核心素养所蕴含之关键能力(另一是必备品格),也不完全等同于职业教育所提之关键能力。那么,《关于深化教育体制机制改革的意见》中的关键能力到底谓何?

《关于深化教育体制机制改革的意见》在指出党和国家对教育工作的高度重视、当前我国教育改革发展进入新阶段、深化教育体制机制改革的基本原则及主要目标后,继而指出,要健全立德树人系统化落实机制。强调要构建以社会主义核心价值观为引领的大中小幼一体化德育体系。[①] 从诸多方面指出如何德育,立学生之德。紧接着提及要注重培养支撑终身发展、适应时代要求的关键能力,并作了进一步的解释,认为:在培养学生基础知识和基本技能的过程中,强化学生关键能力培养。培养认知能力,引导学生具备独立思考、逻辑推理、信息加工、学会学习、语言表达和文字写作的素养,养成终身学习的意识和能力。培养合作能力,引导学生学会自我管理,学会与他人合作,学会过集体生活,学会处理好个人与社会的关系,遵守、履行道德准则和行为规范。培养创新能力,激发学生好奇心、想象力和创新思维,养成创新人格,鼓励学生勇于探索、

---

① 中共中央办公厅、国务院办公厅:《关于深化教育体制机制改革的意见》,2017 年 9 月 24 日,http://www.gov.cn/xinwen/2017-09/24/content_5227267.htm.

大胆尝试、创新创造。培养职业能力,引导学生适应社会需求,树立爱岗敬业、精益求精的职业精神,践行知行合一,积极动手实践和解决实际问题。①

值得注意的是,在《关于深化教育体制机制改革的意见》中,关键能力和"健全立德树人系统化落实机制"放在一起论述。同样值得关注的是,在 2014 年的《关于全面深化课程改革　落实立德树人根本任务的意见》中,研究制定学生发展核心素养体系和学业质量标准便是落实立德树人根本任务的举措之一。可见,无论是关键能力还是核心素养,都指向立德树人这一根本任务。《关于深化教育体制机制改革的意见》为健全立德树人系统化落实机制指出了较为具体的方向和途径,主要是指向构建以社会主义核心价值观为引领的大中小幼一体化德育体系。有人认为,将"构建以社会主义核心价值观为引领的大中小幼一体化德育体系"视为核心素养所包含的必备品格,则后半部分关于关键能力的阐释则直接可对应核心素养所包含之关键能力。而事实上,分析文件对关键能力的阐释后,可发现:无论是认知能力还是合作能力、创新能力,抑或是职业能力,不仅仅包括能力,也有品格的意味蕴含于其中。比如,合作能力中过集体生活,处理好个人与社会的关系,遵守、履行道德准则和行为规范,无疑是合作能力的体现,但也需要纯正价值观或者说优良品格的支撑。也就是说,如果没有纯正价值观或者优良品格的支撑,与人合作可能只是迫于工作所需,遵守道德准则和行为规范或许只是迫于舆论压力。所以,我们认为,关键能力正如其概念所指,是能够支撑终身发展、适应时代要求的关键能力,与核心素养所指之学生应具备的适应终身发展和社会发展需要的必备品格和关键能力意蕴相同。或者回归至最初,Key Competency 可译为"核心素养",亦可译为"关键能力"。

我们还可从学界对关键能力与核心素养关系的探讨中,进一步了解关键能力。

针对关键能力与核心素养的关系,主要有以下几种看法:一是认为关键能力与核心素养是对立的关系;二是认为两者是包含与被包含的关系;三是认为

---

① 中共中央办公厅、国务院办公厅:《关于深化教育体制机制改革的意见》,2017 年 9 月 24 日,http://www.gov.cn/xinwen/2017-09/24/content_5227267.htm.

两者所指基本一致。秉持两者为对立关系这一观点的人认为,《关于深化教育体制机制改革的意见》只字未提核心素养,而以较多篇幅阐释关键能力。从某种意义上而言,核心素养的提法已经过时。事实上,持此观点的人注意到了一个事实,即《关于深化教育体制机制改革的意见》采用了"关键能力"这一说法。然而,他们忽视了其他事实,即关键能力的所指与核心素养的关系以及核心素养在基础教育新课程改革实验中的贯彻等。谈及关键能力与核心素养的关系,沈章明在《"核心素养"与"关键能力"是一回事吗》中认为两者属于包含与被包含的关系。文中指出,核心素养是必备品格和关键能力。《关于深化教育体制机制改革的意见》并非对核心素养只字未提,而是分开论述:先提必备品格(关于德育部分)后提关键能力。可见,关键能力即核心素养所含之要素之一。文章进一步指出,关键能力是发展核心素养的关键。[1] 不得不说,此文将《关于深化教育体制机制改革的意见》中德育的内容解读为培养必备品格的视角比较独特。但是视包括认知能力、合作能力、创新能力和职业能力在内的关键能力仅为关键能力(核心素养的一部分)似乎不够恰当。正如前文所指,无论是认知能力还是合作能力、创新能力,抑或是职业能力,不仅仅包括能力,也有品格的意味蕴含其中。褚宏启对于关键能力与核心素养的关系作了比较全面的论述。在他看来,关键能力与核心素养所指基本一致。他在《解读关键能力》一文中指出,这关键能力是几十年来政策文本中对于学生能力发展的重点到底应该是什么的最好表述,也是迄今为止最合乎学理、最简明扼要、最切中要害的表述。他进一步指出,在 21 世纪,一个人只具备基础素养是不够的,只有具备这些高级素养(共同素养中的高级素养,如创新能力、批判性思维、合作能力、交流能力、自主发展能力、信息素养等)才能应对 21 世纪的挑战。这些素养,也被称为"核心素养"或者"关键能力",对应的是同样的英文词 Key Competencies。所以,读者把关键能力等同于核心素养就可以了,免生误解。[2] 此外,在《核心素养是否过时:关键能力能否取代核心素养》一文中,褚宏启认为,核心素养是面向 21 世

---

[1] 沈章明:《"核心素养"与"关键能力"是一回事吗》,《湖北教育(教育教学)》2017 年第 11 期,第 12—14 页。

[2] 褚宏启:《解读关键能力》,《中小学管理》2017 年第 11 期,第 57—58 页。

纪的素养,当前没有过时,再过几十年也不会过时。换种表达方式亦无不可,但改弦更张实无必要。目前的要务与急务是如何把核心素养落实到具体的教育教学活动中。① 重申从核心素养到关键能力,只是表达方式的变更,真正的内涵并无不同。最后,在《再谈核心素养与关键能力》一文中,他再次强调希望大家今后不要就核心素养与关键能力这两个概念聚讼不休了,使用哪个真的都无所谓,重要的是如何培育这两个概念名下所包括的那些素养与能力,尤其是创新能力与合作能力这两个超级素养。②

综上,我们认为,核心素养与关键能力这两个概念在内涵与外延方面虽有些出入,但是,两者是一而二二而一的关系,只是角度和提法不同。鉴于核心素养一词在学界和社会已为多数人所熟悉,本书仍然使用核心素养概念进行相关的论述和探讨。

二、培养德智体美劳全面发展的社会主义建设者和接班人

关键能力不仅与外来的核心素养概念息息相关,它的提出也与我国的育人观直接相关,可以说关键能力是新时代育人观的必然产物。

在 2018 年 9 月全国教育大会上,习近平强调,要在坚定理想信念上下功夫,教育引导学生树立共产主义远大理想和中国特色社会主义共同理想,增强学生的中国特色社会主义道路自信、理论自信、制度自信、文化自信(以下简称"四个自信"),立志肩负起民族复兴的时代重任。要在厚植爱国主义情怀上下功夫,让爱国主义精神在学生心中牢牢扎根,教育引导学生热爱和拥护中国共产党,立志听党话、跟党走,立志扎根人民、奉献国家。要在加强品德修养上下功夫,教育引导学生培育和践行社会主义核心价值观,踏踏实实修好品德,成为有大爱大德大情怀的人。要在增长知识见识上下功夫,教育引导学生珍惜学习时光,心无旁骛求知问学,增长见识,丰富学识,沿着求真理、悟道理、明事理的方向前进。要在培养奋斗精神上下功夫,教育引导学生树立高远志向,历练敢

---

① 褚宏启:《核心素养是否过时:关键能力能否取代核心素养》,《中小学管理》2017 年第 10 期,第 58 页。
② 褚宏启:《再谈核心素养与关键能力》,《中小学管理》2017 年第 12 期,第 55 页。

于担当、不懈奋斗的精神,具有勇于奋斗的精神状态、乐观向上的人生态度,做到刚健有为、自强不息。要在增强综合素质上下功夫,教育引导学生培养综合能力,培养创新思维。要树立健康第一的教育理念,开齐开足体育课,帮助学生在体育锻炼中享受乐趣、增强体质、健全人格、锤炼意志。要全面加强和改进学校美育,坚持以美育人、以文化人,提高学生审美和人文素养。要在学生中弘扬劳动精神,教育引导学生崇尚劳动、尊重劳动,懂得劳动最光荣、劳动最崇高、劳动最伟大、劳动最美丽的道理,长大后能够辛勤劳动、诚实劳动、创造性劳动。

在此指导下,教育部制定了不同阶段的育人原则。

(一)义务教育阶段:坚持"五育"并举,全面发展素质教育①

突出德育实效。完善德育工作体系,认真制定德育工作实施方案,深化课程育人、文化育人、活动育人、实践育人、管理育人、协同育人。大力开展理想信念、社会主义核心价值观、中华优秀传统文化、生态文明和心理健康教育。加强爱国主义、集体主义、社会主义教育,引导少年儿童听党话、跟党走。加强品德修养教育,强化学生良好行为习惯和法治意识养成。打造中小学生社会实践大课堂,充分发挥爱国主义、优秀传统文化等教育基地和各类公共文化设施与自然资源的重要育人作用,向学生免费或优惠开放。广泛开展先进典型、英雄模范学习宣传活动,积极创建文明校园。健全创作激励与宣传推介机制,提供寓教于乐的优秀儿童文化精品。强化对网络游戏、微视频等的价值引领与管控,创造绿色健康网上空间。突出政治启蒙和价值观塑造,充分发挥共青团、少先队组织育人作用。

提升智育水平。着力培养认知能力,促进思维发展,激发创新意识。严格按照国家课程方案和课程标准实施教学,确保学生达到国家规定学业质量标准。充分发挥教师主导作用,引导教师深入理解学科特点、知识结构、思想方法,科学把握学生认知规律,上好每一堂课。突出学生主体地位,注重保护学生

---

① 中共中央国务院:《关于深化教育改革全面提高义务教育质量的意义》,2019 年 6 月 23 日,http://www.gov.cn/zhengce/2019-07/08/content.5407361.htm.

好奇心、想象力、求知欲,激发学习兴趣,提高学习能力。加强科学教育和实验教学,广泛开展多种形式的读书活动。各地要加强监测和督导,坚决防止学生学业负担过重。

强化体育锻炼。坚持健康第一,实施学校体育固本行动。严格执行学生体质健康合格标准,健全国家监测制度。除体育免修学生外,未达体质健康合格标准的,不得发放毕业证书。开齐开足体育课,将体育科目纳入高中阶段学校考试招生录取计分科目。科学安排体育课运动负荷,开展好学校特色体育项目,大力发展校园足球,让每位学生掌握1至2项运动技能。广泛开展校园普及性体育运动,定期举办学生运动会或体育节。鼓励地方向学生免费或优惠开放公共运动场所。通过购买服务等方式,鼓励体育社会组织为学生提供高质量体育服务。精准实施农村义务教育学生营养改善计划。健全学生视力健康综合干预体系,保障学生充足睡眠时间。

增强美育熏陶。实施学校美育提升行动,严格落实音乐、美术、书法等课程,结合地方文化设立艺术特色课程。广泛开展校园艺术活动,帮助每位学生学会1至2项艺术技能,会唱主旋律歌曲。引导学生了解世界优秀艺术,增强文化理解。鼓励学校组建特色艺术团队,办好中小学生艺术展演,推进中华优秀传统文化艺术传承。通过购买服务等方式,鼓励专业艺术人才到中小学兼职任教。支持艺术院校在中小学建立对口支援基地。

加强劳动教育。充分发挥劳动综合育人功能,制定劳动教育指导纲要,加强学生生活实践、劳动技术和职业体验教育。优化综合实践活动课程结构,确保劳动教育课时不少于一半。家长要给孩子安排力所能及的家务劳动,学校要坚持学生值日制度,组织学生参加校园劳动,积极开展校外劳动实践和社区志愿服务。创建一批劳动教育实验区,农村地区要安排相应田地、山林、草场等作为学农实践基地,城镇地区要为学生参加农业生产、工业体验、商业和服务业实践等提供保障。

（二）普通高中育人方式改革：构建全面培养体系①

突出德育时代性。坚持把立德树人融入思想道德教育、文化知识教育、社会实践教育各环节。深入开展习近平新时代中国特色社会主义思想教育，强化理想信念教育，引导学生树立正确的国家观、历史观、民族观、文化观，切实增强"四个自信"，厚植爱党爱国爱人民思想情怀，立志听党话、跟党走，树立为中华民族伟大复兴而勤奋学习的远大志向。积极培育和践行社会主义核心价值观，深入开展中华优秀传统文化教育，加强学生品德教育，帮助学生养成良好个人品德和社会公德。要结合实际制定德育工作实施方案，突出思想政治课关键地位，充分发挥各学科德育功能，积极开展党团组织活动和主题教育、仪式教育、实践教育等活动。

强化综合素质培养。改进科学文化教育，统筹课堂学习和课外实践，强化实验操作，建设书香校园，培养学生创新思维和实践能力，提升人文素养和科学素养。强化体育锻炼，修订学生体质健康标准及评价办法，丰富运动项目和校园体育活动，培养体育兴趣和运动习惯，使学生掌握1至2项体育技能。加强美育工作，积极开展舞蹈、戏剧、影视与数字媒体艺术等活动，培养学生艺术感知、创意表达、审美能力和文化理解素养。重视劳动教育，制定劳动教育指导纲要，统筹开展好生产性、服务性和创造性劳动，使学生养成劳动习惯、掌握劳动本领、树立热爱劳动的品质。

拓宽综合实践渠道。健全社会教育资源有效开发配置的政策体系，因地制宜打造学生社会实践大课堂，建设一批稳定的学生社会实践基地。充分发挥爱国主义、优秀传统文化、军事国防等教育基地，以及高等学校、科研机构、现代企业、美丽乡村、国家公园等方面资源的重要育人作用，按规定免费或优惠向学生开放图书馆、博物馆、科技馆、文化馆、纪念馆、展览馆、运动场等公共设施。定期组织学生深入社区、医院、福利院、社会救助机构等开展志愿服务，走进军营、深入农村开展体验活动。

---

① 国务院办公厅：《关于新时代推进普通高中育人方式改革的指导意见》，2019年6月19日，http://www.gov.cn/zhengce/content/2019-06/19/concent-5401568.htm.

完善综合素质评价。把综合素质评价作为发展素质教育、转变育人方式的重要制度,强化其对促进学生全面发展的重要导向作用。强化对学生爱国情怀、遵纪守法、创新思维、体质达标、审美能力、劳动实践等方面的评价。要从城乡学校实际出发,完善综合素质评价实施办法,以省为单位建立学生综合素质评价信息管理系统,统一评价档案样式,建立健全信息确认、公示投诉、申诉复议、记录审核等监督保障与诚信责任追究制度。要客观真实、简洁有效地记录学生的突出表现,对在学生综合素质评价中造假的,要依规依纪严肃追究相关人员责任。

深化课堂教学改革。按照教学计划循序渐进开展教学,提高课堂教学效率,培养学生学习能力,促进学生系统掌握各学科基础知识、基本技能、基本方法,培养适应终身发展和社会发展需要的正确价值观念、必备品格和关键能力。

要培养德智体美劳全面发展的人,要培养适应个体、社会发展的社会主义建设者和接班人,关键能力的提出,是中国政府对全球教育热点问题的冷静应对,更是落实新时代育人观的有力抓手和重要突破点。

第二节

学科核心素养:核心素养与学科课程建设

出于个人和社会发展所需,在未来很长一段时间内,无论是核心素养,还是关键能力,都将是教育工作的重点。如何使核心素养落到实处,课程应是关键。如何使核心素养与课程发生"化学反应",学科核心素养应是关键。

什么是学科核心素养,它与核心素养又有什么关系,学科核心素养在核心素养与学科课程建设中扮演何种角色等,都是本节要探讨的问题。

一、核心素养、学科素养与学科核心素养

在了解学科核心素养,厘清其与核心素养的关系之前,说清学科素养的含

义很有必要。

（一）学科素养

"学科素养"一词是怎么来的？李彦群等简要梳理了"学科素养"一词的由来。在《学科核心素养的学理审思》一文中，李彦群等指出，"学科素养"一词是由国家的教育政策引申而来的。2001年，国务院颁布了《关于基础教育改革与发展的决定》，提出将"学生具有初步的科学和人文素养"作为实施素质教育的目标之一；随后，《基础教育课程改革纲要（试行）》也将这一目标定为国家的新课程培养目标。以上述两个文件为指导，全日制义务教育和普通高中课程标准出现了诸如"科学素养""人文素养""语文素养""艺术素养""美术素养""音乐素养""健康素养"等名词，部分学科的课程标准还在前言、课程理念或课程性质部分明确规定"学科素养"为课程核心培养目标。①

什么是学科素养？康淑敏认为，学科素养是一个宽泛的学科涵养概念，是指学习个体在某一学科领域通过系统的专业教育与自我研修而形成的专业品格和关键能力，包括从事专业活动的基础性能力（如专业表达能力、批判性思维能力、信息素养与反思能力等）和综合性学养（如学科思想与方法、专业知识与技能的掌握等）。……学科素养超越了学科知识和能力的意蕴，包括掌握学科思想、学科基本理论和基础知识的理论素养，学会利用学科方法与思维方式的方法论素养，合理运用学科知识与原理解决实际问题的实践素养以及尊重客观规律、追求真理的严谨态度与科学精神的品格素养。② 周慧认为，学科素养是学习者在学习过程中所养成的、学科特有的、比较稳定的心理素质。也可以说，学科素养是学习者了解学科必备的基础知识、基本技能和基本能力，科学的世界观，以及能用科学态度与方法判断与解决学科问题的能力。③ 李彦群等认为，基于具体学科的视角，学术界对学科素养进行了讨论，比较一致的意见是，学科素养＝学科知识＋学科能力＋学科方法＋学科思维＋学科情感。④

---

① 李彦群、张文：《学科核心素养的学理审思》，《当代教育科学》2017年第4期，第41、45页。
② 康淑敏：《基于学科素养培育的深度学习研究》，《教育研究》2016年第7期，第111页。
③ 周慧：《中学地理学科素养的内涵、结构与培养策略》，《教育导刊》2010年第8期，第74页。
④ 李彦群、张文：《学科核心素养的学理审思》，《当代教育科学》2017年第4期，第42页。

（二）学科核心素养

为何提出学科核心素养的概念？对此，《普通高中课程方案（2017 年版）》给出了比较简练的回答。《普通高中课程方案（2017 年版）》指出，中国学生发展核心素养是党的教育方针的具体化、细化。为建立核心素养与课程教学的内在联系，充分挖掘各学科课程对全面贯彻党的教育方针、落实立德树人根本任务、发展素质教育的独特育人价值，各学科基于学科本质提炼了本学科的核心素养，明确了学生学习该学科课程后应达成的正确价值观念、必备品格和关键能力，对知识与技能、过程与方法、情感态度与价值观三维目标进行了整合。

关于学科核心素养概念的讨论也有不少。邵朝友等在《基于核心素养的课程标准研制：国际经验与启示》一文中认为，所谓学科核心素养是指通过学习某学科的知识与技能、思想与方法而习得的重要观念、关键能力与必备品格。[1]曹培英认为，所谓学科核心素养，粗略地说是指凸显学科本质，具有独特、重要育人价值的素养。[2] 2017 年版普通高中各科课程标准对学科核心素养的含义都有提及。以普通高中语文课程标准为例，课程标准指出，学科核心素养是学科育人价值的集中体现，是学生通过学科学习而逐步形成的正确价值观念、必备品格和关键能力。语文学科核心素养是学生在积极的语言实践活动中积累与建构起来，并在真实的语言运用情境中表现出来的语言能力及其品质；是学生在语文学习中获得的语言知识与语言能力、思维方法与思维品质、情感态度与价值观的综合体现。主要包括"语言建构与运用""思维发展与提升""审美鉴赏与创造""文化传承与理解"四个方面。[3] 余文森在《论学科核心素养的课程论意义》一文中认为，学科核心素养是学科本质和学科育人价值的体现，是学科及其教学对人的关键能力和必备品格形成与发展的独特作用，学科核心素养具有学科性，这是学科个性所在；又具有非学科性即跨学科性或综合性，这是学科

① 邵朝友、周文叶、崔允漷：《基于核心素养的课程标准研制：国际经验与启示》，《全球教育展望》2015年第 8 期，第 17 页。

② 曹培英：《从学科核心素养与学科育人价值看数学基本思想》，《课程·教材·教法》2015 年第 9 期，第 41 页。

③ 中华人民共和国教育部：《普通高中语文课程标准》，人民出版社，2017，第 4—5 页。

共性所在。[1]

(三)学科素养、学科核心素养与核心素养的关系

从学科素养的由来和定义来看,近年,学科素养随着个人和社会发展所需而逐渐成为社会关注的概念。与过去比较注重知识的理念不同,学科素养将更多的注意力放在了能力和品格上,之后整合成比较全面的表达,即学科素养＝学科知识＋学科能力＋学科方法＋学科思维＋学科情感。学科素养与学科核心素养颇有关系。首先要指明的是,学科核心素养是学科素养之后才有的概念。其次,学科核心素养继承了学科素养的相关理论。最后我们认为,如今,学科素养与学科核心素养所指基本一致。在学科核心素养尚未提出之时,学科素养的内涵已经很趋近学科核心素养的内涵。当学科核心素养正式提出后,学科素养便"退居二线"。现多使用学科核心素养的说法。

学科核心素养与核心素养的关系也是学界关注的热点。辛涛认为,关于学生发展核心素养和学科(核心)素养内在的对应关系是什么这一问题,处理得好,不但能保证学生发展核心素养的落实,也有利于体现学科的特色与价值;如果处理得不好,可能会强化各学科的特色,造成学科和学科之间更清晰的分离,这既不符合在国际上学科之间融合渗透的趋势,也在客观上将学生发展核心素养变成抽象的言辞,而非撬动课程改革深化的杠杆。[2] 关于两者的关系,从近来的研究看,余文森谈得较为全面。他认为:第一,是上位与下位、整体与部分、抽象与具体的关系。学科中核心素养是核心素养在学科的具体化,是核心素养的一个有机的组成部分;核心素养是各学科核心素养的提炼和抽象,是学科核心素养的总括和综合。第二,是目的、方向与手段、途径的关系。核心素养是整个基础教育的总目的和总方向,相对而言,学科核心素养是实现这个总目的、总方向的手段和途径。第三,是相互包含、融合和有机转化、相互促进的关系。核心素养与学科核心素养是一般与特殊、共性与个性的关系,二者在内容上存在相互包含、融合的关系;在形成过程中存在相互转化、促进的关系。此外,余文

---

① 余文森:《论学科核心素养的课程论意义》,《教育研究》2018 年第 3 期,第 131 页。
② 辛涛:《学生发展核心素养研究应注意几个问题》,《华东师范大学学报(教育科学版)》2016 年第 1 期,第 6—7 页。

森也谈到了学科核心素养与核心素养的不同点：第一，各个学科核心素养是学生核心素养最重要、最关键的组成部分，但是，学生核心素养却不是各学科核心素养的简单的机械加总……学科核心素养也不是学生核心素养在学科中的一个简单的演绎、体现或反映……各个学科核心素养，应该既包括体现本学科能够落实的核心素养，也应该包括各学科独特的一些核心素养要求。第二，核心素养的研制一般是从学生发展的角度出发的，即从学生终身发展、可持续发展的要求来分析和定位高中阶段的学生应该具备的素质；学科核心素养的研制一般是从学科的本质、功能、价值、作用出发的，即从挖掘和分析本学科对学生发展的独特内涵和意义开始。[①]

二、各学科核心素养一览表——以普通高中为例

如何使核心素养融入课程，基于核心素养构建课程体系，这是不得不解决的重要问题。解建团的《基于核心素养的课程体系构建》一文给出了比较好的方向。他先指出，综合各个国家和地区的经验，从核心素养与课程整合的范围和广度来看，主要分为核心素养与课程领域的整合以及核心素养与学科课程的整合两种，前者强调知识之间的关联性和统一性，同一课程领域的课程共同为某些核心素养服务，强调领域核心素养；后者强调不同学科知识的相对独立性，强调学科核心素养。接着，他认为，在低年级阶段，强调核心素养在课程领域中的落实是很有必要的；而在高年级阶段，则可以适当突出学科的重要性，加强对学科核心素养的培养。

在低年级阶段，核心素养如何体现在课程中、核心素养的内容和框架将在之后的章节加以论述。本节主要以高中为例，将各学科核心素养罗列出来（见表 4-1），探讨学科核心素养如何成为核心素养与课程之间的桥梁，成为撬动课程改革深化的杠杆。

---

① 余文森：《论学科核心素养的课程论意义》，《教育研究》2018 年第 3 期，第 132 页。

表 4-1　普通高中各科核心素养与课程目标对照表①

学科	数学	
核心素养	核心素养的具体表述	课程目标
数学抽象	数学抽象是指通过对数量关系与空间形式的抽象,得到数学研究对象的素养。主要表现为:获得数学概念和规则,提出数学命题和模型,形成数学方法与思想,认识数学结构与体系。 　　通过高中数学课程的学习,学生能在情境中抽象出数学概念、命题、方法和体系,积累从具体到抽象的活动经验;养成在日常生活和实践中一般性思考问题的习惯,把握事物的本质,以简驭繁;运用数学抽象的思维方式思考并解决问题。	通过高中数学课程的学习,学生能获得进一步学习以及未来发展所必需的数学基础知识、基本技能、基本思想、基本活动经验;提高从数学角度发现和提出问题的能力,分析和解决问题的能力。 　　在学习数学和应用数学的过程中,学生能发展数学抽象、逻辑推理、数学建模、直观想象、数学运算、数据分析等数学学科核心素养。 　　通过高中数学课程的学习,学生能提高学习数学的兴趣,增强学好数学的自信心,养成良好的数学学习习惯,发展自主学习的能力;树立敢于质疑、善于思考、严谨求实的科学精神;不断提高实践能力,提升创新意识;认识数学的科学价值、应用价值、文化价值和审美价值。
逻辑推理	逻辑推理是指从一些事实和命题出发,依据规则推出其他命题的素养。主要表现为:掌握推理基本形式和规则,发现问题和提出命题,探索和表述论证过程,理解命题体系,有逻辑地表达与交流。 　　通过高中数学课程的学习,学生能掌握逻辑推理的基本形式,学会有逻辑地思考问题;能够在比较复杂的情境中把握事物之间的关联,把握事物发展的脉络;形成重论据、有条理、合乎逻辑的思维品质和理性精神,增强交流能力。	
数学建模	数学建模是对现实问题进行数学抽象,用数学语言表达问题、用数学方法构建模型解决问题的素养。主要表现为:发现和提出问题,建立和求解模型,检验和完善模型,分析和解决问题。 　　通过高中数学课程的学习,学生能有意识地用数学语言表达现实世界,发现和提出问题,感悟数学与现实之间的关联;学会用数学模型解决实际问题,积累数学实践的经验;认识数学模型在科学、社会、工程技术诸多领域的作用,提升实践能力,增强创新意识和科学精神。	

① 该表参照 2017 年普通高中各科课程标准而制。

（续表）

核心素养	核心素养的具体表述	课程目标
直观想象	直观想象是指借助几何直观和空间想象感知事物的形态与变化、利用空间形式特别是图形理解和解决数学问题的素养。主要表现为：建立形与数的联系，利用几何图形描述问题，借助几何直观理解问题，运用空间想象认识事物。 　　通过高中数学课程的学习，学生能提升数形结合的能力，发展几何直观和空间想象能力；增强运用几何直观和空间想象思考问题的意识；形成数学直观，在具体情境中感悟事物的本质。	
数学运算	数学运算是指在明晰运算对象的基础上，依据运算法则解决数学问题的素养。主要表现为：理解运算对象，掌握运算法则，探究运算思路，求得运算结果。 　　通过高中数学课程的学习，学生能进一步发展数学运算能力；有效借助运算方法解决实际问题；通过运算促进数学思维发展，形成规范化思考问题的品质，养成一丝不苟、严谨求实的科学精神。	
数据分析	数据分析是指针对研究对象获得数据，运用数学方法对数据整理、分析和推断，形成关于研究对象知识的素养。主要表现为：收集和整理数据，理解和处理数据，获得和解释结论，概括和形成知识。 　　通过高中数学课程的学习，学生能提升获得有价值信息并进行定量分析的意识和能力；适应数字化学习的需要，增强基于数据表达现实问题的意识，形成通过数据认识事物的思维品质；积累依托数据探索事物本质、关联和规律的活动经验。	

（续表）

学科	物理	
核心素养	核心素养的具体表述	课程目标
物理观念	物理观念是从物理学视角形成的关于物质、运动与相互作用、能量等的基本认识；是物理概念和规律等在头脑中的提炼和升华；是从物理学视角解释自然现象和解决实际问题的基础。包括物质观念、运动与相互作用观念、能量观念等要素。	1.形成物质观念、运动与相互作用观念、能量观念等，能用其解释自然现象和解决实际问题。 2.具有建构模型的意识和能力；能运用科学思维方法，从定性和定量两个方面对相关问题进行科学推理、找出规律、形成结论；具有使用科学证据的意识和评估科学证据的能力，能运用证据对研究的问题进行描述、解释和预测；具有批判性思维意识，能基于证据大胆质疑，从不同角度思考问题，追求科技创新。 3.具有科学探究意识，能在观察和实验中发现问题、提出合理猜想与假设；具有设计探究方案和获取证据的能力，能正确实施探究方案，使用不同方法和手段分析、处理信息，描述并解释探究结果和变化趋势；具有交流的意愿与能力，能准确表述、评估和反思探究过程与结果。 4.能正确认识科学的本质；具有学习和研究物理的好奇心与求知欲，能主动与他人合作，尊重他人，能基于证据和逻辑发表自己的见解，实事求是，不迷信权威；关心国内外科技发展现状与趋势，了解物理研究和物理成果的应用应遵循道德规范，认识科学、技术、社会、环境的关系，具有保护环境、节约资源、促进可持续发展的责任感。
科学思维	科学思维是从物理学视角对客观事物的本质属性、内在规律及相互关系的认识方式；是基于经验事实建构物理模型的抽象概括过程；是分析综合、推理论证等方法在科学领域的具体运用；是基于事实证据和科学推理对不同观点和结论提出质疑和批判，进行检验和修正，进而提出创造性见解的能力与品质。主要包括模型建构、科学推理、科学论证、质疑创新等要素。	
科学探究	科学探究是指基于观察和实验提出物理问题、形成猜想和假设、设计实验与制订方案、获取和处理信息、基于证据得出结论并做出解释，以及对科学探究过程和结果进行交流、评估、反思的能力。主要包括问题、证据、解释、交流等要素。	
科学态度与责任	科学态度与责任是指在认识科学本质，认识科学、技术、社会、环境的关系基础上，逐渐形成的探索自然的内在动力，严谨认真、实事求是和持之以恒的科学态度，以及遵守道德规范、保护环境并推动可持续发展的责任感。主要包括科学本质、科学态度、社会责任等要素。	

（续表）

学科	化学	
核心素养	核心素养的具体表述	课程目标
宏观辨识与微观探析	能从不同层次认识物质的多样性，并对物质进行分类；能从元素和原子、分子水平认识物质的组成、结构、性质和变化，形成"结构决定性质"的观念。能从宏观和微观相结合的视角分析与解决实际问题。	1.通过观察能辨识一定条件下物质的形态及变化的宏观现象，初步掌握物质及其变化的分类方法，能运用符号表征物质及其变化；能从物质的微观层面理解其组成、结构和性质的联系，形成"结构决定性质，性质决定应用"的观念；能根据物质的微观结构预测物质在特定条件下可能具有的性质和发生的变化，并能解释其原因。 2.认识物质是在不断运动的，物质的变化是有条件的；能从内因与外因、量变与质变等方面较全面地分析物质的化学变化，关注化学变化中的能量转化；能从不同视角对纷繁复杂的化学变化进行分类研究，逐步揭示各类变化的特征和规律；能用对立统一、联系发展和动态平衡的观点考察化学反应，预测在一定条件下某种物质可能发生的化学变化。 3.初步学会收集各种证据，对物质的性质及其变化提出可能的假设；基于证据进行分析、推理，证实或证伪假设；能解释证据与结论之间的关系，确定形成科学结论所需要的证据和寻找证据的途径；能认识化学现象与模型之间的联系，能运用多种认知模型来描述和解释物质的结构、性质和变化，预测物质及其变化的可能结果；能依据物质及其变化的信息建构模型，建立解决复杂化学问题的思维框架。
变化观念与平衡思想	能认识物质是运动和变化的，知道化学变化需要一定的条件，并遵循一定规律；认识化学变化的本质特征是有新物质生成，并伴有能量转化；认识化学变化有一定限度、速率，是可以调控的。能多角度、动态地分析化学变化，运用化学反应原理解决简单的实际问题。	
证据推理与模型认知	具有证据意识，能基于证据对物质组成、结构及其变化提出可能的假设，通过分析、推理加以证实或证伪；建立观点、结论和证据之间的逻辑关系。知道可以通过分析、推理等方法认识研究对象的本质特征、构成要素及其相互关系，建立认知模型，并能运用模型解释化学现象，揭示现象的本质和规律。	
科学探究与创新意识	认识科学探究是进行科学解释和发现、创造和应用的科学实践活动；能发现和提出有探究价值的问题；能从问题和假设出发，依据探究目的，设计探究方案，运用化学实验、调查等方法进行实验探究；勤于实践，善于合作，敢于质疑，勇于创新。	

（续表）

核心素养	核心素养的具体表述	课程目标
科学态度与社会责任	具有安全意识和严谨求实的态度，具有探索未知、崇尚真理的意识；深刻认识化学对创造更多物质财富和精神财富、满足人民日益增长的美好生活需要的重大贡献；具有节约资源、保护环境的可持续发展意识，从自身做起，形成简约适度、绿色低碳的生活方式；能对与化学有关的社会热点问题做出正确的价值判断，能参与有关化学问题的社会实践活动。	4.能发现和提出有探究价值的化学问题，能依据探究目的设计并优化实验方案，完成实验操作，能对观察记录的实验信息进行加工并获得结论；能和同学交流实验探究的成果，提出进一步探究或改进的设想；能尊重事实和证据，破除迷信，反对伪科学；养成独立思考、敢于质疑和勇于创新的精神。 5.具有安全意识和严谨求实的科学态度；形成真理面前人人平等的意识；增强探究物质性质和变化的兴趣，关注与化学有关的社会热点问题，认识环境保护和资源合理开发的重要性，具有"绿色化学"观念和可持续发展意识；能深刻地理解化学、技术、社会和环境之间的相互关系，认识化学对科学发展的重大贡献，能运用已有知识和方法综合分析化学过程对自然可能带来的各种影响，权衡利弊，强化社会责任意识，积极参与有关化学问题的社会决策。
学科	生物	
核心素养	核心素养的具体表述	课程目标
生命观念	生命观念是指对观察到的生命现象及相互关系或特性进行解释后的抽象，是人们经过实证后的观点，是能够理解和解释生物学相关事件和现象的意识、观念和思想方法。学生应该在较好地理解生物学概念的基础上形成生命观念，如结构与功能观、进化与适应观、稳态与平衡观、物质与能量观等；能够用生命观念认识生物的多样性、统一性、独特性和复杂性，形成科学的自然观和世界观，并以此指导生命活动规律，解决实际问题。	

（续表）

核心素养	核心素养的具体表述	课程目标
科学思维	科学思维是指尊重事实和证据、崇尚严谨和务实的求知态度，运用科学的思维方法认识事物、解决实际问题的思维习惯和能力。学生应该在学习过程中逐步发展科学思维，如能够基于生物学事实和证据运用归纳与概括、演绎与推理、模型与建模、批判性思维、创造性思维等方法，探讨、阐释生命现象及规律，审视或论证生物学社会议题。	学生通过本课程的学习，能认识到生物学在坚持人与自然和谐共处、促进科技发展、社会进步和提高人类生活质量等方面的重要贡献；树立生命观念，能够运用这些观念认识生命现象，探索生命规律；形成科学思维的习惯，能够运用已有的生物学知识、证据和逻辑对生物学议题进行思考或展开论证；掌握科学探究的思路和方法，形成合作精神，善于从实践的层面探讨或尝试解决现实生活问题；具有开展生物学实践活动的意愿和社会责任感，在面对现实世界的挑战时，能充分利用生物学知识主动宣传引导，愿意承担抵制毒品和不良生活习惯等社会责任，为继续学习和走向社会打下认识和实践的基础。
科学探究	科学探究是指能够发现现实世界中的生物学问题，针对特定的生物学现象，进行观察、提问、实验设计、方案实施以及结果的交流与讨论的能力。学生应在探究过程中，逐步增强对自然现象的好奇心和求知欲，掌握科学探究的基本思路和方法，提高实践能力；在探究中乐于并善于团队合作，勇于创新。	
社会责任	社会责任是指基于生物学的认识，参与个人与社会事务的讨论，做出理性解释和判断，解决生产生活问题的担当和能力。学生应能够以造福人类的态度和价值观，积极运用生物学的知识和方法，关注社会议题，参与讨论并做出理性解释，辨别迷信和伪科学；结合本地资源开展社会实践，尝试解决现实生活问题；树立和践行"绿水青山就是金山银山"的理念，形成生态意识，参与环境保护实践；主动向他人宣传关爱生命的观念和知识，崇尚健康文明的生活方式，成为健康中国的促进者和实践者。	
学科	语文	
核心素养	核心素养的具体表述	课程目标
语言建构与运用	语言建构与运用是指学生在丰富的语言实践中，通过主动积累、梳理和整合，逐步掌握祖国语言文字特点及其运用规律，形成个体的言语经验，发展在具体语言情境中正确有效地运用祖国语言文字进行沟通交流的能力。	语文积累与建构。积累较为丰富的语言材料和言语活动经验，形成良好的语感；在已经积累的语言材料间建立起有机的联系，在探究中理解、掌握祖国语言文字运用的基本规律。

（续表）

核心素养	核心素养的具体表述	课程目标
思维发展与提升	思维发展与提升是指学生在语文学习过程中，通过语言运用，获得直觉思维、形象思维、逻辑思维、辩证思维和创造思维的发展，促进深刻性、敏捷性、灵活性、批判性和独创性等思维品质的提升。	语言表达与交流。能凭借语感和对语言运用规律的把握，根据具体的语言情境和不同的对象，运用口头和书面语言文明得体地进行表达与交流；能将具体的语言文字作品置于特定的交际情境和历史文化情境中理解、分析和评价。 语言梳理和整合。通过梳理和整合，将积累的语言材料和学习的语言知识结构化，将语言活动经验逐渐转化为具体的学习方法和策略，并能在语言实践中自觉地运用。 增强形象思维能力。获得对语言和文学形象的直觉体验；在阅读与鉴赏、表达与交流、梳理与探究活动中运用联想和想象，丰富自己对现实生活和文学形象的感受与理解，丰富自己的经验与语言表达。
审美鉴赏与创造	审美鉴赏与创造是指学生在语文学习中，通过审美体验、评价等活动形成正确的审美意识、健康向上的审美情趣与鉴赏品位，并在此过程中逐步掌握发现美、创造美的方法。	发展逻辑思维。能够辨识、分析、比较、归纳和概括基本的语言现象和文学现象，并能有理有据地表达自己的观点和阐述自己的发现；运用基本的语言规律和逻辑规则，判别语言运用的正误，准确、生动、有逻辑地表达自己的认识；运用批判性思维审视语言文字作品，探究和发现语言现象和文学现象，形成自己对语言和文学的认识。 提升思维品质。自觉分析和反思自己的语文实践活动经验，提高语言运用的能力，增强思维的深刻性、敏捷性、灵活性、批判性和独创性。

（续表）

核心素养	核心素养的具体表述	课程目标
文化传承与理解	文化传承与理解是指学生在语文学习中，继承和弘扬中华优秀传统文化、革命文化、社会主义先进文化，理解和借鉴不同民族和地区的文化，拓展文化视野，增强文化自觉，提升中国特色社会主义文化自信，热爱祖国语言文字，热爱中华文化，防止文化上的民族虚无主义。	增进对祖国语言文字的美感体验。感受祖国语言文字独特的美，增强热爱祖国语言文字的感情。 鉴赏文学作品。感受和体验文学作品的语言、形象和情感之美，能欣赏、鉴别和评价不同时代、不同风格的作品，具有正确的价值观、高尚的审美情趣和审美品位。 美的表达与创造。能运用祖国语言文字表达自己的审美体验，表达自己的情感、态度和观念，表现和创造自己心中的美好形象；讲究语言文字表达的效果及美感，具有创新意识。 传承中华文化。通过学习运用祖国语言文字，体会中华文化的博大精深、源远流长，体会中华文化的核心思想理念和人文精神，增强文化自信，理解、认同、热爱中华文化，继承、弘扬中华优秀传统文化和革命文化。 理解多样文化。通过学习语言文字作品，懂得尊重和包容，初步理解和借鉴不同民族、不同区域、不同国家的优秀文化，吸收人类文化的精华。 关注、参与当代文化。关注并积极参与当代文化传播与交流，在运用祖国语言文字的过程中，坚持文化自信，提高社会责任感，增强为中华民族伟大复兴而奋斗的使命感。

(续表)

学科	历史	
核心素养	核心素养的具体表述	课程目标
唯物史观	唯物史观是揭示人类社会历史客观基础及发展规律的科学的历史观和方法论。 　　人类对历史的认识是由表及里、逐渐深化的,要透过历史的纷杂表象认识历史的本质,科学的历史观和方法论是非常重要的。唯物史观使历史学成为一门科学,只有运用唯物史观的立场、观点和方法,才能对历史有全面、客观的认识。	1.了解唯物史观的基本观点和方法,包括人类社会形态从低级到高级的发展、生产力和生产关系之间的辩证关系、经济基础和上层建筑之间的相互作用、人民群众在社会发展中的重要作用等,理解唯物史观是科学的历史观;能够正确认识人类历史发展的总趋势;能够将唯物史观运用于历史的学习与探究中,并将唯物史观作为认识和解决现实问题的指导思想。 　　2.知道特定的史事是与特定的时间和空间相联系的;知道划分历史时间与空间的多种方式,并能够运用这些方式叙述过去;能够按照时间顺序和空间要素,建构历史事件、历史人物、历史现象之间的相互关联;能够在不同的时空框架下对史事作出合理解释;在认识现实社会时,能够将认识的对象置于具体的时空条件下进行考察。 　　3.知道史料是通向历史认识的桥梁,了解史料的多种类型,掌握搜集史料的途径与方法;能够通过对史料的辨析和对史料作者意图的认知,判断史料的真伪和价值,并在此过程中增强实证意识;能够从史料中提取有效信息,作为历史叙述的可靠证据,并据此提出自己的历史认识;能够以实证精神对待历史与现实问题。
时空观念	时空观念是在特定的时间联系和空间联系中对事物进行观察、分析的意识和思维方式。 　　认识历史事物都是在特定的、具体的时间和空间条件下发生的,只有在特定的时空框架当中,才可能对史事有准确的理解。	
历史实证	历史实证是指对获取的史料进行辨析,并运用可信的史料努力重现历史真实的态度与方法。 　　历史过程是不可逆的,认识历史只能通过现存的史料。要形成对历史的正确、客观的认识,必须重视史料的搜集、整理和辨析,去伪存真。	
历史解释	历史解释是指以史料为依据,对历史事物进行理性分析和客观评判的态度、能力与方法。 　　所有历史叙述在本质上都是对历史的解释,即便是对基本事实的陈述也包含了陈述者的主观认识。人们通过多种不同的方式描述和解释过去,通过对史料的搜集、整理和辨析,辩证、客观地理解历史事物,不仅要将其描述出来,还要揭示其表象背后的深层因果关系。通过对历史的解释,不断接近历史真实。	

（续表）

核心素养	核心素养的具体表述	课程目标
家国情怀	家国情怀是学习和探究历史应具有的人文追求，体现了国家富强、人民幸福的情感，以及对国家高度认同感、归属感、责任感和使命感。 学习和探究历史应具有价值关怀，要充满人文情怀并关注现实问题，以服务于国家强盛、民族自强和人类社会的进步为使命。	4.区分历史叙述中的史实与解释，知道对同一历史事物会有不同解释，并能对各种历史解释加以辨析和价值判断；能够客观论述历史事件、历史人物和历史现象，有理有据地表达自己的看法；能够认识历史解释的重要性，学会从历史表象中发现问题，对历史事物之间的因果关系做出解释；能够客观评判现实社会生活中的问题。 在树立正确历史观的基础上，从历史的角度认识中国的国情，形成对祖国的认同感和正确的国家观；能够认识中华民族多元一体的历史发展趋势，形成对中华民族的认同感和正确的民族观，具有民族自信心和自豪感；了解并认同中华优秀传统文化、革命文化、社会主义先进文化，认识中华文明的历史价值和现实意义；了解世界历史发展的多样性，理解和尊重世界各国、各民族的文化传统，具有广阔的国际视野，树立正确的文化观；认同社会主义核心价值观，认同走中国特色社会主义道路是历史的必然，树立中国特色社会主义道路自信、理论自信、制度自信和文化自信；能够确立积极进取的人生态度，塑造健全的人格，树立正确的世界观、人生观和价值观。

（续表）

学科	政治	
核心素养	核心素养的具体表述	课程目标
政治认同	我国公民的政治认同，就是拥护中国共产党的领导，坚持和发展中国特色社会主义，认同中华人民共和国、中华民族、中华文化，弘扬和践行社会主义核心价值观。	通过思想政治课程学习，学生能够具有思想政治学科核心素养。
科学精神	我国公民的科学精神，就是在认识世界和改造世界的过程中表现出来的一种精神取向，即坚持马克思主义的科学世界观和方法论，能够对个人成长、社会进步、国家发展和人类文明作出正确的价值判断和行为选择。	
法治意识	我国公民的法治意识，就是尊法学法守法用法，自觉参加社会主义法治国家建设。	
公共参与	我国公民的公共参与，就是有序参与公共事务，勇于承担社会责任，积极行使人民当家作主的政治权利。	
学科	地理	
核心素养	核心素养的具体表述	课程目标
人地协调观	人地协调观指人们对人类与地理环境之间关系秉持的正确价值观。人地关系是地理学研究的核心主题。面对不断出现的人口、资源、环境和发展问题，人们越来越深刻地认识到，人类社会要更好地发展，必须尊重自然规律，协调好人类活动与地理环境的关系。	1. 学生能够正确看待地理环境与人类活动的相互影响，深入认识两者相互影响的不同方式、强度和后果，理解人们对人地关系认识的阶段性表现及其原因，认同人地协调对可持续发展具有重要意义，形成尊重自然、和谐发展的态度。 2. 学生能够形成从综合的视角认识地理事物和现象的意识，对地理各要素之间的相互作用关系有较强的分析能力，并在一定程度上解释地理事物和现象发生、发展的过程，从而较全面地观察、分析和认识不同地方的地理环境特点，辩证地看待地理问题。
综合思维	综合思维指人们运用综合的观点认识地理环境的思维方式和能力。人类生存的地理环境是一个综合体，在不同时空组合条件下，地理要素相互作用，综合决定着地理环境的形成与发展。	
区域认知	区域认知指人们运用空间—区域的观点认识地理环境的思维方式和能力。人类生存的地理环境多种多样，将其划分为不同尺度、不同类型的区域加以认识，是人们认识地理环境复杂性的基本方法。	

（续表）

核心素养	核心素养的具体表述	课程目标
地理实践力	地理实践力指人们在考察、实验和调查等地理实践活动中所具备的意志品质和行动能力。考察、实验、调查等是地理学重要的研究方法，也是地理课程重要的学习方式。	3.学生能够形成从空间—区域视角认识地理事物和现象的意识,对地理事物和现象的空间格局有较强的观察力,并运用区域综合分析、区域比较、区域关联等方法认识区域,简要评价区域现状和发展。 　　4.学生能够运用所学知识和地理工具,在室内、野外和社会的真实环境下,通过考察、实验、调查等方式获取地理信息,探索和尝试解决实际问题,具备活动策划、实施等行动能力。
学科	**艺术**	
核心素养	核心素养的具体表述	课程目标
艺术感知	艺术感知是艺术学习与实践活动的基础,是学生对各艺术门类的艺术语言、艺术形象、思想情感的感受和认识。 　　通过本课程的学习,学生能够了解中国艺术尊重自然、顺其自然、保护自然以及"天人合一""气韵生动"等意象特征。了解世界其他民族艺术语言,在生活、文化和科学情境中感受和领会艺术。通过多种感官,感知艺术门类的个性与共性要素,形成艺术通感,感受艺术形象,引发情感共鸣。	学生在艺术与生活、艺术与文化、艺术与科学相关联的情境中,参与各艺术门类实践活动,获得艺术感知、创意表达、审美情趣和文化理解的艺术学科核心素养。 　　通过对中国民族艺术的学习,学生能够对中国艺术精神有所感悟,增强文化认同和文化自信,能"坚守中华文化立场,传承中华文化基因,展现中华审美风范";通过对世界艺术的学习,学生能够对世界文化艺术有所理解,敞开胸襟、放眼世界,在交流中吸收其他国家文化艺术优秀成果,为成为具有较高艺术素养的人才奠定基础。
创意表达	创意表达是创造性的艺术表现活动,是学生在各种艺术实践中想象力、表现力、创造力的体现。 　　通过本课程的学习,激发学生的想象力和创造力,理解中国艺术虚实相生等表现特征,追求形神兼备的意境美,探索传统艺术的创新。借鉴世界其他民族艺术成果,进行有个性的艺术表现,并将创意表达能力运用到其他学科和生活领域。	

（续表）

核心素养	核心素养的具体表述	课程目标
审美情趣	审美情趣是审美愉悦、高雅气质、人文情怀等艺术涵养的体现，是对真善美的精神追求。 　　通过本课程的学习，学生能够感受艺术魅力，形成审美兴趣与爱好，品味中国艺术的意蕴；具有欣赏自然、生活和世界其他民族艺术美的情趣；在生活中营造艺术氛围，养成高雅气质，具有人文情怀和健康的审美价值观；自觉抵制低俗、庸俗、媚俗的现象，提高审美鉴别力。	
文化理解	文化理解是从不同文化的角度认识艺术，体现在艺术鉴赏、文化认同和艺术精神的领悟等方面。 　　通过本课程的学习，参与艺术鉴赏等实践活动，学生能够理解艺术精神，弘扬中华文化艺术优秀传统，提升文化认知，增强中华民族文化自觉和自信；促进跨文化交流，尊重世界文明多样性，分享世界各民族艺术，加深国际理解。	

学科	音乐	
核心素养	核心素养的具体表述	课程目标
审美感知	审美感知是指对音乐艺术听觉特性、表现形式、表现要素、表现手段及独特美感的体验、感悟、理解和把握。	学生通过音乐课程学习，参与各类艺术实践活动，培养和发展音乐欣赏、表现与编创能力，保持并增进对音乐的持久兴趣。通过对音乐艺术魅力的体验和感悟，陶冶情操，涵养美感，和谐身心，健全人格，活跃形象思维，启迪智慧，激发创意表达，理解文化内涵，拓宽国际视野，着力培育和发展审美感知、艺术表现和文化理解三方面的音乐学科核心素养。
艺术表现	艺术表现是指通过唱歌、演奏、综合艺术表演和音乐编创等活动，表达音乐艺术美感和情感内涵的实践能力。	
文化理解	文化理解是指通过音乐感知和艺术表现等途径，理解不同文化语境中音乐艺术的人文内涵。	

（续表）

学科	美术	
核心 素养	核心素养的具体表述	课程目标
图像 识读	图像识读指对美术作品、图形、影像及其他视觉符号的观看、识别和解读。 通过本课程的学习，学生能以联系、比较的方法进行整体观看，感受图像的造型、色彩、材质、肌理、空间等形式特征；以搜索、阅读、思考和讨论等方式，识别与解读图像的内涵和意义；从形态、材料、技法、风格及发展脉络等方面识别图像的类别；知道图像在学习、生活和工作中的作用与价值，辨析和解读现实生活中的视觉文化现象和信息。	通过课程学习，学生能够识别图像的形式特征，分析图像的风格特征和发展脉络，理解图像蕴含的信息；运用多种工具、材料和美术语言创作具有一定思想和文化内涵的美术作品及其他表达艺术的视觉形象；依据形式美原理分析自然、日常生活和美术作品中的美，形成健康审美观念；具有创新意识，运用创造性思维进行创新，并用美术的方法和材料予以呈现和完成；从文化角度分析和理解美术作品，认同并弘扬中华优秀传统文化，尊重人类文化的多样性。
美术 表现	美术表现指运用传统与现代媒材、技术和美术语言创造视觉形象。 通过本课程的学习，学生能形成空间意识和造型意识；了解并运用传统与现代媒材、技术，结合美术语言，通过观察、想象、构思、表现等过程，创造有意味的视觉形象，表达自己的意图、思想和情感；联系现实生活，结合其他学科知识，自觉运用美术表现能力，解决学习、生活和工作中的问题。	
审美 判断	审美判断指对美术作品和现实中的审美对象进行感知、评价、判断与表达。 通过本课程的学习，学生能感受和认识美的独特性和多样性，形成基本的审美能力，显示健康的审美趣味；用形式美原理和其他知识对自然、生活和艺术中的审美对象进行感知、描述、分析和评价；通过语言、文字和图像等方式表达自己的审美感受，用美术的方式美化生活和环境。	
创意 实践	创意实践是指在美术活动中形成创新意识，运用创意思维和创造方法。 通过本课程的学习，学生能养成创新意识，学习和借鉴美术作品中的创意和方法，运用创造性思维，尝试创作有创意的美术作品；联系现实生活，通过各种方式搜集信息，进行分析、思考和探究，对物品和环境进行符合实用功能与审美要求的创意构想，并通过草图、模型等予以呈现，不断加以改进和优化。	

（续表）

核心素养	核心素养的具体表述	课程目标
文化理解	文化理解指从文化的角度观察和理解美术作品、美术现象和观念。 　　通过本课程的学习，学生能逐渐形成从文化的角度观察和理解美术作品、美术现象和观念的习惯，了解美术与文化的关系；认识中华优秀传统美术的文化内涵及独特艺术魅力，坚守文化立场，坚定文化自信；理解不同国家、地区、民族和时代的美术作品所体现的文化多样性，欣赏外国优秀的美术作品；尊重艺术家、设计师和手工艺者及其创造的成果和对人类文化的贡献。	
学科	**体育与健康**	
核心素养	核心素养的具体表述	课程目标
运动能力	运动能力是体能、技战术能力和心理能力等在身体活动中的综合表现，是人类身体活动的基础。运动能力分为基本运动能力和专项运动能力。基本运动能力是从事生活、劳动和运动所必需的能力；专项运动能力是参与某项运动所需要的能力。运动能力的具体表现形式为体能状况、运动认知与技战术运用、体育展示与比赛。	通过本课程的学习，学生喜爱运动，积极主动地参与运动；学会体育与健康学习和锻炼，增强科学精神、创新意识和体育实践能力；树立健康观念，形成健康文明生活方式；遵守体育道德规范和行为准则，塑造良好的体育品德，发扬体育精神，增强社会责任感和规则意识。运动能力、健康行为和体育品德三个方面学科核心素养协调和全面发展，培养学生在未来发展中应具备的体育与健康的正确价值观念、必备品格与关键能力，形成乐观开朗、积极进取、充满活力的人生态度，身心健康、体魄强健，为新时代健康文明生活做好准备。
健康行为	健康行为是增进身心健康和积极适应外部环境的综合表现，是提高健康意识、改善健康状况并逐渐形成健康文明生活方式的关键。健康行为包括养成良好的锻炼、饮食、作息和卫生习惯，控制体重，远离不良嗜好，预防运动损伤和疾病，消除运动疲劳，保持良好心态，适应自然和社会环境的能力等。健康行为的具体表现形式为体育锻炼意识与习惯、健康知识掌握与运用、情绪调控、环境适应。	

（续表）

核心素养	核心素养的具体表述	课程目标
体育品德	体育品德是指在体育运动中应当遵循的行为规范以及形成的价值追求和精神风貌，对维护社会规范、促进良好的社会风尚具有积极作用。体育品德包括体育精神、体育道德和体育品格三个方面：体育精神包括自尊自信、勇敢顽强、积极进取、超越自我等；体育道德包括遵守规则、诚信自律、公平正义等；体育品格包括文明礼貌、相互尊重、团队合作、社会责任感、正确的胜负观等。	
学科	**通用技术**	
核心素养	核心素养的具体表述	课程目标
技术意识	技术意识是对技术现象及技术问题的感知与体悟。学生能形成对人工世界和人机关系的基本观念，技术的规范、标准与专利意识；能就某一技术领域对人、社会、环境的影响作出一定的理性分析，形成技术的安全和责任意识；能把握技术的基本性质，理解技术与人类文明的有机联系，形成对技术文化的理解与适应。	通过本课程的学习，学生能获得未来发展、终身学习、美好生活和担当民族复兴大任所必需的学科核心素养，成为有理念、会设计、能动手、善创造的社会主义建设者和接班人。学生在课程学习中，通过对体现时代特征和社会发展需要的技术基础知识、基本技能、基本思想、基本态度的学习和基本经验的积累，形成对技术的亲近感、敏感性、理性精神、责任意识，以及对技术的文化感悟；经历技术设计的全过程，形成一定的方案构思、图样表达、工艺选择及物化能力；能够领悟基本的技术思想，形成初步的系统与工程思维，发展创造性思维，养成用技术解决实际问题的良好习惯；体验技术问题解决过程的艰巨性和复杂性，养成实事求是、严谨细致、精益求精、追求卓越的工作态度，培育工匠精神，增强劳动观念，具备初步的职业规划
工程思维	工程思维是以系统分析和比较权衡为核心的一种筹划性思维。学生能够认识系统与工程的多样性和复杂性；能运用系统分析的方法，针对某一具体技术领域的问题进行要素分析、整体规划，并运用模拟和简易建模等方法进行设计；能领悟结构、流程、系统、控制等基本思想和方法并加以运用；能进行简单的风险评估和综合决策。	

（续表）

核心素养	核心素养的具体表述	课程目标
创新设计	新设计是指基于技术问题进行创新性方案构思的一系列问题解决过程。学生能在发现与明确问题的基础上，收集相关信息，并运用人机关系及相关理论进行综合分析，提出符合设计原则且具有一定创造性的构思方案；能进行技术性能和指标的技术试验、技术探究等实践操作，准确地观测、记录与分析；能综合各种社会文化因素评价设计方案并加以优化。	和创业意识，形成与技术相联系的安全意识、规范意识、伦理意识、环保意识、质量意识、经济意识、创新意识。
图样表达	图样表达是指运用图形样式对意念中或客观存在的技术对象加以描述和交流。学生能识读简单的机械加工图及控制框图等常见技术图样；能分析技术对象的图样特征，会用手工和二维、三维设计软件绘制简易的技术图样等；能通过图样表达设计构想，用技术语言实现有形与无形、抽象与具体的思维转换。	
物化能力	物化能力是指采用一定的工艺方法等将意念、方案转化为有用物品，或对已有物品进行改进与优化的能力。学生能知道常见材料的属性和常用工具、基本设备的使用方法，了解一些常见工艺方法，并形成一定的操作经验的积累和感悟；能根据方案设计要求，进行材料选择、测试与规划，工具选择与使用，工艺设计与产品制作等；能独立完成模型或产品的成型制作、装配及测试，具有较强的动手实践与创造能力；能体验工匠精神对技术制造质量的独特作用，形成物化过程中严谨细致、精益求精、追求卓越的工作态度。	

（续表）

学科	信息技术	
核心素养	核心素养的具体表述	课程目标
信息意识	信息意识是指个体对信息的敏感度和对信息价值的判断力。具备较强信息意识的学生能够根据问题解决的需要，自觉、主动地寻求恰当的方式获取与处理信息；能敏锐感觉到信息的变化，分析数据中所承载的信息，采用有效策略对信息来源的可靠性、内容的准确性、指向的目的性作出合理判断，对信息可能产生的影响进行预期分析，为解决问题提供参考；在合作解决问题的过程中，能与团队成员共享信息，实现信息的最大价值。	高中信息技术课程旨在全面提升全体高中学生的信息素养。课程通过提供技术多样、资源丰富的数字化环境，帮助学生掌握数据、算法、信息系统、信息社会等学科大概念。了解信息系统的基本原理，认识信息系统在人类生产与生活中的重要价值，学会运用计算思维识别与分析问题，抽象、建模与设计系统性解决方法，理解信息社会特征，自觉遵循信息社会规范，在数字化学习与创新过程中形成对人与世界的多元理解力，负责、有效地参与到社会共同体中，成为数字化时代的合格中国公民。
计算思维	计算思维是指个体在运用计算机科学领域的思想方法，在形成问题解决方案的过程中产生的一系列思维活动。具备计算思维的学生，在信息活动中能够采用计算机可以处理的方式界定问题、抽象特征、建立结构模型、合理组织数据；通过判断、分析与综合各种信息资源，运用合理的算法形成解决问题方案；总结利用计算机解决问题的过程与方法，并迁移到与之相关的其他问题解决之中。	
数字化学习与创新	数字化学习与创新是指个体通过评估和选用常见的数字化资源与工具，有效地管理学习过程与学习资源，创造性地解决问题，从而完成学习任务，形成创新作品的能力。具备数字化学习能力的学生，能够认识数字化学习环境的优势和局限，适应数字化学习环境，养成数字化学习与创新的习惯；掌握数字化学习系统、学习资源与学习工具的操作功能，用来开展自主学习、协同工作、知识分享与创新创造，助力终身学习能力的提高。	

（续表）

核心素养	核心素养的具体表述	课程目标
信息社会责任	信息社会责任是指信息社会中个体在文化修养、道德规范和行为自律等方面应尽的责任。具备信息社会责任的学生，具有一定的信息安全意识与能力，能够遵守信息法律法规，信守信息社会的道德与伦理准则，在现实空间和虚拟空间中遵守公共规范，既能有效维护信息活动中个人的合法权益，又能积极维护他人合法权益和公共信息安全；关注信息技术革命所带来的环境问题与人文问题；对于信息技术创新所产生的新观念和新事物，具备积极的学习态度、理性判断和负责的行动能力。	
学科	英语	
核心素养	核心素养的具体表述	课程目标
语言能力	语言能力是指在社会情境中，以听、说、读、看、写等方式理解和表达意义的能力，以及在学习和使用语言的过程中形成的语言意识和语感。英语语言能力构成英语学科核心素养的基础要素。	语言能力目标：具有一定的语言意识和英语语感，在常见的具体语境中整合性地运用已有语言知识，理解口头和书面语篇所表达的意义，识别其恰当表意所采用的手段，有效地使用口语和书面语表达意义和进行人际交流。
文化意识	文化意识指对中外文化的理解和对优秀文化的认同，是学生在全球化背景下表现出的跨文化认知、态度和行为取向。文化意识体现英语学科核心素养的价值取向。	文化意识目标：获得文化知识，理解文化内涵，比较文化异同，汲取文化精华，形成正确的价值观，坚定文化自信，形成自尊、自信、自强的良好品格，具备一定的跨文化沟通和传播中华文化的能力。
思维品质	思维品质指思维在逻辑性、批判性、创新性等方面所表现的能力和水平。思维品质体现英语学科核心素养的心智特征。	思维品质目标：能辨析语言和文化中的具体现象，梳理、概括信息，建构新概念，分析、推断信息的逻辑关系，正确批判各种思想观点，创造性地表达自己的观点，具备多元思维的意识和创新思维的能力。

（续表）

核心素养	核心素养的具体表述	课程目标
学习能力	学习能力指学生积极运用和主动调适英语学习策略、拓宽英语学习渠道、努力提升英语学习效率的意识和能力。学习能力构成英语学科核心素养的发展条件。	学习能力目标：树立正确的英语学习观，保持对英语学习的兴趣，具有明确的学习目标，能够多渠道获取英语学习资源，有效规划学习时间和学习任务，选择恰当的策略与方法，监控、评价、反思和调整自己的学习内容和进程，逐步提高使用英语学习其他学科知识的意识和能力。

学科课程是目前我国普通高中课程设置的主要课程。学科核心素养成为在高中落实核心素养的突破口。表4-1详细罗列了2017年高中课程标准中各科的学科核心素养以及课程目标。据表4-1可知，学科核心素养成为此次课程标准的亮点，凝练各科核心素养成为各科课程标准的重点，课程目标的制定紧扣学科核心素养。但是，若要使课程目标实在发生作用，体现在学生培养的各个环节，课程的结构、内容、学业标准以及课程实施缺一不可。令人欣喜的是，在2017年新修订的高中课程标准中，每一学科都有关于课程结构、课程内容、学业质量和实施建议等的具体说明。例如，普通高中音乐课程标准指出，除了凝练了学科核心素养，课程标准还围绕核心素养的落实，精选、重组课程内容，明确内容要求，指导教学设计，提出考试评价和教材编写建议。其中，学业质量水平这一条目尤值得关注。高中化学课程标准提到，化学学科核心素养不仅通过内涵、目标来描述，而且对五个方面的素养进一步划分出4级水平，便于在教学和评价中具体实施。

此外，各学科核心素养之间的关联与融通亦为不容回避的重点。因为，分科目落实核心素养的培育永远不可能全面达成通用核心素养目标，为此需要加强各学科之间的关联与融通。通过学科关联与融通落实核心素养的常见路径有两种：一是主题引领。与主题相关的各个学科围绕主题，析出可以培育的核心素养，再围绕核心素养设计课程、载体、程序、方式方法等。二是同"素"异构。围绕某类核心素养，将相关学科统合起来，各科从不同角度、层次、向度培育此类核心素养,达到互补共促的目的。每一种路径课程化实施常见的设计方法也有两种:一是情境化设计。课程内容围绕知识生发过程真实地还原到生产生活场景中去,引导学生通过任务驱动、问题解决、实验操作、项目实施、身心体验等过程,归纳、提炼、对接原有的经典知识,使经典具有热度,能软化边界,与学生的生活世界建立实质性联系。二是深度学习设计。学习过程设计加强"五联",即知识之间的联系、技能之间的联系、事物之间的联系、情与理的联系、新与旧的联系。在这个过程中,新生出发现、质疑、批判、建设、创造等环节,从而实现对知识的吸收、运用、重组、再创造,建立必要且坚固的情感联结、价值联结、意义联结、伦理联结。[①]

　　总体来看,我国本次课程标准修订是以学科核心素养为纲领的,可以说学科核心素养是本次课程标准修订的一根红线,贯穿课程标准修订的全过程,统领课程标准修订的各部分,从而使课程标准的各个组成部分保持内在的一致性和统一性,二者形成鱼水的关系而不是油水的关系。[②]

---

① 朱传世:《简论核心素养的十大关系》,《中国教师》2018 年第 1 期,第 75 页。
② 余文森:《论学科核心素养的课程论意义》,《教育研究》2018 年第 3 期,第 133 页。

第五章

聚焦发展能力的中国近现代教育探索

　　从"三育"到"五育",从陈鹤琴到陶行知,中国近现代先贤筚路蓝缕,因时因地探寻育人理念,聚焦于能力发展,不断探索,逐渐勾勒出中国教育现代化之路。

第一节

从"三育"到"五育"

近代中国知识分子学习借鉴西方教育思想，探寻中华民族育人之道，从"三育"发展至"五育"，从培养国民出发，到寻求国家强盛，先贤们在走一条艰辛却意义非凡之路。陈家顺的《中国教育近代化中的"人的全面发展"：从三育到五育的嬗变》①一文，从中国教育近代化这一主题入手，梳理了近代以来从"三育"到"五育"的嬗变，有助于了解我国育人理念发展历程，也有助于从人的全面发展的大背景下去考察我国聚焦核心素养发展的素质教育历程。

一、严复、梁启超"三育并重"的教育思想

19 世纪末，洋务新政的失败和民族危机的不断加深，从内外两个方面促使严复、梁启超等进步知识分子转换思路，从国民性改造的角度探索中国现代化转型的新途径。他们深入揭露、批判了奴隶性、自私、虚伪等种种国民劣根性的表现，认为传统的封建教育是导致民族落后的根本原因，提出"新民"的主张。严复开始提出其"三育并举"的教育思想，呼吁培养"民力、民智、民德"健全的新国民，以此来挽救民族危机，实现国家的富强，"至于其本，则亦于民智、民力、民德三者加之意而已"。他初步规范了近代新国民的素质结构，率先举起了近代国民性改造的大旗。其后，梁启超撰写了《新民说》《新民议》等一系列文章，继承发扬了严复的"三民"思想，明确提出"欲维新吾国，当先维新吾民"的全新命题，疾呼"新民为今日中国第一急务"。在严复、梁启超的影响下，塑造新民、改造国民性成为中国大地上一股蓬勃涌动的社会思潮，几乎当时所有的先进知识

---

① 陈家顺：《中国教育近代化中的"人的全面发展"：从三育到五育的嬗变》，《河南教育学院学报（哲学社会科学版）》2008 年第 3 期。

分子都在不同程度上参与到这一问题的讨论中,进一步完善对"新民"这一理想新人格的设计。对于新民而言,在力、智、德三者中,道德无疑仍是最为重要的。作为一种最普遍的社会规范,它内定了人的行为指向、行为模式。人们所普遍接受的道德类型根本性地决定着人的自我发展、自我实现的方向,而社会的稳定与发展也基本上受制于这种道德在人们心中内化的程度。在梁启超看来,一个人只有具备了公德意识,才能成为符合时代需要的新国民。他说:"知有公德,而新道德出焉矣,而新民出焉矣。"他希望通过公德的培养,增强民族的凝聚力。

从总体上说,严复、梁启超的"三育并重"教育思想论为国民性的近代转型提供了明确的教育目标模式,反映了中国近代化的正确走向。

二、王国维"四育统合"的教育思想

19世纪末20世纪初,当严复正潜心研究英国经验主义哲学并译介西方经济学、政治学、逻辑学名著,而梁启超开始广泛介绍和传播西方近代各家各派的思想和学说时,王国维则醉心于康德、叔本华的哲学,并首次向中国学界译介了赫尔巴特的教育学说和教育思想。赫尔巴特的教育学理论体系是建立在近代伦理学和心理学基础之上的。影响赫尔巴特的教育学说形成的,则主要是康德的哲学及伦理思想。王国维通读康德的《纯粹理性批判》之后指出:"彼之研究之端绪,不求诸物,而求诸理性……然谓理性中之普遍的判断,而超越一切之经验者,其确实性不能由经验论及本有论说明之。而谓哲学之事业,亦示人类理性之作用,即由此等判断之内容及关系,而于理性之生活(即由此等判断所决定者)中,定其权能(谓由此等判断所知者)及其界限(谓其所不能者)也。"他不仅抓住了康德认识论和方法论的本质及特色,还进而接受了康德的哲学观点及其教育思想。

在近代中国,王国维率先从人的个体发展的角度来阐释教育的本质,并在吸取康德哲学理论和教育思想的基础上提出教育旨在培养"完全之人物"的观点。1903年王国维在《教育杂志》上发表了《论教育之宗旨》,其中写道:"教育之宗旨何在?在使人为完全之人物而已。何谓完全之人物?……完全之人物,

精神与身体必不可不为调和之发达。而精神之中又分三部：知力、感情及意志是也。对此三者而有真善美之理想：'真'者知力之理想，'美'者感情之理想，'善者'意志之理想也。完全人物不可不备真善美之三德。欲达此理想，于是教育之事起。教育之事亦分三部：智育、德育（即意育）、美育（即情育）是也。……三者并行而得渐达真善美之理想，又加以身体之训练，斯得为完全之人物，而教育之能事毕矣。"王国维认为，教育的根本目的，就是要培养"完全之人物"，即身心两方面均获得和谐发展的人。而要实现这一培养目标，则必须实施体育和心育（智育、德育、美育）。王国维将"知""情""意"与"真""善""美"相结合，将智育、德育、美育、体育统合协调，从而将教育定位为智育、德育、美育和体育，为近代的教育宗旨奠定了基础。

应特别注意的是，王国维在中国教育史上第一次赋予美育独立的地位和价值，在理论上论证了美育在人的全面发展中的作用。他认为美育可让人在功利的现实世界里难以完全实现的生命意志，在审美的精神世界中得以完全实现，从而从现实的伦理规范中解放出自由的个性及生命的欲望，最终使人超越现实的片面发展而进入全面发展的理想境界。

三、蔡元培"五育并举"的教育思想

1907 年之后，蔡元培曾五次走出国门，其中三次是在德国留学。留德期间，他系统地学习与研究了康德的哲学，并翻译了德国著名哲学家、教育学家鲍尔生根据康德哲学思想撰写的《伦理学原理》一书。留法期间，他还草拟了《康德美学述》一文。这些著作、文章都借鉴了康德的哲学思想，更重要的是，蔡元培将其研究成果改造转化为中国教育近代化的思想资源。

在主持南京临时政府的教育改革期间，蔡元培提出了军国民教育、实利主义教育、公民道德教育、世界观教育、美感教育及以"顺应时势，养成共和国民健全之人格"为宗旨的"五育并举"的教育方针。他认为，只有全面地认识和把握五育的相互联系、相互渗透的意义，才能使人的个性和能力得到全面的发展，才能造就"知""意""情"及"真""善""美"和谐发展的"完全的人"。然而，蔡元培更强调，"五育"的重点和中心是公民道德教育，他指出："五育以公民道德为中坚，

盖世界观及美育皆所以完成道德,而军国民教育及实利主义,则必以道德为根本。"教育旨在培养人格,教育是帮助被教育的人,给他能发展自己的能力,完成他的人格,于人类文化上能尽一份责任。

这一"五育并举"方针(宗旨)的提出,一方面充分肯定了教育具有培养人才、改造社会、建设国家,即"救国"的社会功能,并把这种功能定位于造就"共和国民"这一基本目标上;另一方面深刻揭示了教育对追求和促进个体人格的和谐发展,即"救人"所起的重大作用,体现了造就"完全的人"的教育理想。这一宗旨对中国教育近代化起到了开拓和里程碑的作用,许多教育家深受蔡元培教育思想的影响,其中,青年杨贤江教育思想就是对蔡元培教育思想的继承与发展。

四、杨贤江新"五育"全面发展的教育思想

在吸收了康德的人格教育思想、小原国芳的全人教育论及严复、梁启超、王国维、蔡元培等人的教育宗旨的基础上,特别是接受了陈独秀、李大钊传播的马克思主义及其"人的全面发展"理论,结合中国的具体国情,加以本土化,杨贤江提出德智体美劳全面和谐发展的新教育思想,主张教育与生产劳动相结合是实现人的全面发展的重要途径,对青少年要实行"全人生指导",在整个"五育"融合过程中,充分遵循青少年的身心发展规律,考虑他们的个性特征。

1924 年 9 月,杨贤江在《学生杂志》上发表了《青年的道德观念》一文,对道德的基本问题作了符合马克思主义思想的阐述:"第一,道德具有时代性;第二,道德具有阶级性;第三,道德具有社会性;第四,道德具有实践性。"他主张教育目的应以指导青年生活目标为核心,培养德、智、体等全面发展的"完全之人格",使他们成为"中国社会改进上适用的人才"。根据这个总的培养目标,他认为,在德育上要指导青年掌握马克思主义思想观点,培养改造社会、谋全人类解放的政治立场,养成良好的行为习惯和心理品质。因此,新的德育内容应包括思想教育、政治教育、品行教育三个基本方面;根据马克思主义道德观的特点,德育的任务、内容以及青年的实际情况,杨贤江采用了团体训练、个别接触、实践、讨论等有效的德育方法,建立了马克思主义德育思想体系,这是我国德育思

想史上一次根本性的转变,为社会主义德育理论奠定了基础。

"劳动神圣"是李大钊在号召青年学生走工农相结合的道路时提出的口号,是马克思主义关于教育与生产劳动相结合的基本理论在中国的具体运用和发展。杨贤江接受这一理念并以人的全面发展为出发点,劝告青年要热爱劳动、学会劳动且学以致用,把书本理论知识运用于改造社会、服务人群的实践领域和具体的实际劳动中。他说:"一个人的生活,应得把头脑的活动和手足的活动平等注重,理论的知识和实际的技能彼此联络。"[①]这一主旨是强调学校教育必须重视生产劳动,因为教育与生产劳动相结合是实现人的全面发展的重要途径。

青少年时期是身心及个性发展的重要时期,杨贤江概括出了青年心理所产生的三大矛盾:"第一,欲望与意识的冲突,容易冲动冒险;第二,现实与理想的冲突,容易厌世隐遁;第三,潜在意识与显在意识的冲突,容易烦闷怀疑。"他主张对青年生理、心理发展过程中正常的需要积极地因势利导,不可因袭旧习,采取遏止或放任自流的态度,应该用丰富健康的教育内容和生动活泼的教育形式,来满足他们的正当需要,促进他们身心健康发展。因此,只有依据青少年时期的身心及个性发展特征,贯彻新"五育"教育方针,才能最终使青年学生身心和谐发展、健康成长。

从严复、梁启超到王国维、蔡元培再到杨贤江,这一条聚焦于人的能力的培养以求国富民强的探索之路越来越清晰。要建成什么样的国家,和培养什么样的人这一问题始终息息相关。从严复到杨贤江,理想国民的素质结构已经越来越丰富,越来越全面,也越来越适应个体和社会的发展。陈鹤琴和陶行知则进一步将此问题细化、具化,立足所处时代,给出又一答案。

---

① 任钟印主编《杨贤江全集》(第2卷),河南教育出版社,1995,第295页。

第二节

陈鹤琴的"活教育"思想

从"三育"到"五育",是从宏大的角度探寻为国育何人。同样,陈鹤琴的"活教育"思想亦在探寻为国育何人,建基于先贤的探索,陈鹤琴的"活教育"思想更聚焦于学生能力发展,培养怎样的"活人"。

一、"活教育"思想提出的背景及其基本内涵

(一)提出背景

谈"活教育"思想产生的背景,死教育绝对是绕不过去的话题。从某种程度上说,"活教育"就是针对死教育而提出的。什么是死教育,在《什么叫做"活的教育"》一文中,陈鹤琴引用了陶行知的话作了说明:教死书,死教书,教书死;读死书,死读书,读书死。如果陈鹤琴说得不错,那么当时中国教育的情形就是,对教师而言,教师就是教书匠,一门心思授予学生陈旧的知识。教学内容固定、陈旧,主要教学方法是讲授,更有甚者就是灌输。就学生而言,读书就是任务,"两耳不闻窗外事,一心只读圣贤书"。读书的主要途径就是听课。所学的知识,所读的书就算不十分陈旧,也跟不上时代变化。学生学习的方法和教师教学的方法是相对的,主要的学习方法就是从教师处获得新知。思考、实践即使有,也不多。因为从某种程度上来说,被动的教法决定了学习的方法也是被动的。基于此,很多有志于从根本上改革中国传统教育的教育家开始发出自己的声音,他们或实践,或论理,为中国教育的改革和发展奔走呼号。陶行知是,陈鹤琴亦是。"活教育"思想就是陈鹤琴为中国教育改革开的良方。

归根到底,"活教育"思想就是针对当时中国教育跟不上时代发展而提的众多解决方案之一。需要指出的是,传统教育并非我们所想那般一无是处。只是因为发展到一定阶段,教育制度本身的制度性问题和困境显现,更重要的是,传

统教育内容已经跟不上时代的发展。20世纪中期,许多资本主义国家的经济、文化、社会等方面已经发展至一定程度,而中国,远远落后于发达国家。从世界发展的历史来看,中国需要发展,而教育是当时众多知识分子关注的领域之一。他们期待通过教育,改变落后传统所带来的旧疾,从而为新一代的国民输入新鲜血液,以适应社会发展的知识文化装备他们,从而改变整个社会,实现国富民强的振兴梦想。

（二）基本内涵

什么是"活教育"? 关于"活教育"的内涵,陈鹤琴在多种场合阐述过。虽然说法略有不同,但基本内涵是一致的。他在《什么叫做"活的教育"》一文中,如此解释"活的教育":所以我可这样的肯定说,要了解儿童心理。认识儿童,才能谈到教育儿童,这就是我们今天所讲的"活的教育",而不是死的教育。什么是活的教育,简单地说一句,就是不是死的教育。书本主义的教育就是死的教育。……我们也要活的教育,教材是活的,方法是活的,课本也是活的。我们大家一齐振作起来,研究儿童的切身问题,为儿童谋福利。尽量地利用儿童的手、脑、口、耳、眼睛,打破只用耳朵听、眼睛看,而不用口说话、用脑子想事的教育。我们不能再把儿童的聪明、儿童的可塑性、儿童的创造能力埋没了,我们要效法狂风暴雨的精神,对教育也要用同样的手段纠正过去,开发未来。……总之,要想教好儿童,要使我们的教育是活的,不是死的,必定要懂得儿童心理。我们应该用研究的精神去改造现在所用的各种教学法。①

这样看来,"活的教育"首先是"活的人",无论教师还是学生都是活的,教师有其主观能动性,他接触到的学生不是死的,不是千人一面的,他需要根据不同的人选择不同的教育方法,要了解儿童。学生也是这样,他们本来就不一样,有共性,也有个别差异。所以,"活教育"要求教师教儿童所需要的东西。这是一。无论受教育者还是教育者都是活的,这就要求,教育内容、教育方法也都是活的。也就是陈鹤琴所说,教材是活的,方法是活的,课本也是活的。这是二。新旧之间总会有冲突,破旧立新要付出代价。所以,"活教育"也就意味着改造。用狂风暴雨的精神、研究的精神去改造现有教育。这是三。这三点就是"活教

---

① 陈鹤琴:《活教育》,南京师范大学出版社,2012,第134—140页。

育"的基本内涵。

二、"活教育"思想的目的论、课程论和方法论

目的论、课程论和方法论可以说是"活教育"思想的三大纲领。"活教育"的目的论其实就是回答教育要培养什么样的人的问题。课程论和方法论,则是关于要怎么培养的问题。这和时下的核心素养话题颇有关系。

（一）目的论

在陈鹤琴的教育论著中,先后有几篇文章重点讲述了"活教育"的目的论,在此以 1942 年、1948 年发表在《活教育》上的《活教育要怎样实施的》《活教育的目的论》两文为基础,介绍"活教育"的目的论。

陈鹤琴先是在《活教育要怎样实施的》中重点谈了"活教育"的目的。他认为,"活教育"的目的就是做人、做中国人、做现代中国人。这里需要指出的是,发表在《活教育》上的原文,陈鹤琴写的是教人做中国人、做现代中国人,和现在我们普遍认为的做人、做中国人、做现代中国人还有些出入,不过文章的后面部分一直说的是做人、做中国人、做现代中国人。在此,笔者以为这或许为笔误或刊印的问题,实际指的就是已为人熟知的做人、做中国人、做现代中国人。他认为:"我们虽生而为人,生而在中国,生而在现代的中国,可是有哪几个真正知道做'人'呢? 有哪几个真正知道做'中国人'呢? 更有哪几个真正知道做一个'现代的中国人'呢? 做'人'不易做,做'中国人'不易做,做'现代的中国人'更不易做。"[1]接着,他指出,作为一个现代中国人起码应具备的几个条件。一是要有健全的身体。他认为有了健全的身体,才能应付现代中国艰巨的事业。二是要有建设的能力。培养学生的建设能力,是为了适应国家的需要。三是要有创造的能力。因为儿童喜欢创造,而且国家需要创造。四是要能够合作。一个能合作能团结的人,才能成为新中国的主人翁。五是要服务。服务是人区别于动物的重要标志。国家需要服务的公民。只有具备以上条件,才可以说是一个现代中国人。而"活教育"的目的就是培养这样的人。

---

[1]　陈鹤琴:《活教育》,南京师范大学出版社,2012,第 70 页。

1948 年发表的《活教育的目的论》开篇即指出,"活教育"的目的就是"做人,做中国人,做世界人"①。对比前文,其发生了细微的改变。此文中,陈鹤琴先是强调在当今的中国,做人、做中国人(也就是现代中国人)需具备的条件,主要有五个:第一是要有健全的身体;第二是要有创造的能力;第三是要有服务的精神;第四要有是合作的态度;第五是要有世界的眼光。他接着指出,做世界人,主要的条件是爱国家、爱人类、爱真理。在此可见,此次的目的论已经和1942 年提出的目的论有差别了。在目的上,将此前的做中国人的目标具体化为做现代中国人,在此基础上提出了做世界人。应具备的条件也发生了变化,建设的能力已不再提及,新增了要有世界的眼光。在做世界人方面新增了爱国家、爱人类、爱真理。整体而言,"活教育"思想在目的论上的一脉相承,围绕人,以人为中心始终是"活教育"坚持的方向。而什么样的人,从做人、做中国人、做现代中国人到做人、做中国人、做世界人,随着认识的深入和实践的丰富,陈鹤琴关于"活教育"的思想也有了变化。这样的变化符合时代发展,也将更好地指导实践。这是"活教育"思想在目的论上的更新和发展,应该为我们所注意。

(二)课程论和方法论

"活教育"不仅表现在目的上,也表现在教育的方方面面。要培养出现代中国人和世界人,就需要有相应的课程、教学方法以及教学原则。"活教育"的课程是怎样的? 陈鹤琴认为,"活教育"的课程是把大自然、大社会当作出发点,让学生直接向大自然、大社会去学习。针对幼儿园阶段的教育,陈鹤琴提出了五指活动,《活教育五指活动进行办法》指出,本活动的五项工作是:儿童健康;儿童社会;儿童科学;儿童艺术;儿童文学。对照做现代中国人以及世界人的五条件:健全的身体、创造的能力、服务的精神、合作的态度以及世界的眼光,五指活动可以说是围绕教育目的而有的课程活动,旨在培养现代中国人、世界人。五指活动,不仅注重智育,也强调体育、德育和美育。

《活教育五指活动进行办法》还指出,五指活动从儿童生活出发完成儿童的完整生活,进行时具下列五种性质:是儿童实际的工作;是儿童能力的表现;是儿童集体的创作;是儿童活动的联合;是儿童工作的检讨。显然,陈旧、过时、有

---

① 陈鹤琴:《活教育》,南京师范大学出版社,2012,第 3 页。

限的教材和如此性质的五指活动格格不入，大自然、大社会才是"活教育"的活教材。

实施"活教育"的方法又当如何？有哪些原则需要遵守，又有哪些步骤可供参考呢？

在《活教育要怎样实施的》一文中，陈鹤琴认为，"活教育"的教学方法应遵循一些原则，基本的原则就是"做中教，做中学，做中求进步"。具体又提到了7条教学原则：直接经验、均衡发展、自动的研究、积极的鼓励、具体的比较、分组的学习、集体的竞赛。需要指出的是，在《活教育的教学原则》一文中，他又提出17条教学原则。后者对前者进行了补充，不过，整体上而言，都是为了使教学"活"起来。谈及"活教育"教学的过程，陈鹤琴认为可分为四个步骤：一是实验，二是参考，三是发表，四是检讨。

无论是目的论，还是课程论和方法论，"活教育"的中心始终是儿童，"活"始终是其思想的中心，"做"是使儿童"活"的重要手段，陈鹤琴的"活教育"思想给我们留下了丰富的遗产。

第三节

陶行知的"三力论"和"常能论"

对于培养什么样的"活人"，陶行知的回答，无论是理论方面还是实践方面，都可谓独树一帜，卓有成效。在研究过程中，我们发现陶行知针对当时教育弊端，以其生活教育理论为基础，提出的"三力论"和"常能说"观点，是聚焦于当时"核心素养"的一种有益探索，值得引起当代学术界的高度重视。

一、陶行知的"三力论"
何谓"三力论"？"三力"是对陶行知以为学生应掌握之生活力、自动力和创造力的概括,在此,我们将陶行知论述生活力、自动力和创造力以及相关的内容称为"三力论"。生活力,尤其是健康生活力、劳动生活力、艺术生活力、科学生活力和改造社会生活力,可说是陶行知较早时对晓庄学校学生能力的一种理想和企盼。其教育论著字里行间多次表明:要实现教育现代化、民主化,一个健全分子要在社会中有价值、有尊严地生活,必须培植生活力、自动力和创造力。这三种能力并不是可有可无的,而是成长为健全分子之必备品格和关键能力。

(一)生活力、自动力、创造力思想的产生背景

生活力、自动力和创造力的培养是陶行知生活教育理论和创造教育思想的题中应有之义。抑或说,生活教育和创造教育的根本宗旨是生活力、自动力和创造力的培养。论述生活力、自动力和创造力思想产生的背景,不得不谈生活教育理论和创造教育思想的产生背景。

陶行知生于1891年,卒于1946年,其所处时代的中国正处于半殖民地半封建社会。其所处之时代,科举的废除,清末教育改革,使得传统封建教育行将就木,但陈旧的教育观念,滞后的教育思想仍根深蒂固,影响并支配学校教育的发展。学校教育仍沿着旧有轨道运行,未脱离传统模式,读书做官、书本至上、学校中心等观念仍起着举足轻重的作用。[1] 从陶行知对传统教育的批判中可窥见一二:"他教学生读死书,死读书;他消灭学生的生活力,创造力;他不教学生动手,用脑。在课堂里,只许听老师讲,不许问。"[2] 弊端处处可见:双料少爷的手指甲;双料小姐的手镯、戒指;小孩们传统的几十斤重的手铐;八万万只无能的手;等等。当时社会,绝大部分学生是四体不勤、五谷不分的书呆子,沉浸在死的、假的、静的、读的教科书中,没有康健的体魄以抵抗疾病和克服困难,缺少征服自然、利用和改造自然的谋生力,无法承担改造社会的重任。此外,封建教育强调先生的权威,灌输是主要的教学方法,学生学习被动,造成了先生教什么,学生就学什么,学生甚至成为读书机器的僵化局面。学生被视为抽象的个体,无独特个性,学习主体性这一地位湮没在传统教育中。固守陈规、不思进取

---

① 周洪宇、操太圣:《生活教育运动的历史及对当代教育的影响》,《教育研究》1997年第10期,第29页。
② 陶行知:《传统教育与生活教育有什么区别》,载董宝良主编,喻本伐、周洪宇选编《陶行知教育论著选》,人民教育出版社,2011,第386页。

是传统教育的又一特点，这样的教育环境阻碍、削弱、摧残着儿童的创造力，中国小孩成长的环境可谓苦海："儿童的创造力被固有的迷信、成见、曲解、幻想层层裹头布包缠了起来。"①儿童的双手被束缚，动手要打手心；儿童的口被束缚，不允许多说话、常发问；儿童的思想囿于枯燥、脱离实际的教科书中；学校、社会引导儿童以考试为重，各样的考试挤掉思考的时间、娱乐的时间和动手的时间。这一切，不能发挥、加强和培养创造力，往往摧残儿童的创造力。陶行知指出：中国现在的教育是关门来干的，只有思想、没有行动的。教员们教死书，死教书，教书死；学生们读死书，死读书，读书死。所以那种教育是死的教育，不是行动的教育。②

与此同时，近代西方的教育思想相继涌入中国。一方面，碰撞、冲击中国的传统教育，如赫尔巴特的五段教学法，克伯屈的设计教学法，帕克赫斯特的道尔顿制等相继传入，在教育界乃至社会引起较大轰动。试验过程中，教育观念得到一定的革新，人们反思传统教育问题。另一方面，因未与中国教育、社会的实际相结合，没有扎根中国土壤，导致水土不服而鲜有成效，沉疴难起的中国教育未能发生根本性的改变。陶行知如是论述近代西方教育思想与我国教育联姻后的效果："……教育自教育，生活自生活，依然渺不相关……'老八股'与民众生活无关，'洋八股'依然与民众生活无关。"③"洋八股"教育和"老八股"教育之合流并未改变中国教育的困境，"教育依然严重脱离社会生活实际，尤其是脱离人民大众的生活实际，无法适应近现代中国社会政治的飞跃发展"④。

处于这样的时代，为冲破"老八股"和"洋八股"的牢笼，培养真善美的活人，生活力、自动力和创造力的提法似乎已呼之欲出，然而，"三力"的提出并非一蹴而就，而是有其发展过程和规律。大致上，可以看出，生活力是最早提出的概念，自动力次之，创造力最后提出。

---

① 陶行知：《创造的儿童教育》，载董宝良主编，喻本伐、周洪宇选编《陶行知教育论著选》，人民教育出版社，2011，第571页。
② 陶行知：《创造的教育》，载董宝良、喻本伐主编，周洪宇选编《陶行知教育论著选》，人民教育出版社，2011，第369页。
③ 陶行知：《生活工具主义之教育》，载董宝良主编，喻本伐、周洪宇选编《陶行知教育论著选》，人民教育出版社，2011，第229页。
④ 周洪宇、操太圣：《生活教育运动的历史及对当代教育的影响》，《教育研究》1997年第10期，第29页。

（二）生活力、自动力和创造力的由来

"生活力"这一概念本身也有个历史演变的过程：据现有资料，陶行知最早是从职业教育的角度谈教育的作用，即培养"生利（生产）"能力（见 1918 年《生利主义之职业教育》），把各种能力都视为"生利力"。1921 年他在《中学实验教育之必要》一文中列举中学毕业生若不升学的应有之要素：一是应付社会环境所必需之人格；二是制裁天然环境所必需之知识技能；三是生利所必需之知识技能；四是消闲所必需之知识技能。初见"生活力"内涵之端倪。1922 年陶行知在《评学制草案标准》一文中，提出社会、个人和生活与事业本体三种需要与能力，并明确将"生活与事业本体需要"作为重中之重，初步形成"生活力"的概念。1926 年在从事生活教育试验后，他在当年 12 月 3 日发表的《中国师范教育建设论》一文中首次明确提出"这个学校对于学生所要培植的也是生活力"，并用图表对学生幼年自然和社会生活力作初步细分。稍后，他在当年 12 月 10 日所发表的《我们的信条》一文中，进一步明确指出"我们深信教育应当培养生活力"，将之作为教育的根本目标；他在 1931 年发表的《教学做合一下之教科书》一文中更是对"生活力"作了具体细分，从五个方面概括出 70 种生活力；甚至说，这 70 种也不过是少数而已，"重要的总在 3000 种以上"，几乎包括了各种能力。

"自动力"的提出，也有个过程。"自动力"最早的萌芽是 1919 年 10 月发表的《学生自治问题之研究》，该文提出"自动主义"问题，但未提出"自动力"，而且其"自动"问题主要局限在"自治"方面。进一步论及"自动"问题，是 1934 年 2 月 16 日发表的《普及什么教育》一文："自动是大众自己干，小孩自己干。自动教育是教大众自己干，教小孩自己干，不是替代大众、小孩干。"明确提出"自动力"是在后来办育才学校时，1941 年在《育才学校两周岁前夜》一文中，他提出"自动力之培养"，而且明确指出"自动是自觉的行动，而不是自发的行动"。

"创造力"的提出最晚。1921 年 10 月，陶行知口译孟禄在苏州教育界同人宴会上的讲话和答问时，第二女子师范附属小学的代表提问"怎样可以养成学生的创造力"，这或许是陶行知文中第一次涉及"创造力"概念，但未作详细说明。"创造"和手脑联盟分不开。1933 年 1 月 16 日，陶行知在《手脑相长》一文提出，"一个人要有贡献于社会，一定要手与脑缔结大联盟。然后，可以创造，可以发明，可以建设国家，可以把东三省拿回来"。同年3月，陶行知继续指出，"所以要创造，非你在用脑的时候同时用手去实验，用手的时候同时用脑去想不可"。1942年12月4日《育才十字诀》中已提出"集体创造"。1943年《创造宣言》一文又提出教师和学生的最大快乐是"创造"出自己崇拜的对方。到了1944年12月15日，陶行知发表《创造的儿童教育》，更是明确提出"解放创造力"和"培养创造力"，并对如何"解放创造力"和"培养创造力"作了系统、全面的论述。

至此，陶行知关于学生核心能力的"三力论"基本形成。可见，他对"三力"的认识与提法，不是一开始就很系统、完整，而是随着自身教育实践的深入和个人认识的深化而不断发展变化的。这是存在决定意识的突出体现，符合马克思主义的实践唯物主义、历史唯物主义和辩证唯物主义。

（三）生活力、自动力、创造力及其相互关系

1.生活力的基本界定与内涵

生活力的获得是生活教育的归宿。拥有生活力的人，不是吃饭不做事儿的书呆子，而是生产者、建设者、创造者、发明者；拥有生活力的人，思想不是死的、假的、静止的，而是创造性的、建设性的、充满生机的；拥有生活力的人，更能抵御病痛，胜过困难，解决问题，担当责任。[1]

何谓生活力？陶行知认为，"幼年人不是孤立的，他是环境当中的一个人。环境对于幼年人的生活有两种大的力量。一是助力……二是阻力"[2]，由此，培植生活力就在于应用自然界和社会界的助力、阻力，使学生"做个健全分子去征服自然，改造社会"[3]。在《教学做合一下之教科书》一文中，他指出，生活力指适应、改造现代社会生活该有的力量。他将生活力分为五类：康健生活力、劳动生

① 陶行知:《中国师范教育建设论》，载董宝良主编，喻本伐、周洪宇选编《陶行知教育论著选》，人民教育出版社，2011，第183页。

② 陶行知:《中国师范教育建设论》，载董宝良主编，喻本伐、周洪宇选编《陶行知教育论著选》，人民教育出版社，2011，第181页。

③ 陶行知:《中国师范教育建设论》，载董宝良主编，喻本伐、周洪宇选编《陶行知教育论著选》，人民教育出版社，2011，第181页。

活力、科学生活力、艺术生活力和社会改造生活力。其中,康健生活力包括通过加强锻炼、增加营养、养成卫生习惯等方式预防疾病的能力;劳动生活力包括从事生产劳动、家务劳动的能力等;科学生活力包括掌握科学知识并运用于生活实际的能力等;艺术生活力包括多种形式的艺术创作能力;社会改造生活力包括治家、创造富的社会、人类互助等多方面改造社会的生活力。

从最初萌芽的生利力发展到征服自然、改造社会的能力,再到"康健生活力、劳动生活力、科学生活力、艺术生活力和社会改造生活力",生活力所提及的范围不断地扩大,日益勾画出一个健全分子在社会中完满、幸福生活所需的核心能力要素。早期,针对解决生计问题之所需,陶行知提出生利力,成为生活力的一个重要方面。后来,随着师范教育建设的开展,培养什么样的人,怎样培养人的问题提上日程,陶行知结合时代需要和理论实践的探索,提出生活力应包括征服自然力和改造社会力。1931年春,陶行知开设"自然学园",推行"科学下嫁",在此背景下,生活力进一步细分,由此前的征服自然力、改造社会力细分为"康健生活力、劳动生活力、科学生活力、艺术生活力和社会改造生活力"五类,尤其重视科学生活力的培养。伴随着社会发展需要的变化,生活力所涵盖的能力亦呈多样化发展趋势。具体而言,生活力至少包括"生存力、生计力、学习力、演说力、交往力"等多种,后来其中的一些能力逐渐分解独立出来。

随着思想在实践中的不断变化发展,生活力所涵盖的内容日益丰满,它对人之发展所需能力作了较为全面且集中的阐述,可以说,生活力是自动力和创造力的源泉和基石。没有生活力,自动力、创造力如无源之水,也就无从谈起。

2.自动力的基本界定与内涵

提及自动力,陶行知指出,"生活、工作、学习倘使都能自动,则教育之收效定能事半功倍。所以我们特别注意自动力之培养,使它贯彻于全部的生活工作学习之中"[①]。何谓自动?陶行知在普及自动工学团时指出:"自动是大众自己干,小孩自己干。自动教育是教大众自己干,教小孩自己干,不是替代大众、小

---

① 陶行知:《育才二周年前夜》,载董宝良主编,喻本伐、周洪宇选编《陶行知教育论著选》,人民教育出版社,2011,第543页。

孩子干。"①后来,他进一步指出,"自动是自觉的行动,而不是自发的行动。自发的行动是自然而然的原始行动,可以不学而能"②。何谓自动力?自动力指个体在生活、工作和学习中依据已有经验,凭借个人兴趣,利用已掌握之方法自觉行动、自主探索、自我教育、自我管理的能力,通过教育可培养之。"自觉的行动,需要适当的培养而后可以实现。故自动不与培养对立。相反的,自动有待于正确的培养。"③

自动力的养成要经历一个过程。首先,意识到自动、自觉的重要性,了解自动、自觉的相关知识和方法。在此基础上,在集体中、在日常生活中培养自动力。陶行知认为:在自动上培养自动力,才是正确的培养。若目的为了自动,却用了被动的方法,那只能产生被动而不能产生自动。④ 他以育才学校如何培养学生自动力的实际经验为例,掷地有声地说明何谓在自动上培养自动力。其一是音乐指导委员指导学生后,一个月不在课堂,学生因着兴趣、靠着自学加之委员之前的指导,竟能自动完成一个月的学习进程,这不可不谓之:在自动上培养自动力。其二是育才学校在改造图书馆时培养学生管理图书馆,学生凭借已有经验和兴趣,掌握管理方法,竟能自动、自主主持整个图书馆,且井然有序,实在是:在自动上培养自动力。此外,在育才学校成立两周年之际,育才学校培养学生秘书以完成书信的撰写及送达。学生依靠已掌握的方法,因着兴趣,竟能自动、自觉完成三百封合格书信。这样,在自动中,学生将"教师之知"转化为"自身之知"。

从早期的自治,到之后的自觉,自动力所包含之范围日益扩大。针对当时流行的自动主义,陶行知力倡在德育方面培养学生自治力。早期的自动力萌芽于此,仅局限于自治力。发展到自动工学团,陶行知旗帜鲜明地将自动教育与传统教育划清界限,主张:自动意味着大众自己干,小孩自己干。每个人都是独

① 陶行知:《普及什么教育》,载董宝良主编,喻本伐、周洪宇选编《陶行知教育论著选》,人民教育出版社,2011,第 379 页。

② 陶行知:《育才二周年前夜》,载董宝良主编,喻本伐、周洪宇选编《陶行知教育论著选》,人民教育出版社,2011,第 543 页。

③ 陶行知:《育才二周年前夜》,载董宝良主编,喻本伐、周洪宇选编《陶行知教育论著选》,人民教育出版社,2011,第 543 页。

④ 陶行知:《育才二周年前夜》,载董宝良主编,喻本伐、周洪宇选编《陶行知教育论著选》,人民教育出版社,2011,第 543 页。

立的个体,都有自动的权利和义务。至此,自动力在自治的基础上,又增添自主力、自我教育力等。育才学校成立两周年之际,自动力之培养已成为人才教育的宝贵经验。自动力不仅包括自治力、自主力、自我教育力(自学力)、自我管理力、自强力,还包括自觉觉人力,即在自觉的同时,积极帮助别人,实现平等互助。

需要指出的是,自动力并不是教育所要达到之全部功效,自动力的最终旨归是使生活力的培植达到更好效果。自动力并非空中楼阁,生活力是促其生长的最好土壤。相应地,自动力引导生活力、创造力,可以说,没有自动力,也就没有有效的、持久的生活力和创造力。

3. 创造力的基本界定和内涵

论述创造力,陶行知首先阐明"创造"一词的意义。他认为人类的创造分为两种:物质的创造和心理的创造。陶行知以鲁滨孙在荒岛求生时,且行且思,因此创造了可盛水的瓶子为例,说明物质的创造;同样以贾宝玉从厌恶破荷叶,经由林黛玉的吟诗转变观念,变荷叶为乐器为例,说明新观念的成立,即心理的创造。总而言之,"由行动而发生思想,由思想产生新价值,这就是创造的过程"[①]。创造不是纸上谈兵、空有思想,而是且行且思的过程;创造不仅仅是新事物、新观念的产生,也包含改革旧事物而随之产生的新价值。创造无处不在,我们要"在平凡中造出不平凡,在单调上造出不单调"[②]。

何谓创造力? 创造力是创造、创新的能力,形成于行动和思想中,由此产生新价值的力量。既涵盖物质方面,也包括精神方面的创造。行动是创造力形成的前提,正所谓"行动是老子,思想是儿子,创造是孙子"[③]。换言之,手脑联盟是培养创造力的最佳形式。创造力并非凭空而来,而是具有传承性,"儿童的创造力是千千万万祖先至少经过五十万年与环境适应斗争所获得而传下来之才能

---

① 陶行知:《创造的教育》,载董宝良主编,喻本伐、周洪宇选编《陶行知教育论著选》,人民教育出版社,2011,第 368 页。

② 陶行知:《创造宣言》,载董宝良主编,喻本伐、周洪宇选编《陶行知教育论著选》,人民教育出版社,2011,第 561 页。

③ 陶行知:《创造的教育》,载董宝良主编,喻本伐、周洪宇选编《陶行知教育论著选》,人民教育出版社,2011,第 369 页。

之精华"①。创造力并非一成不变，而是与教育息息相关。陶行知认为，环境要么发挥、加强、培养创造力，要么阻碍、减弱、摧残创造力。所以，教育的作用体现于此：在儿童自身的基础上，过滤不利的环境影响，运用并创造有利的环境，培养、加强、发挥创造力，使儿童更有力量造福民族与人类。可见，创造力具可培养性。需要说明的是，"教育并不能创造什么，但它能启发解放儿童创造力以从事于创造之工作"②。

从早期重视手脑联盟以养成创造力，发展到创新力、创业力等，创造力所涵盖内容日趋丰富。针对传统教育只重劳心者而忽视劳力者，致使劳心者不劳力、劳力者不劳心这一弊端，陶行知提倡手脑联盟，认为手和脑联合起来才能产生力量，而这力量集中体现在科学生产上。早期的创造力源于此，创造力主要指科学生产方面的创造。随着实践的深入，创造力不只局限在科学生产，还包括艺术创造、学问创新等方面，《育才两周年前夜》一文中即提及创造学问之气候，《创造宣言》也多次提到艺术、文学方面的创造、创新。

陶行知关于创造力的论述在很多方面和生活力重合，比如说创造力涵盖科学生产力、艺术创造力，生活力同样涉及科学生活力、艺术生活力。乍一看，好像新瓶装旧酒，其实不然。生活力、自动力和创造力是一个整体，生活力是自动力和创造力的基础，自动力是引导，创造力是关键。三者不可替代，相辅相成。

二、陶行知的"常能论"

何谓"常能论"？"常能"是陶行知教育理论的术语之一，是其后期结合育才学校之创办旨趣、教育目标和育才经验而提的分初、高两级，具体为二十三项能力之简称。"常能"可说是陶行知后期关于学生能力的内容和结构在育才学校呈现的又一蓝图。不过，无论是前文提及的晓庄式生活力，还是育才式"常能"，陶行知都重视创设环境、情境养成学生的自动力和创造力。"常能"是对"三力"的一次总结和具体化。不夸张地说，"常能论"是"三力论"的浓缩和升华。当然

---

① 陶行知：《创造的儿童教育》，载董宝良主编，喻本伐、周洪宇选编《陶行知教育论著选》，人民教育出版社，2011，第 569 页。

② 陶行知：《创造的儿童教育》，载董宝良主编，喻本伐、周洪宇选编《陶行知教育论著选》，人民教育出版社，2011，第 569 页。

也有其局限性。

(一)"常能"思想的背景、由来及基本内容

前文提及生活力、自动力和创造力思想的形成背景,亦同是"常能"思想形成的大的时代背景,这从"三力"和"常能"之间的连贯性中可看出。同时,也可以看到"常能"似乎是新情况下的应时之举。这和陶行知立足于抗战建国,践行生活教育理念有关。陶行知于 1944 年提出的"育才二十三常能"非常之具体,操作性强且具有前瞻性。

与"三力"不一样,关于"常能",陶行知并没有过多阐述其内涵。不过,"常能"也并非横空出世。在其文章中,"常能"和育才连在一起。"常能"是育才之创办旨趣、教育目标和育才经验的总结。育才之创办旨趣、教育目标和育才经验不一而足。概而言之,一是获集体生活能力,包括集体自治、集体探讨和集体创造等;一是获文化钥匙,包括国文、数学、外国文和科学方法;一是自动力的养成;一是养成特殊才能。此四点始终贯穿于"常能"。这从"常能"的内容得以知晓。

"常能"的具体内容十分清晰。在《育才二十三常能》一文中,陶行知将"常能"分为初级十六常能和高级七常能。初级十六常能包括会当书记、会说国语、会参加开会、会应对进退、会做小先生、会管账目、会管图书、会查字典、会烧饭菜、会洗补衣服、会种园、会布置、会修理、会游泳、会急救、会唱歌;高级七常能包括会开汽车、会打字、会速记、会接电、会担任翻译、会临时讲演、会领导工作。这二十三项常能,为集体生活所需,是获得文化钥匙的具体体现,是始终贯彻自动力的结果,很多项亦是因材施教养成特殊才能的展现。

从育才的创办旨趣到教育目标到经验总结,从五路探讨(体验、看书、求师、访友、思考)到六组学习(文学组、音乐组、戏剧组、绘画组、自然组、社会组)到集体创造,这些始终是"常能"汲取营养并升华的依据。

"常能论"是陶行知关于学生能力论上的重大突破,纵观二十三项常能,不难发现,其中涵盖生活力、自动力和创造力培养的诸多方面,它进一步延伸和发展了"三力"说,初级、高级的划分可谓重大的理论创新。然而,或因正值抗战时

期,办学资金短缺,陶行知忙于募捐集资办学,精力有限,"常能论"虽有初级、高级之分,却未深入延伸,提炼出"三力"的精髓,构建出初、高级学生能力体系。另外,他未将创造力、批判性思维等纳入"常能"体系。

(二)"三力论""常能论"的品格养成

在论述之前,作两点说明。一是,为何将"三力论""常能论"中的品格单列出来。主要考虑是,虽将其概括为"三力论""常能论",但"三力论""常能论"所包括的内容绝不仅限于能力。"三力""常能"既包含知识诉求,亦涵盖能力养成,更强调品格养成。就如《关于深化教育体制机制改革的意见》所指的关键能力并不仅限于能力一样。它也有包括知识、能力和品格等在内的丰富内涵。二是,因"常能"所涉内容不多,遂将"三力论""常能论"涉及品格的内容放至此处。正如前文所提,"常能"虽因诸多原因未能进一步深入,但是,"常能"有其理论价值和高度,从某种程度上说,它深化了"三力"。

早在1921年《中学实验教育之必要》一文中,陶行知便指出,中学生毕业之后,若不升学,应有应付社会环境所必需之人格,制裁天然环境所必需之知识技能,生利所必需之知识技能,消闲所必需之知识技能。这可说是生活力概念的雏形。将应付社会环境所必需之人格放在首位,可见其对人格之重视。后来提出的改造社会生活力,既是一种能力,包括治家、团体自治、创造富的社会等,也是一种品格、价值观追求,包括掌民权、平等互助等追求民主共和,培养做"中华民国公民"的品格和价值观。

自动力更不消说,既是能力,亦是品格。自动自觉是知情意合一教育的应然。他说,现在我们要求在统一的教育中培养儿童的知情意,启发其自觉,使其人格获得完备的发展。[①] 此自觉是学习、生活必备的品格之一。有了正确的知识基础,掌握了方法,养成自动自觉,自治力、自主力和自我教育力等便成为真正的能力。自觉觉人力很有意思。要觉人(使人觉醒),需要有一定的知识和能力基础,觉人是一种能力,但是自觉去觉人便是一种品格。"育才二十三常能"之"会做小先生"是自觉觉人的表现之一,包括帮助工友、同学以及学校附近农

---

① 陶行知:《育才学校教育纲要草案》,载董宝良主编,喻本伐、周洪宇选编《陶行知教育论著选》,人民教育出版社,2011,第505页。

友等(在文化为公、知识为公、即知即传的号召下,自动地以一技、一艺之长去帮助人长进中学习)。《育才学校教育纲要草案》还指出,育才学校着重自我批评。自我批评是发展民主的有效手段,自我批评是促进自觉性启发的利器。在此,自我批评既是品格亦是能力,启发自觉性。值得玩味的是,《育才学校公约草案》中亦有一条与批评有关,即批判他人,接受他人批判的权利与义务。批判他人是权利,接受他人批判是义务。说自我批评和接受他人批判是种品格并不为过。另外,他主张批判他人是权利,对各样事情、观点的批判性思维亦是情理之中。这是陶行知思想的又一闪光点。

在《南京安徽公学创学旨趣》一文中,他主张学生养成大丈夫精神。所谓大丈夫精神,"富贵不能淫,贫贱不能移,威武不能屈",有独立的意志,独立的思想,独立的生计和耐劳的筋骨,耐饿的体肤,耐困乏的身体,不可屈挠的精神,推己及人的恕道和大公无私的容量。育才每天四问的第四问便是:"我的道德有没有进步?"其对品格养成的重视可见一斑。

(三)"常能论"之初级常能、高级常能

前已交代了"育才二十三常能"之初、高级之分。此处,以《淮安新安小学第六年计划大纲》(1934 年 6 月 6 日—1935 年 6 月 6 日)为例,以初级常能、高级常能之视角,具体分析生活教育理论指导下的学生能力之一斑。新安小学的办学背景有必要简要谈及。1929 年春,吴俊卿邀请陶行知及晓庄学校学生于淮安开办学校,陶行知遂号召同学报名参与。李友梅等三人前去创办新安小学。陶行知兼任新安小学首任校长,后由汪达之、郭清继任。

《淮安新安小学第六年计划大纲》包括经费、生活、环境、口号四项。其中生活一项为此处讨论重点。大纲指出,生活部分旨在以"在劳力上劳心"的"教学做合一"的理论与方法,逐求达到五项目标为原则,实验生活即教育的真实性。以共生活共甘苦为原则,养成生活的正确意识和态度。具体分为生活的目标、生活的方法及共同生活的人。生活的目标主要有:康健的体魄、科学的头脑、艺术的兴趣、生产的技能、自由平等互助的精神。生活的方法分个体的生活及团体的生活,具体可见表5-1。

表 5-1　个体的生活与团体的生活

个体的生活	团体的生活
1.每天做内体运动一次； 2.每天整洁一次； 3.每天写日记一篇； 4.每天吃开水五大碗和豆浆一大碗； 5.每天大便一次，且有定时； 6.每天看本埠和外埠报各一份； 7.每年种痘一次； 8.每年洗澡约八十次到一百次； 9.每年洗衣约八十套到一百套； 10.每年和国内外小朋友通信十二封； 11.会写字体端正的字，并且写得快； 12.会计算普通用数； 13.要认识五百个生字，并且会用； 14.要教两个以上不识字的人认识五百个字，做扫除文盲的基本运动； 15.要认识环境中最易见的动植矿物各十种以上，并且要观察各一种以上的生长过程，以及对于人类关系； 16.要认识每晚容易看见的恒星和行星十二颗以上，并能懂得风云雨露等自然现象的成因和人生的关系； 17.能欣赏名歌名画和自然风景； 18.能画简单的构图； 19.会唱十二首新歌； 20.会弄一种乐器； 21.会表演六种话剧； 22.会打六套拳术； 23.会制科学玩具及动植矿物标本各十种以上； 24.会开留声机、电影机和无线电收音机； 25.会摄影和冲洗晒印照片； 26.会修理农工具及日常用具； 27.会运用十种以上普通药品； 28.要认识社会生活，并择一种构成社会生活之基本的工人生活如种蒲田者、瓦匠、木匠、石匠、铁匠……的生活，详细观察，并加记载，为研究社会科学的基础； 29.要学会游泳和撑船。	1.每日开寅、晚会各一次（星期寅会举行纪念周）； 2.每周开周会一次； 3.每月开月终会议一次； 4.每年开纪念会一次； 5.临时集会可临时酌定，其他纪念会俱于临时会议中决定； 6.每日轮流做主席和记录； 7.每日轮流烧饭和抬水； 8.每日每人参加一种或两种生产工作； 9.每年长途旅行一次； 10.养鸡五对狗两只； 11.捕灭蚊蝇，并懂得蚊蝇何以为人类大敌； 12.编莲花周报五十二期； 13.编印一年概况； 14.征集社会的批判； 15.拟第七年度的计划和生活历。

不难看出，新安小学计划大纲中所罗列出的个体生活和团体生活的条目，和"育才二十三常能"颇有相似之处。一是两者都是针对学生能力之培养；二是都具体化、细化所要养成之生活能力，以量化方式呈现，便于操作和评价。主要不同的是"育才二十三常能"有初、高级之分。事实上，从新安小学所列条目来看，亦可作此分类（表 5-2）。

表 5-2 初级、高级生活常能

程度 生活方法	个体的生活	团体的生活
初级	1.每天做内体运动一次； 2.每天整洁一次； 3.每天写日记一篇； 4.每天吃开水五大碗和豆浆一大碗； 5.每天大便一次，且有定时； 6.每天看本埠和外埠报各一份； 7.每年种痘一次； 8.每年洗澡约八十次到一百次； 9.每年洗衣约八十套到一百套； 10.每年和国内外小朋友通信十二封； 11.会写字体端正的字，并且写得快； 12.会计算普通用数； 13.要认识五百个生字，并且会用； 14.要教两个以上不识字的人认识五百个生字，做扫除文盲的基本运动； 18.能画简单的构图； 26.会修理农工具及日常用具； 29.要学会游泳和撑船。	1.每日开寅、晚会各一次（星期寅会举行纪念周）； 2.每周开周会一次； 3.每月开月终会议一次； 4.每年开纪念会一次； 5.临时集会可临时酌定，其他纪念会俱于临时会议中决定； 6.每日轮流做主席和记录； 7.每日轮流烧饭和抬水； 8.每日每人参加一种或两种生产工作； 10.养鸡五对、狗两只； 11.捕灭蚊蝇，并懂得蚊蝇何以为人类大敌。
高级	15.要认识环境中最易见的动植矿物各十种以上，并且要观察各一种以上的生长过程，以及对于人类关系； 16.要认识每晚容易看见的恒星和行星十二颗以上，并能懂得风云雨露等自然现象的成因和人生的关系； 17.能欣赏名歌名画和自然风景； 19.会唱十二首新歌； 20.会弄一种乐器； 21.会表演六种话剧； 22.会打六套拳术； 23.会制科学玩具及动植物、矿物标本各十种以上； 24.会开留声机、电影机和无线电收音机； 25.会摄影和冲洗晒印照片； 27.会运用十种以上普通药品； 28.要认识社会生活，并择一种构成社会生活之基本的工人生活如种蒲田者、瓦匠、木匠、石匠、铁匠……的生活，详细观察，并加记载，为研究社会科学的基础。	9.每年长途旅行一次； 12.编《莲花周报》五十二期； 13.编印一年概况； 14.征集社会的批判； 15.拟第七年度的计划和生活历。

再对照观察如今核心素养(关键能力)的内容,此处亦尝试从认知能力与品格、合作能力与品格、创新能力与品格三个方面加以划分,见表 5-3。

表 5-3　生活常能的三分法

程度 生活方法	个体的生活	团体的生活
认知能力 与品格	1.每天做内体运动一次; 2.每天整洁一次; 3.每天写日记一篇; 4.每天吃开水五大碗和豆浆一大碗; 5.每天大便一次,且有定时; 6.每天看本埠和外埠报各一份; 7.每年种痘一次; 8.每年洗澡约八十次到一百次; 9.每年洗衣约八十套到一百套; 10.每年和国内外小朋友通信十二封; 11.会写字体端正的字,并且写得快; 12.会计算普通用数; 13.要认识五百个生字,并且会用; 17.能欣赏名歌名画和自然风景; 18.能画简单的构图; 19.会唱十二首新歌; 20.会弄一种乐器; 22.会打六套拳术; 24.会开留声机、电影机和无线电收音机; 25.会摄影和冲洗晒印照片; 27.会运用十种以上普通药品; 28.要认识社会生活,并择一种构成社会生活之基本的工人生活如种蒲田者、瓦匠、木匠、石匠、铁匠……的生活,详细观察,并加记载,为研究社会科学的基础; 29.要学会游泳和撑船。	

（续表）

程度 生活方法	个体的生活	团体的生活
合作能力 与品格	14.要教两个以上不识字的人认识五百个生字，做扫除文盲的基本运动。	1.每日开寅、晚会各一次（星期寅会举行纪念周）； 2.每周开周会一次； 3.每月开月终会议一次； 4.每年开纪念会一次； 5.临时集会可临时酌定，其他纪念会俱于临时会议中决定； 6.每日轮流做主席和记录； 7.每日轮流烧饭和抬水； 8.每日每人参加一种或两种生产工作； 9.每年长途旅行一次； 10.养鸡五对、狗两只； 11.捕灭蚊蝇，并懂得蚊蝇何以为人类大敌； 14.征集社会的批判。
创新能力 与品格	15.要认识环境中最易见的动植物、矿物各十种以上，并且要观察各一种以上的生长过程，以及对于人类关系； 16.要认识每晚容易看见的恒星和行星十二颗以上，并能懂得风云雨露等自然现象的成因和人生的关系； 21.会表演六种话剧； 23.会制科学玩具及动植物、矿物标本各十种以上； 26.会修理农工具及日常用具。	12.编《莲花周报》五十二期； 13.编印一年概况； 15.拟第七年度的计划和生活历。

第六章

聚焦发展核心素养的当代素质教育探索：基础教育新课程改革实验

如果说从"三育"到"五育"，从陈鹤琴到蔡元培，是聚焦学生能力发展的近代探索，那么，基础教育新课程改革实验（以下简称"新课改"）是当代中国政府主导的聚焦于学生能力发展的素质教育探索。

本章将介绍新课改的背景、目标与进程，探究新课改中的核心素养。

第一节

背景、目标与进程：近距离看新课改

本节内容引用侯晓明《我国基础教育新课程改革的回顾与前瞻》[①]一文，从背景、目标及进程三方面近距离回顾新课改。

一、新课改的缘起与动因

这次课程改革是一场由课程改革所牵动的整个基础教育体系的全面变革，有着深厚的时代背景与动因，《我国基础教育新课程改革的回顾与前瞻》一文对新课程改革的缘起动因做出如下分析。

（一）社会发展与课程功能滞后

"任何关于教育政策的讨论都应从提供社会和历史背景开始，因为我们不能离开随着时间流逝而发生的社会总体发展而孤立地理解教育。教育是要为其他社会目的服务的，所以教育的理念亦将随那些社会目的的变化而变化。"的确，此次课程改革与当前社会的变化发展高度相关。21世纪的社会是全新的社会，知识经济端倪初见，经济出现全球化，社会日益信息化，文化渐趋多元化，在这种全新的时代背景下，社会高速发展，这要求教育迅速应对，培养出适应社会发展的全新人才。为了迎接新世纪变化的挑战，占据发展的有利地位，世界各国纷纷进行针对性的各种教育变革，以抢占教育发展和人才培养上的先机，以赢取经济和科技发展的优先权，例如美国、英国、日本、韩国与我国台湾地区等都在对本国或地区基础教育的课程标准、课程目标、课程内容、课程实施、课程管理及评价等进行相应的适合各自国情或地情的改革，尽管各个国家或地区课程改革的具体思路与方法不同，但体现的基本理念却存在相同点，如"注重基

---

① 侯晓明：《我国基础教育新课程改革的回顾与前瞻》，《湖南师范大学教育科学学报》2010年第9期，第74－79页。

础学力的提高,强调信息素养的养成,注重创新精神与实践能力的培养,强调培养学生创新、开放的思维方式,注重价值观教育和道德教育,强调尊重学生个体经验,注重发展学生独立个性等。"在这样的社会时代发展的大背景下,我国也要迎接社会时代的机遇与挑战,提高我国人才培养的质量,实现中华民族的伟大复兴。然而,当前我国课程在功效上却表现出滞后于社会对人才发展的要求,如培养的人才高分低能、缺乏创新精神和独立个性、没有开放接纳的思维方式、道德素质下滑与心灵迷惘等。事实上,社会对学校课程的批判与否定之声渐渐凸显。我国基础教育新课程改革在这种背景与动因中产生。

(二)素质教育与课程运作流弊

素质教育是一种培养人的基本品质的教育,"实施素质教育,就是全面贯彻党的教育方针,以提高国民素质为根本宗旨,以培养学生的创新精神和实践能力为重点,造就'有理想、有道德、有文化、有纪律'的、德智体美等全面发展的社会主义事业建设者和接班人"。素质教育主旨要义为三点:面向全体学生、使学生全面发展、让学生主动发展。素质教育从 20 世纪 80 年代中期开始酝酿,其标志为 1985 年《中共中央关于教育体制改革的决定》提出"教育体制改革的根本目的是提高民族素质,多出人才,出好人才"。素质教育在 20 世纪 80 年代后期提出,在 20 世纪 90 年代中期示范,在 20 世纪 90 年代后期推广,其标志为《关于深化教育改革全面推进素质教育的决定》指出,"全面推进素质教育,培养适应二十一世纪现代化建设需要的社会主义新人"。素质教育从酝酿到推广有十几年,而由于课程运作实施过程中的种种弊端,素质教育不能落到实处。1996 年 7 月初,教育部基础教育司组织相关专家对九年义务教育课程实施状况进行调研,调查的主要内容涉及课程目标的落实状况、教学内容的适应性、教与学过程中的问题、考试与评价的问题等,结果发现我国九年义务教育课程实施状况确实存在背离素质教育要求的问题与弊端,如:课程目标的理想与现实产生严重的偏离;课程内容偏多偏难,要求偏高;课程结构单一,学科体系相对封闭;课程的学习方式不容乐观,学生苦于死记硬背,教师乐于题海训练的状况普遍存在;课程评价过于强调学业成绩和甄别、选拔的功能,课程管理强调统一,致使课程难以适应当地经济、社会发展的需求和学生多样化发展的需求。

因此,我国基础教育课程非改革不可。

（三）价值转型与课程旨趣单向

世纪之交,时代精神从科技工具理性向科技工具理性与人文主义价值理性融合转型,这种融合试图对科技工具理性控制与奴役人的遭遇实现超越,呼唤人性从失落走向回归,关注价值理性与精神理性,主张以人为本的思想,倡导彰显人的个性,宣扬尊重个人的价值与尊严。教育界同时也引发了科学与人文融合的大讨论,这种讨论批判教育漠视人的问题,倡导教育要实现人文关怀与科学精神融合。人是教育的存在,课程的存在是因为人的存在。在课程领域,要倡导人文关怀与科学精神融合的课程价值观:其一,课程活动中要体现"以人为本"的思想观念,要突出强调人文关怀;其二,要培养学生有广博的知识视界、独立的理性精神、勇于批判的个性精神;其三,要关注科学世界的同时还要关注学生的生活世界,要联系学生的生活经验与个人体验;其四,要调动学生的主动性,挖掘学生的创造潜能;其五,要关注学生的生命价值与人格尊严。然而,现实的课程旨趣还是科技的工具理性单向主导,课程指向是知识数量多少的获得而遗忘了课程空间的有限,课程指向知识深度、难度而忽视了学生能力、个性的制约,课程是为学生未来的生活作准备而不是为了学生的当下生活,这种课程视学生为被动接受知识的容器,是一种目中无人的课程,是一种单向度旨趣的课程,培养出来的人将可能成为一种单向度的人。正如郝德永所言:"教育活动的出发点只局限于低层次的认知领域,缺乏高层次的情感、态度、思维、行动等方面的依据,诸如创造性、社会责任感、批判性思维、问题解决能力等现代人才必备的重要素质,明显缺乏培养平台与机制,使教育只能批量生产规格相同的'单向度人'。"可见,时代价值转型与课程旨趣单向的矛盾也是基础教育新课程改革的重要缘起与动因。

二、课程改革的目标[①]

为贯彻《关于深化教育改革全面推进素质教育的决定》和《关于基础教育改

---

① 教育部:《基础教育课程改革纲要(试行)》,2001 年 6 月 8 日,http://www.moe.gov.cn/srcsite/A26/jcj_kcjcgh/200106/t20010608_167343.html.

革与发展的决定》,教育部决定大力推进基础教育课程改革,调整和改革基础教育的课程体系、结构、内容,构建符合素质教育要求的新的基础教育课程体系。

1.基础教育课程改革要以邓小平"教育要面向现代化,面向世界,面向未来"和江泽民"三个代表"重要思想为指导,全面贯彻党的教育方针,全面推进素质教育新课程的培养目标应体现时代要求。要使学生具有爱国主义、集体主义精神,热爱社会主义,继承和发扬中华民族的优秀传统和革命传统;具有社会主义民主法治意识,遵守国家法律和社会公德;逐步形成正确的世界观、人生观、价值观;具有社会责任感,努力为人民服务;具有初步的创新精神、实践能力、科学和人文素养以及环境意识;具有适应终身学习的基础知识、基本技能和方法;具有健壮的体魄和良好的心理素质,养成健康的审美情趣和生活方式,成为有理想、有道德、有文化、有纪律的一代新人。

2.基础教育课程改革的具体目标(体现为"六大改变"):

改变课程过于注重知识传授的倾向,强调形成积极主动的学习态度,使获得基础知识与基本技能的过程同时成为学会学习和形成正确价值观的过程。

改变课程结构过于强调学科本位、科目过多和缺乏整合的现状,整体设置九年一贯的课程门类和课时比例,设置综合课程,以适应不同地区和学生发展的需求,体现课程结构的均衡性、综合性和选择性。

改变课程内容"繁、难、偏、旧"和过于注重书本知识的现状,加强课程内容与学生生活以及现代社会科技发展的联系,关注学生的学习兴趣和经验,精选终身学习必备的基础知识和基本技能。

改变课程实施过于强调接受学习、死记硬背、机械训练的现状,倡导学生主动参与、乐于探究、勤于动手,培养学生搜集和处理信息的能力、获取新知识的能力、分析和解决问题的能力,以及交流与合作的能力。

改变课程评价过分强调甄别与选拔的功能,发挥评价促进学生发展、教师提高和改进教学实践的功能。

改变课程管理过于集中的状况,实行国家、地方、学校三级课程管理,增强课程对地方、学校及学生的适应性。

三、策略与进程

我国基础教育新课程改革于 2001 年正式启动。此次课程改革致力于六个方面的转变,为了实现这些转变,新课程改革重建了课程结构,强调基础教育课程的综合性、选择性和均衡性。

1. 基础教育新课程改革的策略

为了顺利推进和扎实落实,2003 年 6 月 28 日《中国教育报》撰文指出,此次课程改革采取以下策略:

(1)从政策方针层面看,倡导"民主参与和科学决策"。

一方面,基础教育课程改革要建立教育部门、教师、学生、家长以及社会各界广泛参与的有效机制;要积极发挥新闻媒体的作用,扩大社会各界讨论的机会,引导公众关心和支持基础教育课程改革;要健全家长委员会和社区共同参与学校课程改革的机制。另一方面,教育部设立基础教育课程教材发展中心作为国家级课程改革的常设组织机构,并在部分师范大学建立"教育部基础教育课程改革研究中心",同时组成由课程专家、学科专家、教育专家以及教育实践工作者共同参加的基础教育课程改革专家工作组,承担相关课程改革任务,提供相关信息和决策咨询指导服务。

(2)从推进方式层面看,坚持"先立后破、先实验后推广"。

一方面,各省(自治区、直辖市)建立课程改革实验区,积极开展新课程的实验。实验区将分层推进,滚动发展,发挥示范、培训和指导的作用。另一方面,在改革条件尚不具备的地区仍可执行现行课程方案。教育部要组织力量修订现行教学大纲、教材,积极推进教学改革,为过渡到新课程体系做好充分准备。

(3)从支持系统层面看,实现经费保障与师资支持。

在经费保障方面,为了保证新课程改革的实验与推进的经费支持,教育部在"跨世纪素质教育工程"中已经列出专项经费用于支持课程改革实验的实施,各级政府和教育主管部门承担课程改革的领导、组织和协调的职责,比照国家级专项,相应划拨地方基础教育课程改革专项经费,并建立有效的监督机制。在师资保障方面,为了保证新课程改革的实验与推进的师资支持,要加强对与课程改革实验有关的中小学校长、教师、教育行政部门有关干部和教育科研人员的培训;对接师范院校的课程改革与基础教育课程改革;实现中小学教师继续教育工程同课程指导纲要的实施有机结合;通过实行教师资格制度和教师职务聘任制,引入竞争机制并拓宽教师来源渠道。

2.基础教育新课程改革的进程

新课程改革进程有以下三个阶段:酝酿准备阶段、实验推广阶段、全面实施阶段。

第一阶段:酝酿准备(义务教育 1996－2001 年、普通高中 2001－2003 年)。1996 年 7 月,教育部组织 6 所大学与中央教科所的课程专家对义务教育课程实施情况进行调查。1998 年,教育部组织教育理论工作者进行广泛的国际比较研究,在现状调查和国际比较的基础上明确了我国基础教育课程改革的基本理念,开始起草《国家基础教育课程改革纲要》。2001 年 5 月,教育部组织各类专家和教师对义务教育阶段课程标准进行审议,制定了 18 科课程标准实验稿,经审查通过 20 个学科(小学 7 科,中学 13 科)的 49 种中小学新课程实验教材。与此同时,关于课程管理政策、评价制度、综合实践活动的研究,均已取得阶段性成果。2001 年 6 月,通过广泛讨论和反复修改,经教育部党组审定,《基础教育课程改革纲要(试行)》[以下简称《纲要(试行)》]颁布。2001 年 5 月,普通高中新课程的研制工作全面启动。2002 年形成新的普通高中课程结构与管理制度,完成普通高中各学科课程标准(实验稿)的起草工作,2003 年开始组织高中新课程的实验推广工作。

第二阶段:实验推广(义务教育 2001－2004 年、普通高中 2003－2008 年)义务教育课程改革的实验推广进程如下:2001 年秋季,义务教育各学科课程标准(实验稿)及新课程实验教材在 38 个国家课程改革实验区试用,基础教育课程改革进入试点实验阶段;2002 年开始启动省级实验区课程实验,按照教育部的部署,由省(自治区、直辖市)负责选择、组织与落实。2002 年全国共启动 520 个省级实验区,有 18%的县(区)使用新课程,平均每个省份有将近 18 个实验区。2003 年,又有 910 多个省级实验区启动课程实验,占全国县(区)的 32%。2002 年和 2003 年两年共有 1400 多个省级实验区进行课程实验,占全国县(区)

的 50% 左右。到 2004 年，全国有 90% 的县（区）的起始年级使用新课程。

高中课程改革的实验推广进程如下：2004 年秋季，广东、山东、海南和宁夏四个省（自治区）进入普通高中新课程实验；2005 年秋季，江苏省进入普通高中新课程实验；2006 年秋季，福建、浙江、安徽、天津、辽宁等五省（直辖市）进入普通高中新课程实验；2007 年，北京、湖南、黑龙江、吉林、陕西五个省（直辖市）进入高中新课程实验。2008 年，江西、山西、河南、新疆维吾尔自治区、新疆生产建设兵团和上海开始进入高中新课程实验。到 2008 年共有 21 个省（自治区、直辖市）使用新的高中课程，有三分之二的省份进入了高中新课程实验。

第三阶段：全面实施（义务教育 2005 年始，普通高中 2010 年始）。2005 年秋季，义务教育阶段各起始年级的学生（个别地方除外）进入新课程，这意味着义务教育课程改革进入全面实施阶段。2005 年以后，义务教育课程改革逐步常态化，开始步入评估反思、修订阶段。《关于 2007 年推进普通高中新课程实验工作的通知》要求到 2010 年高中新课程在全国全面推行，要求没有进入高中新课程的省份做好高中新课程实施规划和各项前期准备工作。2014 年，基础教育二司司长郑富芝指出，党的十八届三中全会《中共中央关于全面深化改革若干重大问题的决定》进一步明确了坚持立德树人的有关要求，我们要认真学习贯彻，以全面深化基础教育课程改革为切入点，将立德树人根本任务落到实处。他指出，要准确把握改革的总体要求：一是深刻领会新精神。二是认真理清深化改革的思路。三是进一步明确改革的目标和任务。①

为主动适应新时代、新形势的要求，教育部基础教育课程教材发展中心（以下简称"课程教材中心"）与部分具有强烈改革意愿的地方政府和教育部门合作建设基础教育课程改革实验区，开启了全面深化课程改革的新篇章。截至 2017 年底，课程教材中心已与六个省市的十余个地市或县（市、区）开展合作建立了实验区。通过规划引领、处室包靠、专家指导、项目带动、骨干研修、交流培训、经验推广等一系列行之有效的工作机制，系统指导实验区先行先试进行课程改革。目前，基础教育课程改革实验区已逐渐成为全国课程教学改革的创新

---

① 郑富芝：《全面深化基础教育课程改革》，《中国教育报》2014 年 1 月 13 日。

提升基地,成果经验创造和推广基地,决策咨询建议基地和专家人才培养成长基地,在基础教育战线充分发挥了示范和引领作用。[1]

2021 年 4 月,教育部基础教育课程教材发展中心、课程教材研究所主办的"2021 年实验区联席工作会议暨徐州实验区课程教学改革成果展示交流会"在江苏省徐州市召开。据了解,基础教育课程改革实验区目前已发展到 17 个。[2]

新课改,方兴未艾。

第二节

新课改中的核心素养

新课改体现出的课程理念与核心素养高度一致。钟启泉等梳理了一些国家的课程改革经验,认为,课程改革(包括我国)体现出如下的课程理念。[3]

1.注重基础学力的提高

为适应学习化社会的需要,提高儿童的基础学力仍然是各国课程改革首要的关注点。读、写、算能力和信息素养等是未来公民所不可或缺的,基础学力是儿童适应未来社会的前提,是开展终身学习、促进自身的完善与发展的基础。使儿童具备基础学力是课程改革首要的目标。例如,德国巴伐利亚州课程改革指导思想是,向成长着的一代传授广泛的、出色的、综合的基础知识,培养学生终身学习的能力和关键素养,包括问题解决能力、迁移能力、灵活性、交际能力、合作能力、创造性能力、自主性和可信性;北威州的课程改革理念则强调对成长

---

① 《基础教育课程改革实验区联席工作会召开》,《中国教育报》2021 年 4 月 28 日。
② 基础教育课程资源网:《基础教育课程改革实验区情况简介》,https://coursechina.cn/zone/introduction.html.
③ 钟启泉等:《为了中华民族的复兴,为了每位学生的发展:基础教育课程改革纲要(试行)解读》,华东师范大学出版社,2001,第 22 页。

着的一代进行广泛的、集中的本质性教育,培养他们具有成熟的对社会负责的个性,向他们传授能整体地认识世界和建立整体观念的基础知识,使他们具有基本的能力和技巧。英国新实施的国家课程以提高基础学力为基本方针。从提高学生基础学力的立场出发,新课程特别强调要加强对本国语和数学的学习指导。在中学的本国语教学中,特别重视阅读能力的培养。在小学,英国政府推行了"国家读写战略"和"国家计算战略",统称为"国家基础学力战略",从1999年9月开始实施。该战略确定的学力目标是,读写方面,到2002年,80%的11岁儿童,其语文水平达到该年龄阶段儿童应达到的标准;计算方面,到2002年,75%的11岁儿童,其计算水平达到要求的标准。日本则提出了"生存能力"的概念,把培养"生存能力"作为教育改革的基本方向。"生存能力"包含了儿童适应社会的一些基本的素质和技能以及伦理道德精神等。

2.信息素养的养成

这方面是各国对信息社会到来所做出的反应。为迎接信息时代的挑战,适应信息化社会,从浩瀚的信息海洋中获取必要的信息,儿童必须具备相应的信息素养能力。因此,信息素养的养成成为各国课程改革的另一热点。例如,美国新泽西州要求所有学生学会使用信息技术和其他工具。在英国,为全面提高学生的信息和交流技术能力,在新的国家课程中,将以前的"信息技术"改为"信息和交流技术"(简称ICT)。这门学科旨在为学生有能力参与快速变化的世界生活做准备,学生可以运用ICT工具创造性地发现、探究、分析、交换、提供信息,学会如何使用ICT迅速地从社区、文化中获得思想和经验;还要求在数学、理科、历史以及其他所有学科的教学中也要根据具体内容,加强对学生信息和交流技术的指导。在日本,1998年6月公布的新的课程方案将"信息科"作为高中普通科的必修科目,以适应计算机、网络的普及所带来的信息社会的变化。日本计划1999年实现小学两人一台,初中、普通科高中一人一台教育计算机;2003年所有小学联上互联网;等等。

3.创造性与开放性思维的培养

全球化社会的发展要求人们具备创新精神与开放性思维,需要与世界各地的人们进行交流。因此,各国课程改革都强调创造性与开放性思维的培养,认为教育应该培养胸襟开阔、能够站在全球化视野考察问题并创造性地解决问题的公民。例如,日本在 2000 年 3 月召开教育改革国民会议,会议主席江崎玲于奈呼吁,日本需要拥有"以丰富的想象力、预见力为基础的,创造新思想、新方法的能力","今后,如何培养创造力是教育改革的重大课题"。在这方面,为适应国际化的发展,外语教学成为课程改革的一大热点。美国新泽西州则要求所有学生都具备批判性思维、决策和解决问题的技能。还有,跨文化的理解与世界大同意识也是开放的时代所必需的。随着国际交流的日益发展,对别国文化的尊重、认同和欣赏显得越来越重要。教育应培养儿童对各种文化的理解,课程改革也需强调跨文化意识。

4.强调价值观教育和道德教育

文明的进步要求世界公民素质的普遍提升,但科技的发展在给人类带来进步的同时也带来了负面的影响,物质生活的充实并不能代表精神世界的充实,经济的发展并不能避免价值观的失落与道德沦丧。因此,各国课程改革普遍注重教育的道德文化层面,强调儿童价值观教育和道德教育。例如,英国在 1999年 9 月 9 日颁布的课程改革方案中明确提出,学校教育应该反映有利于达成促进机会均等、形成健康和公正民主、生产经济和可持续发展基本目的的永恒价值,包括自身、家庭及相互关系,学生所属的更广泛的群体、社会的多样性及生存的环境,并肯定了对真理、正义、诚实、信任、责任感等美德的信念。日本"生存能力"的概念也关注价值观教育和道德教育,认为"生存能力"不仅是理性的判断力和合理精神,也包含对美和自然的感受力,爱善憎恶、崇尚公正、珍惜生命、尊重人权、理解和关怀他人以及参加志愿者活动等道德伦理精神和社会奉献精神。

5.尊重学生经验、发展学生个性

教育是儿童的教育,课程是儿童的课程,教育向学生生活世界的回归受到一些国家课程改革的关注。这就要求尊重儿童经验,把儿童从大人世界的控制下解放出来,把儿童的教育交到儿童的手中。例如,德国北威州的课程纲要规定帮助学生形成成熟的对社会负责的个性,包括:第一,形成每个学生独特的能力;第二,树立社会责任感;第三,建立民主社会理念;第四,培养基本价值观;第五，参与文化活动；第六，在职业和劳动界从事活动的责任。在日本，长期以来人们批评日本的教育渗透了太多的集团主义的东西而忽视了个性的发展。因此，新的教育改革方案提出了尊重个性，重视个性发展的教育原则。在课程设置上，小学阶段实施以生活为中心的合科课程，如小学低年级的手工图画、社会科、生活科等。

信息素养、创造性思维、价值观教育，这些都是核心素养体系的题中应有之义。

《纲要（试行）》指出：新课程的培养目标应体现时代要求。要使学生具有爱国主义、集体主义精神，热爱社会主义，继承和发扬中华民族的优秀传统和革命传统；具有社会主义民主法治意识，遵守国家法律和社会公德；逐步形成正确的世界观、人生观、价值观——具有社会责任感，努力为人民服务；具有初步的创新精神、实践能力、科学和人文素养以及环境意识——具有适应终身学习的基础知识、基本技能和方法；具有健壮的体魄和良好的心理素质，养成健康的审美情趣和生活方式，成为有理想、有道德、有文化、有纪律的一代新人。这是彼时的目标。要体现时代要求，新课改的具体培养目标应与 21 世纪核心素养的诉求一致。这从郑富芝在《中国教育报》发表的《全面深化基础教育课程改革》一文中得到佐证。文章指出，全面深化基础教育课程改革，要着力抓好改革的主要环节。首要环节就是研究制定学生发展核心素养体系。要把对学生德智体美全面发展总体要求和新时期立德树人目标具体化、细化，系统回答"培养什么样的人"的问题。突出强调个人修养、社会关爱、家国情怀，更加注重自主发展、合作参与、创新实践。要将具体的品格和能力要求贯穿到各学段，融合到各学科，落实到教育教学的全过程，最后体现在学生身上。

综上所述，不仅可以看到新课改课程理念与核心素养的一致，而且，全面深化课程改革的重要一环就是研究制定学生发展核心素养体系，新课改是聚焦发展核心素养的素质教育探索。

第七章

聚焦发展核心素养的当代素质教育新探索:"生活·实践"教育

新课改是政府主导的聚焦发展核心素养的素质教育探索,现今仍在不断推进和升级。"生活·实践"教育继承与发展陶行知的生活教育学说,是专家、学者、学校在自发探索过程中形成的聚焦发展核心素养的民间方案。"生活·实践"教育是源自实践的民间智慧,与新课改一道,是聚焦发展核心素养的教育改革的中国方案之一。

第一节

继承与发展：从生活教育到"生活·实践"教育

陶行知是中国近现代著名教育家，2021年是陶行知130周年诞辰。他在短暂的一生中给中国教育做出了重大贡献，在国内外享有很高的声誉。美国知名教育学教授戴维·汉森在《教育的伦理视野——实践中的教育哲学》一书中将陶行知列为世界最具影响力的十大教育思想家之一，对陶行知的教育地位给予了充分的肯定。毛泽东、周恩来、朱德等对陶行知的评价都非常高，毛泽东称其为"伟大的人民教育家"。习近平总书记在教师节以及全国教育大会上多次提到陶行知，引用其名言。2021年全国"两会"期间，他在看望出席全国政协会议的医疗卫生界、教育界委员时，在座谈会上，再次希望老师们要学习陶行知"'捧着一颗心来，不带半根草去'的精神，当好人民教师"。可见，中国共产党领导人对陶行知的评价是一以贯之的，而且特别强调今天要继续学习陶行知、弘扬陶行知的教育学说、思想与精神。

一、陶行知教育思想的时代遗产

陶行知留给20世纪的时代遗产主要体现在事业、思想、人格和精神四方面。其中，在思想上，陶行知提出了生活教育的三大原理，即"生活即教育""社会即学校""教学做合一"，以及相关教育主张。

"生活即教育"有四层含义：生活含有教育的意义、教育以生活为中心、生活决定教育、教育改造生活。整个的生活要有整个的教育，而且"到处是生活，即到处是教育；整个的社会是生活的场所，亦即教育之场所"①。生活和教育不是等同的，陶行知用"即"是为了强调后者特殊的、重要的地位和作用，并不是把两

---

① 华中师范学院教育科学研究所主编《陶行知全集》（第二卷），湖南教育出版社，1985，第633－634页。

者画等号。20 世纪 80 年代改革开放初期,曾有知名教育学家批评陶行知把生活和教育画等号,这种观点是从形式上看问题的,并没有从实质上看问题。陶行知从来不是把生活和教育画等号,而是强调生活和教育的一致性、相通性以及生活在教育中的重要地位。相反,教育也可以改造生活,这就是教育的特殊性。

"社会即学校"有四层含义。社会含有学校的意味,并非一个独立存在的场所。学校也含有社会的意味,学校要吸纳社会的东西,这是杜威的观点,不过陶行知把杜威的观点放在后面。学校与社会有着密切的关系,"学校生活是人的社会生活的一个特殊组成部分,学校教育也是生活教育的一个特殊组成部分"①。同样,学习、工作的开展要依靠社会的同时也要注意通过社会途径进行,不仅在校园里学习,还要在社会这个大场所里开展教育,学校也有推动、服务、促进社会发展的作用。

"教学做合一"。陶行知认为不要简单地把"教学做合一"理解为方法论,主要是方法论,但不限于方法论。它有三层含义:做是教学的中心、在做中学、在劳力上劳心。其中,"劳力上劳心"就是把自己在做劳力过程中积攒的经验理论化,即从事一番脑力劳动。由此,陶行知特别强调要亲自去做。他还指出,这种"做"不同于狭义的"做",而是包含广泛意味的生活实践的意思,是人类生活中一切有意义的活动。② 这一观点,由于受杜威经验论的影响也存在不足之处。我们不是以杜威的经验论,而是以马克思的实践论作为"生活·实践"教育的基础,因为马克思的实践论比杜威的经验论更为科学、坚实、可靠。

陶行知的生活教育学说是以生活作为逻辑起点,以生活、教育、社会、学校、教学作为主要范畴,以"生活即教育""社会即学校""教学做合一"为主要命题的三大原理,同时又以民主教育、科学教育、乡村教育、师范教育、民族教育、创造教育、终身教育为生活教育学说的主张。逻辑起点、若干范畴和若干重要主张构成了陶行知的学说。

---

① 项贤明:《论生活教育与学校教育的逻辑关系》,《教育研究》2013 年第 8 期,第 4—9 页。
② 华中师范学院教育科学研究所主编《陶行知全集》(第二卷),湖南教育出版社,1985,第 623 页。

教育学界普遍认为中国近现代教育家中思想最全面、最丰富、最深刻、最有战略眼光的是陶行知。陶行知从战略高度出发思考中国教育的重大问题、根本问题，提出了诸多方面的主张。他的实践涉及家庭教育、学前教育、义务教育、职业教育、高等教育、师范教育、乡村教育、成人教育乃至终身教育等，其终身教育思想从 20 年代开始探索，最后在《全民教育》一文（中英文稿均有）中有比较成熟的休现。该文对终身教育的理解比国际上公认的法国人保罗·朗格朗的提出早二三十年。陶行知生活教育的宗旨是培养真善美的"活人"，培养学生的生活力。他最初提出的生活力有 3000 种，基本无所不包，后来发现生活力的概念过于宽泛，因此又在此基础上把生活力压缩便提炼成 70 种生活力。上述提法再压缩便形成了初级常能和高级常能的概念，这一概念引申到素养当中，基本素养就是初级常能，核心素养就是高级常能。笔者在《核心素养的中国表述：陶行知的"三力论"和"常能论"》一文中，把它概括为"常能论"。[①]

二、陶行知生活教育学说的当代演进

陶行知有很多思想是富有前瞻性的，诸如为了改变生活与教育的脱节、学校与社会的脱节、教学与实践的脱节，尤其是为了改变异化了的教育宗旨，陶行知提出要对学生实行六大解放：解放学生的眼睛、解放学生的头脑、解放学生的双手、解放学生的时间、解放学生的空间、解放学生的嘴巴。因此，他的生活教育学说达到了 20 世纪上半叶教育思想的高峰，给我们留下了宝贵的实践遗产，值得我们学习和借鉴。

首先，探索"生活·实践"教育的源头和开展教育探索研究的起点要以近代以来中国伟大教育家们探索的方向为主，如果不在他们已经开辟的方向上去前进，我们的教育改革就会走弯路，就会迷失方向。陶行知的方向就是今天我们中国教育改革的方向，如果不把握住这一起点，今天的教育改革就会徒劳无益，甚至带来很大的副作用。

---

① 周洪宇：《核心素养的中国表述：陶行知的"三力论"和"常能论"》，《华东师范大学学报（教育科学版）》2017 年第 1 期，第 1—10 页。

其次,继承与发展生活教育是历史赋予 21 世纪中国教育工作者的神圣使命。从不同的角度来看,有以下三个方面:第一,时代不同。陶行知生活的时代是农业社会向工业社会转型期,当时四万万五千万人口中,农民占 85% 以上。我们今天已经是工业社会,而且是工业社会的晚期,是从工业社会向信息社会甚至向智能社会的转型之际。当年陶行知生活的时代,面对的任务和我们现在有很大的不同。因此这是我们要继承和发展陶行知思想的重要的原因。第二,社会不同。正如毛泽东同志在《中国革命与中国共产党》《新民主主义文论》中所讲,陶行知先生当年是生活在半殖民地半封建社会;而今,我们正处于建设社会主义现代化强国之时。第三,教育不同。当年的教育还十分落后,陶行知时代 95% 以上是文盲,到陶行知生活的晚期还有 90% 左右的文盲。新中国成立早期仍存在 90% 的人没有接受教育,而今我国义务教育的普及率是 100%。当年的高等教育毛入学率仅为 2%,据教育部最新统计,2020 年已达到 54.4%,跨入普及化阶段。

学习和继承陶行知最好的办法就是发展,而不是简单地把陶行知的思想、论断拿来做实验以验证这句话的正确性。发展是对陶行知教育学说最好的继承,真正的继承不是表面的、形式的继承,而是全面的、再生的、创新性的阐述。如果仅仅是从表面上、浅层次地去接受,那是对陶行知精神的背叛或误解。所以我们今天要像我们前人所做的那样,既要继承又要发展。

三个相同是发展陶行知教育思想的理由。陶行知当年面临着教育与生活的脱节、学校与社会的脱节、教育与实践的脱节,这一情况到今天还存在。再往前面追溯,我们可以发现从整个人类的教育发展史来看,第一次教育革命是我们人类教育史上的巨大的进步,但是又导致了三个脱节问题,进步的同时就是以牺牲作为代价的。在第二次教育革命期间,出现了班级授课制,对学生的培养是批量化、规模化的。进入信息和人工智能阶段,准备进行第三次教育革命。在第三次教育革命期间,所有的教育家、思想家都面临着教育的三个脱节问题,而且都是从解决三个结合的角度来入手。从裴斯泰洛齐到斯宾塞到杜威再到陶行知,这些伟大的教育家、思想家都抓住三个结合这条线索来提出理论、开展实践。他们没有偏离方向,他们的道路非常正确。因此当下的教育改革就是要解决三个结合问题,"生活·实践"教育正是弥补这一弊端的重要手段。

三、"生活·实践"教育的基本内涵

"生活·实践"教育究竟从陶行知生活教育里面继承和发展了什么？一是"生活·实践"教育在写法上运用了一个中圆点,代表着这并不是并列的生活实践教育,生活、实践是两个重点,与现在讲的生活实践教育是不同概念。生活教育强调的是生活,实践教育是以马克思的实践观为理论基础的新时代的实践教育。我们把陶行知的生活教育和今天的新时代的实践教育用中圆点结合起来,这说明它的是一个复合词,说明它含义、来源、意义都来自两个方面。

"生活·实践"教育继承了陶行知生活教育学说的三大原理,并且将其发展为六大原理:生活即学习、生命即成长、生存即共进、世界即课堂、实践即教学、创造即未来。"生活即教育""社会即学校""教学做合一"是陶行知的独创思想,但今天我们要根据这个时代、社会、教育的需要,在它的基础上继续往前走,要深化、要发展。

第一,生活即学习。教育是一种有计划、有组织培养人的实践活动,"生活即学习"指个体通过学习由不会到会、由不懂到懂,掌握知识和技能、发展情感和价值观的学习过程。二者分别以整体和个体为立足点。当今我们由一个教育时代走向一个学习时代,更加强调主体在教育和学习当中的作用。教育和学习都很重要,教育依然存在,我们不否定教育,而是更加注重学习的过程。生活即学习有三层意义,生活具有学习的意义,生活本身就是一种学习,人们在学习中生活,也在生活中学习;学习以生活为中心、为途径、为目的,通过生活来进行,为了当下和未来的美好生活作准备;生活决定学习的目的、内容、课程、教材、方法、手段、组织形式、管理方式等。生活决定学习,生活是我们学习的出发点和归属。生活与学习相互促进、相互影响。在生活中提升学习质量,在学习中提升生活品质。

第二,生命即成长。"生命即成长"也有三层含义:首先,生命是人的自然生命的成长;其次,生命还是人的社会生命的成长;最后,生命还是人的精神生命的成长。我们过去只是注意到人的自然生命,没有注意到人的社会生命,更加

忽略了人的精神生命。在"生活·实践"教育理念里面，必须高度关注人的生命的三个成长，强调"生命即成长"，就是要去关爱学生、理解学生、尊重学生、保护学生，让学校和社会为学生生命的成长提供良好的环境，推动学生三重生命的健康成长。

第三，生存即共进。生存不是一个平和的博弈游戏，不是你死我活、非此即彼的关系，而是提倡共赢。"生存即共进"也有三层意思：其一，生存是一种个体自身和谐共进的生存；其二，生存是一种社会群体和谐共进的生存，其最高追求是人类命运和谐共进的生存，也就是习近平总书记讲的要建构一种人类命运共同体；其三，生存还是一种人与自然和谐共进的生存。"生存即共进"，落实到教育上，就是注重学生个体的自身和谐发展，关注学生、教师与社会群体的和谐发展，关注学生、教师与自然界的和谐发展。

第四，世界即课堂。"世界即课堂"有三层意思：一是世界本身是一个大课堂、大的学习场所。整个人类世界，不管是人类社会还是自然界，都是一所大课堂、大学校、大的学习中心。根据这一点，我们学习的场所和环境不只有正规的、正式的学校，还有非正规、非正式的人类社会和自然界，处处是课堂。我们要善于在这样一个大的人类社会的和自然界的空间环境里来学习和提高自己。二是课堂含有世界的意味，在课堂里要把人类社会和自然界的事物移进来，让学生了解和掌握。三是世界与课堂是相互关联、相互影响的，彼此不能脱离。

第五，实践即教学。"实践即教学"有三层含义：其一，除了学校的认知性教学以外，还有社会性的实践教育，实践也是教学的途径和方式。在"生活·实践"教育中，实践教学的地位不可忽视。其二，教学要注重以实践为形式、手段和途径。其三，辩证看待实践性教学和认知性教学之间的关系，两者不是对立的，而是互补的。

第六，创新即未来。创造在陶行知的生活教育里面占有非常重要的地位，为此他还专门写了《创造宣言》，其思想到晚年愈发成熟。陶行知对创造有很多研究，如创造的儿童教育、创造的民主教育、创造宣言、创造年献诗等，从诗歌到散文到论文，无不体现着关于创造的研究。"创新即未来"包含着三层含义：一是创新是教育的未来。未来的教育离不开创新。没有创新，教育将停滞不前；

二是创新是国家和民族的未来。离开创新,国家和民族将失去活力,陷于僵化;三是创新是人类的未来。人类只有不断创新,人人都是创新者,成为创新的主体、实施者,人类才能不断进步。

四、"生活·实践"教育的核心要义

生活力、自动力、创造力的培养是陶行知生活教育理论和创造教育理论的题中应有之义。抑或说,生活教育和创造教育的根本宗旨是生活力、自动力、创造力的培养。论述生活力、自动力、创造力思想产生的背景,不得不谈生活教育思想和创造教育思想的产生背景。陶行知所提倡"三力",其中,生活力为基础,自动力为引导,创造力为关键。在新时代,我们把"三力论"发展为"六力论"。1997 年经合组织在全球倡导核心素养,如今联合国教科文组织倡导全球胜任力。随着社会的进步,涌现出了许多新的理念和思想,这些现在都应该也完全可以融入"三力"中并将其发展为"六力"(生活力、实践力、学习力、自主力、合作力、创造力)。

第一,生活力是"生活·实践"教育的第一因素,是"生活·实践"教育的基础和前提。生活力指适应、改造现代社会生活该有的力量。伴随着社会发展需要的变化,生活力所涵盖的能力亦呈多样化发展趋势。具体而言,生活力至少包括生存力、生计力、学习力、演说力、交往力等多种,后来其中的一些能力逐渐分解独立出来。

第二,实践力,就是实践能力,习近平总书记特别强调实践育人,注重社会实践,注重在社会实践中培养锻炼人的各种能力,所以要把实践力单独提出来。

第三,学习力,即经合组织所倡导核心素养里的认知能力,包括好奇心、想象力、语言运算、批判性思维等。新时代,学校教育要落实以学会学习为导向的学习力培养,一要根据培养目标建构多元整合的课程体系;二要引导学生进行自我选择、自我发展,发挥学生的主体性特点,积极推进分层制、走班制、选课制、线上与线下有机结合等教学模式;三要注重教师对学科学习力的研究,发挥教师的主导性特征,促进学生在能力培养中学会学习。

第四,自主力。自主力由陶行知提倡的自动力发展而来,包括自理力、自治

力、自制力、自动力等,联合国教科文组织等各种国际组织都特别注重培养学生的自我管理能力。谢维和教授在《中国教育报》上专门就学生的自主力培养发表过一篇文章,他认为所有的教育和学习最关键的在于培养学生的自主力。

第五,合作力。合作力是核心素养的重要内容,也是陶行知提出的注重集体生活、共同生活。合作学习不仅提高了学生学习的主动性和对学习的自我控制,也促进了学生间良好的人际合作关系。在教学中,不仅要给学生提供更多的合作学习的机会,更应该积极促进学生合作意识和合作技能的训练,使他们在这个大课堂中,更多地体验互相帮助、共享成果的快乐,切实让我们的学生在充满合作机会的个体与群体的交往中,学会沟通,学会互助,学会分享,学会生存。

第六,创造力,这是陶行知着重提出的。改革和创造,是陶行知培养"真人"的出发点和着力点。[1] 他曾提出:"解放出来的力量要好好地用,用在创造上,创造新自己,创造新中国,创造新世界。"[2]而今时代不断发展,在当前强调实践创新的新时代背景下,教育者更要把握生活教育的时代特征,鼓励师生在日常的、生活的教育行为中培养创造力。教育者必须清楚脱离生活之根的知识教育有着很大的问题,"这种教育往往只能提供死的知识,而创新在很大程度上需要的是活的知识"[3]。用陶行知的原话来说,就是"学校有死的有活的,那以学生全人、全校、全天的生活为中心的,才算是活学校。死学校只专在书本上做功夫。介于二者之间的,可算是不死不活的学校"[4]。因此,我们不仅要注重培养学生在科学研究层面的创造力,还要关注学生在艺术创造、学问创新等方面的创造力。创造力并非一成不变,而是与教育息息相关。

陶行知的生活教育理论强调"千教万教教人求真,千学万学学做真人",即教育要培养的是在德、智、体、美、劳等方面全面发展且具有创造精神的人。要

---

[1] 陈晴、董宝良:《陶行知"真人"教育的基本内涵及其育人价值》,《教学与管理》2015 年第 9 期,第 4—7 页。

[2] 中国陶行知研究基金会:《为中国教育改革探路》,江苏教育出版社,1988。

[3] 孟建伟:《教育与生活——关于"教育回归生活"的哲学思考》,《教育研究》2012 年第 3 期,第 12—17 页。

[4] 陶行知:《我之学校观》,《教育观察(中下旬刊)》2013 年第 2 期,第 86—87 页。

求"心、手、脑"并用,真善美合一。可以说,生活教育理论是近代中国最有创造力和影响力的教育理论,也是最具中华特色的本土教育理论。日本知名教育史学家、中国研究所前所长、东京专修大学教授斋藤秋男指出,"陶行知不仅是属于中国的,也是属于世界的"。陶行知已然成为中国的一张名片走向世界,并继续对"后发国家"的教育改革起着重要的影响与指导作用。而"生活·实践"教育是针对当前教育存在的弊病提出来的。

"生活·实践"教育以马克思主义的实践哲学、陶行知的生活教育思想为理论基础,积极探索实践育人方式变革,是源于生活与实践的教育,是通过生活与实践来实施的教育,也是为了生活与实践的教育。经过十余年的理论积淀与实践探索,本部分内容旨在厘清"生活·实践"教育的内涵、明确"生活·实践"教育的原理、探索"生活·实践"教育的意蕴,既是为了深度阐述"生活·实践"教育"是什么"的问题,也是为了具体阐明"生活·实践"教育"何以为"的问题。

五、"生活·实践"教育的时代意义

"生活·实践"的视野不同于历史·经验的解释范式,而更为强调在教育与生活、教育与实践的关系框架中理解教育的起源与根本价值。生活与实践本是一体两面,教育的生活逻辑与实践逻辑也并非相互排斥的,而是相容、相包的。因此,从生活与实践的视角出发,去解构和重构教育的本质与目的、去形塑对教育理解的全新认识、去思考现实中人的价值和意义回归,便是"生活·实践"教育的内涵所在,即教育源于生活与实践、教育通过生活与实践、教育为了生活与实践。

(一)教育源于生活与实践

一是生活是人生存与发展的核心场域。人民对美好生活的向往与追求是生存的基本诉求,对优质教育的向往与追求既是美好生活的部分内容也是获得美好生活的主要途径。回归生活世界是现代哲学的重要导向。哲学从根本上是生活中的人的生存意义的澄清。从这个意义上讲,个体的生活世界是哲学研究的本质性基础。而在人的生活世界中,历史性地凝结成人的各种活动的教育意味,推动人自发地左右其生存方式,便是教育的任务。"教育要引导学生求真、寻善、向美，以促进生命不断成长、不断超越现实和生成新的自我。教育既源于生活又高于生活，并在过程中引导学生抛弃当下的现实利益去感悟人生的意义所在和追求生命价值的提升。"[1]可以说，没有生活，就没有教育，就没有一切。因此，回归生活，既是现代哲学的本质指向，也是教育本身的意义指向。

二是实践是人全面发展的根本方式。个体通过实践认识世界，认识来源于实践。随着实践哲学的"复兴"，实践便逐渐在教育领域焕发强大生命力。一方面，教育是一种指向"人"，以促进人的全面发展为根本目的的实践活动，因此就必须从实践中去看教育。同时教育的根本目的是培养人，而人是实践的人，实践是人的根本生存方式，实践也是人获取全面发展的根本方式。因此，教育源于实践是促进人全面发展的必由之路。另一方面，教育的生机在于其不断地在实践中进行自新与革新。教育的发展离不开对教育实践的解构和重构，离不开对教育实践细节的把握，也离不开对实践中的人的全面认识。因此，教育源于实践也是教育本身发展的必由之路。

（二）教育通过生活与实践

一是生活具有教育意味。教育的根在生活中，生活中具有最初始的教育。生活中的教育具有自然性、直观性和基础性的特点。自然性是指生活中的教育是自然而然的、顺理成章的。我们一出生，周围的环境、人、物便影响着我们。直观性是指生活中的我们是具体的、感性的、现实的，受到的教育影响也是"当下即是"的。基础性是指生活世界的教育是科学世界的教育的前提和基础。个体只要在生活中生存，就必然要接受生活中的教育。没有生活中的教育奠基，个体的经验、情感、个性和能力便无法发展，也就无法接受高级的科学知识。"生活着的人是实践中的人。与自然的生存不同，生活是以人自己所选定的目的与价值为指向的活动，在生活实践中，人创造世界、改变世界，而人自身的生成与完善则是人在生活中所指向的终极目的。"[2]所有人都在生活之中，且生活具有重要的教育意义，其所展现的育人价值对于个体的生存与发展至关重要。

---

① 张传燧、赵荷花：《教育到底应如何面对生活》，《教育研究》2007年第8期，第47—52页。

② 鲁洁：《道德教育的根本作为：引导生活的建构》，《教育研究》2010年第6期，第3—8、29页。

因此,教育必须通过生活,在生活中进行,这是所有人发展为"人"的现实沃土和教育根基。

二是实践具有教育意味。习近平指出:"所有知识要转化为能力,都必须躬身实践。要坚持知行合一,注重在实践中学真知、悟真谛,加强磨练、增长本领。"[①]教育必须通过实践,在实践中进行。但不同于生活,实践还具有发展、创造与提升的意味。实践的育人属性表现为,它不再是单纯地以书本知识为教育内容,而是密切联系学生的现实活动、生活经验、自然环境,注重引导学生进行实践参与与体验而获得完整充分的认识与理解,引导学生发现实践问题和解决实践问题,引导学生在真实的活动探究中得到发展、创造与提升。

(三)教育为了生活与实践

一是培育个体追求美好生活的能力。2012 年 11 月,习近平总书记在十八届中央政治局常委同中外记者见面时的讲话中提出:"人民对美好生活的向往,就是我们的奋斗目标。"新时代,我国社会主要矛盾也已经转变为人民日益增长的美好生活需要与不平衡不充分的发展之间的矛盾,预示着教育的发展应指向人们的美好生活,帮助人们创造美好人生。这也是"生活·实践"教育的核心理念,即通过生活教育培育个体追求美好生活的能力,帮助人们创造美好生活,实现美好人生。正如费尔巴哈所说,"追求幸福的欲望是人生来就有的,因而应当是一切道德的基础"[②]。人们对美好生活的需要,既是时代的呼唤,也是现实的要求。"生活·实践"教育以培育个体追求美好生活的能力为目标指向,体现了其充分的现实关照和人文关怀。

二是培育个体实现"实践自觉"的能力。实践性是人的本质特征,意味着教育不仅是指向人的一种活动,还是指向人的实践的一种活动。从根本上来说,实践是人类改变自身、改造世界、实现全面发展的根本方式。因此,教育不能仅仅停留在人发展的形而上层面,更要推动实践发展来反作用于人的发展,从而实现人的全面发展。实践的发展与变革靠什么?其根本在于人的发展,在于个

---

① 习近平:《在知识分子、劳动模范、青年代表座谈会上的讲话》,《人民日报》2016 年 4 月 30 日。
② 《马克思恩格斯全集》(第四卷),人民出版社,1965,第 234 页。

体能清晰地认识实践、积极地参与实践、主动地变革实践,即个体"实践自觉"的实现。只有在个体与自身世界、与外部世界建构起有机联系的基础之上,即个体的内生与外发,才能实现个体的"实践自觉"。

"生活·实践"教育继承了生活教育的六大特质,但是又有拓展。陶行知的生活教育有六大特质:生活的、行动的、大众的、前进的、世界的、历史的。我们今天把它发展为:生活的、实践的、人民的、民族的、科学的、本土的。"生活·实践"教育主张从生活与实践的视野去看教育,从生活与实践的视野去看"人",其主要意蕴体现在主体意义性的突出、主体自觉性的提高和主体完整性的彰显。"生活·实践"教育还提出与"六力"培养相关的"意商"与"合育"两个重要理念。人的认知包含知、情、意,此处的"知"指的是人的智力商数;"情"指的是人的情感商数;"意"则指的是人的意志商数,又简称"意商",它重点指的是人的意志力、抗挫力的培养。合育,指的是人的"合群、合作、合享"能力的培养。意商与合育的培养,也是今天亟待倡导和开展的。

陶行知的遗产是 20 世纪中国一笔极为丰厚的思想遗产、实践遗产和精神遗产,在当代中国社会实现"两个一百年"的历史过程中,仍将发挥积极作用。当代教育工作者,要向陶行知那一代老教育人学习,借鉴其思想、学说、人格与精神,努力培养更多真善美的时代新人,让教育通过生活与实践创造美好人生,使教育成为国家现代化的有力助推器。

第二节

"生活·实践"教育的要义与特质

陶行知是 20 世纪的文化巨人,其伟大思想主要体现在思想、事业、人格和精神四方面。其中,在教育思想上,陶行知提出了生活教育的三大原理,即"生活即教育""社会即学校""教学做合一",这是陶行知生活教育学的基本内容。"生活·实践"教育继承了陶行知生活教育学的三大原理,并对其进行了当代创造性转化与创新性发展。

一、何谓:"生活·实践"教育

"生活·实践"教育是以生活为中心、实践为方式的教育;"生活·实践"教育是以生活为内容、实践为路径的教育;"生活·实践"教育是源于生活与实践、通过生活与实践、为了生活与实践的教育。"生活·实践"教育以马克思的实践哲学、马克思人的自由全面发展教育学为理论基础,以陶行知的生活教育学为理论渊源。前文已专门论述陶行知的生活教育学,在此就不赘述。

纵观陶行知一生的教育实践,他所涉及的教育领域之广在中外教育史上是少见的。他不仅涉及学校教育,而且涉及家庭教育、学前教育、社会教育,他的生活教育学是从整个社会着眼的,是从提高全体国民素质着眼的,他的理想是"把教育、知识化作新鲜空气,普遍地广及于大众",使"教育成为人人可以免费得到的礼物","像空气,人人可以自由呼吸","像水,人人可以饮用;像阳光,人人可以享受"。

陶行知的生活教育学,达到了 20 世纪上半期中国教育界和教育思想界的高峰,是中国"五四"一代教育家留给我们后代的宝贵思想遗产,也是中国教育界奉献给世界教育界的不可多得的理论财富。他的生活教育学,对当时中国的教育改革与发展产生了积极作用,并影响到当时的印度、墨西哥等一些第三世界国家。毛泽东主席说陶行知是"伟大的人民教育家"；宋庆龄先生称之为"万世师表"；郭沫若把陶行知与孔子并列看待："两千年前孔仲尼，两千年后陶行知"；日本学者斋藤秋男称陶先生是"现代中国教师之父"。

由于陶行知生活教育学适应了中国和世界教育发展趋势，符合教育的内在规律，因而对于今天乃至未来中国和世界教育改革与发展，仍有着重要的理论借鉴价值与强烈的现实指导意义，是中国与世界教育思想宝库中的一笔弥足珍贵的财富，值得人们深入地学习、研究、发掘与运用。陶行知的生活教育学，是"生活·实践"教育的直接理论渊源。

二、为何：生活教育的当代创造性转化与创新性发展

（一）何为"双创"

2017 年 10 月，习近平总书记在党的十九大报告中指出"要坚持为人民服务、为社会主义服务，坚持百花齐放、百家争鸣，坚持创造性转化、创新性发展，不断铸就中华文化新辉煌"。所谓创造性转化，是按照时代特点和要求，对中华优秀传统文化中那些至今仍有借鉴价值的内涵和陈旧的表现形式加以改造，赋予其新的时代内涵和现代表达形式，激活其生命力；而创新性发展，则是按照时代的新进步新进展，对中华优秀传统文化的内涵加以补充、拓展、完善，增强其影响力和感召力。

对中华优秀传统文化中适应时代发展需要、能够为现代化建设服务的精华部分，必须积极加以继承，进行创新性发展，使之不断发扬光大；对其不适应时代发展需要的部分，应该推陈出新，进行创造性转化。对于中华优秀传统文化，最有效的继承和保护就是与时俱进，不断发展，不断创新。继承与弘扬中华优秀传统文化，在当前有着重大的现实意义。我们应不断从中华优秀传统文化中汲取力量，对其中适应时代发展需要、能够为现代化建设服务的精华部分积极加以继承，并不断进行创新性发展。

陶行知的生活教育是中华优秀传统文化的重要组成部分。陶行知立志以教育"谋国民全体之福利"，尤其是他提出的"生活教育"学说，达到了他那个时代中国教育理论所能达到的最高点；他的生活教育学说与实践以及其他改革探

索共同奠定了今天中国教育现代化的基础,在世界上也有重要地位。因此,如何创造性转化与创新性发展陶行知的生活教育,是当下人们必须高度关注的问题。习近平总书记近年来四次提及陶行知思想、人格、事业、特别是其生活教育。体现了中国共产党领导人一以贯之地对陶行知思想、人格、事业的肯定与赞扬。

一百多年前,陶行知站在时代高度,所思考与解决的教育问题(如生活与教育、社会与学校、教学与实践等关系)涉及人类社会与教育关系的基本命题,这个基本命题在人类第一次教育革命、第二次教育革命出现后就产生并延续,至今仍未解决,是第三次教育革命都需要面对和解决的问题,具有历史的延续性与时代的普遍性,至今仍具有强烈的现实针对性,给教育学者以启发。因此,陶行知生活教育学还具有重要的历史意义与当代价值。

(二)陶行知生活教育学的历史意义和当代价值

陶行知的生活教育已经达到他那个时代的高峰,但由于种种历史和现实的原因,其理论在当代需要不断发展创新才能更好地为今天中国教育和社会服务。

学习和继承陶行知最好的方式就是对陶行知生活教育进行创造性转化与创新性发展。具体说来,对其创造性转化,就是按照时代特点和要求,对陶行知生活教育那些至今仍有借鉴价值的内涵和陈旧的表现形式加以改造,赋予其新的时代内涵和现代表达形式,激活其生命力;而对其创新性发展,则是按照时代的新进步新进展,对生活教育内涵加以补充、拓展、完善,增强其影响力和感召力。学习和继承不是简单地把陶行知的思想、论断拿来做实验以验证这句话的正确性。"两创"才是对陶行知生活教育最好的学习与继承,真正的学习与继承不是表面的、形式的,而是全面的、实质的、深刻的、创造性和创新性的。如果仅仅只是从表面上、形式上去理解与实践,那还是远远不够的。

(三)"生活·实践"教育:陶行知生活教育的继承与发展

根据习近平总书记提出的"创造性转化、创新性发展"指示精神,特别是十九大以来中央提出的"建设高质量教育体系"和"建设教育强国"新任务的需要,认清新时代教育改革发展新格局、新形势、新目标,我们在学习和继承陶行知生活教育的基础上,对之进行创造性转化与创新性发展,经过 18 年的探索改革,将生活教育发展为"生活·实践"教育。

陶行知生活教育诞生在第二次教育革命期间,但今天,时代、社会与教育已经完全不同了。从人类教育的发展历史来看,我们已经历了两次教育革命,正迈向第三次教育革命。第一次教育革命,从原始的非正规、非正式的个别教育走向正规的、正式的学校教育。第二次教育革命,从正规的、正式的学校教育走向以班级授课制为核心的规模化、标准化的现代学校教育。纵览历史,我们不难看到随着人类第一次教育革命、第二次教育革命而来的教育的三个脱节,即教育与生活的脱节、学校与社会的脱节、教学(学习)与实践的脱节,到今天还存在,陶行知当年面临的三个脱节也没有解决。在第三次教育革命来临之际,我们要很好地回答这一问题。

"生活·实践"教育就是在这样的时代、社会和教育的背景下提出的,我们必须对陶行知生活教育进行"再生性创造",沿着卢梭、裴斯泰洛齐、斯宾塞、杜威、陶行知、陈鹤琴等巨人的足迹继续探索和前进,去弥补和克服这三个脱节带来的弊端。这是历史赋予我们的时代使命,我们每一位教育工作者都有责任来完成历史赋予我们的这种时代使命。

"生活·实践"教育是对陶行知生活教育的进一步发展与完善,更加强调二者的结合与相互促进的内涵。具体说,就是将"生活""教育""社会""学校""教学"发展到"学习""生命""成长""生存""共进""世界""课堂""实践""创新"等概念层面;将生活教育的宗旨"培养真善美的活人"发展为"培养具有世界观、中国心、现代化的时代新人,让教育通过生活与实践创造美好人生";将"生活即教育""社会即学校""教学做合一"发展为"生活即学习""生命即成长""生存即共进""世界即课堂""实践即教学""创新即未来"等原理层面;将"教育以生活为中心"发展到"让教育通过生活与实践创造美好人生";将"出世便是破蒙、进棺材才算毕业"发展到"教育与人生为始终";将"学习为生活、生活为学习,只要活着就要学习"发展到"生活即学习""生命即成长""生存即共进";将"全民教育、全面教育、终身教育"发展到"全体教育、全面教育、全程教育、终身学习"主张层面;将教育要培养"生活力、自动力、创造力"发展到教育要培养"生活力、实践力、学习力、自主力、合作力、创造力"目标层面;将生活教育的培养目标"康健的体魄,农夫的身手,科学的头脑,艺术的兴趣,改造社会的精神"发展为"健全的人格,科学的思维,健康的身心,艺术的爱好,手脑并用的能力,合作的意识,负责的精神";将"新师范生"发展到"现代大先生";将"小先生"发展到"现代小先生";将"艺友制"发展到"学徒制";打造"生活·实践"教育馆的实施平台,等等。

三、如何:实施"生活·实践"教育的路径与方式

"生活·实践"教育的实施路径是学校教育、家庭教育、社会教育。

"生活·实践"教育的实施方式是"融合式",即通过学科课程与生活课程,学校与社会、家庭、大自然,教师与学生,身与心,知与行,本土与域外,等等,进行多种方式的融合,完成对人的价值塑造、能力培养、知识传授。这种"融合式"途径与方式也受到中国古代哲学"天人合一""知行合一"范畴以及陶行知"教学做合一""知情意合一""智仁勇合一""政富教合一"论的影响。

同时,"生活·实践"教育的实施途径和方式也是开放式、发展式的。

总体来说,"生活·实践"教育要义与特质大致可以概括为"一二三四五六七八"。

一个宗旨:"生活·实践"教育注重培养具有世界观、中国心、现代化的时代新人,让教育通过生活与实践创造美好人生。

二个重点:"生活·实践"教育注重让学生学会成人与做事,学会成人即学会成为有理想、有道德、有文化、有纪律的人;学会做事,即学会求知、学会做事、学会共同生活、学会生存。

三大途径:"生活·实践"教育努力通过学校教育、家庭教育、社会教育三大途径实施,取得协同推进的综合效果。

四个结合:"生活·实践"教育注重通识与专业结合、人文与科学结合、师资与设备结合、国内与国际结合。

"五育"并举:"生活·实践"教育注重德智体美劳"五育"并举,意商、智商、情商并重,"知行合一""知情意合一""智仁勇合一"。

六个原理:"生活·实践"教育倡导"生活即学习""生命即成长""生存即共

进""世界即课堂""实践即教学""创新即未来"。

六个能力:"生活·实践"教育注重培养学生的生活力、实践力、学习力、自主力、合作力、创造力。

七项目标:"生活·实践"教育注重培养学生健全的人格、科学的思维、健康的身心、艺术的爱好、手脑并用的能力、合作的意识、负责的精神。

八大特质:"生活·实践"教育具有生活性、实践性、人本性、发展性、开放性、创造性、民族性、世界性。

从理论的演进过程不难看出,"生活·实践"教育是在新时代的背景下,适应现代社会育人方式的转变,与未来智能化教育相适应的,更适合当前国情和实际的教育。习近平总书记指出:"所有知识要转化为能力,都必须躬身实践。要坚持知行合一,注重在实践中学真知、悟真谛,加强磨炼、增长本领。""生活·实践"教育正是以马克思主义的实践哲学、人的自由全面发展教育理论、陶行知生活教育为理论基础,践行习近平总书记提出的注重社会实践和实践育人指示要求,积极探索实践育人方式变革,是源于生活与实践的教育,是通过生活与实践来实施的教育,也是为了生活与实践的教育。

四、路径:"双减"背景下"生活·实践"教育的实施

众所周知,教育是社会的一个子系统,受社会影响并反作用于社会。研究教育就要关注时代,关注时代的问题以及教育所面临的挑战和机遇,这是研究教育的逻辑起点。英国作家查尔斯·狄更斯在《双城记》里提道:"这是一个最好的时代,也是一个最坏的时代;这是一个智慧的年代,这是一个愚蠢的年代;这是一个信任的时期,这是一个怀疑的时期;这是一个光明的季节,这是一个黑暗的季节;这是希望之春,这是失望之冬;人们面前应有尽有,人们面前一无所有;人们正踏上天堂之路,人们正走向地狱之门。"狄更斯这段话是专对 19 世纪的英国资本主义社会而言的,当代中国与当时的英国在社会性质、社会制度和发展水平上有千差万别,不能混为一谈。不过,从某个角度看,这段话体现的辩证法思想值得我们重视。

我们正面临一个最糟的时代同时也是一个最好的时代。所谓"最糟的时

代",原因是人类自从原始社会进入阶级社会之后出现第一次教育革命和进入近代工业社会之后出现第二次教育革命,人类教育在取得巨大历史进步和成就的同时,随之而产生的教育与生活、学校与社会、教学与实践严重脱节问题,尽管经过卢梭、裴斯泰洛齐、斯宾塞、杜威、陶行知等一批伟大的教育家、思想家的批判与重建,大力呼吁和推动教育与生活、学校与社会、教学(学习)与实践有机结合,至今仍没有得到很好的解决。在当代中国,现有的这三个脱节问题,从某种程度上看,似乎越来越严重,陶行知先生当时所抨击的读死书、死读书、读书死,儿童的头脑、眼睛、双手、双脚、时间、空间被学校学科课程与作业负担严重束缚,只重应试能力不重生活能力、不重自主能力、不重创造能力的现象,并没有出现根本改变,甚至在某些方面愈演愈烈,应该确保的基本的体育、美育、劳动教育都一概让位于复习考试,中小学生为了完成作业每天普遍都要做到晚上十一二点钟,加之过度泛滥的教育市场化、产业化和商业化,各类为考试而提供的校外培训又推波助澜,使人类教育三大脱节问题的解决变得更加错综复杂。

但同时,我们也面临一个最好的时代。党的十八大以来,习近平总书记高度重视教育改革,强调立德树人,德智体美劳全面发展,有针对性地提出"实践育人""劳动育人",尤其是 2021 年 7 月,中共中央办公厅、国务院办公厅印发《关于进一步减轻义务教育阶段学生作业负担和校外培训负担的意见》(以下简称"双减"),为愈演愈烈的"三大脱节"按下暂停键,诸多针对问题推出的政策文件相继实施,为解决三大脱节问题以及其他相关具体问题,创造了有利条件和良好环境。"双减"政策的实施为人的全面发展,为着重于学生生活力、实践力、学习力、自主力、合作力、创造力培养的"生活·实践"教育提供了最佳契机。在这个意义上,我们也可以说,这是一个最好的时代。

"生活·实践"教育是以生活为中心、实践为方式的教育,是以生活为内容、实践为路径的教育,是源于生活与实践、通过生活与实践、为了生活与实践的教育,陶行知的生活教育学是其理论渊源。"生活·实践"教育是适应现代社会育人方式转变、符合当前国情和实际的一种教育。"双减"背景下,正应该发挥"生活·实践"教育的优势,为我国基础教育改革创新赋能。

"双减"背景下"生活·实践"教育的实施路径可概括归结为八个方面 24 个

字，这就是"明性质、清思路、定任务、细分工、重进度、讲方式、统资源、强保障"。

明性质。要明确"生活·实践"教育是一项公共事业，具有公益性，要以育人为宗旨，注重育人本质，注重社会效益。不是营利性产业，更不能功利化、单纯追求经济效益。要以自己提供的增值服务赢得支持。这是一个基本方向，应贯穿于整个教育实验过程。

清思路。明确工作思路，我们要重点厘清近三年的工作重点，即"扩面、提质和居前"。扩面是指要尽快扩建"生活·实践"教育联盟学校，吸纳和迎接更多的学校加入进来，争取在全国各地建立 500～800 所联盟学校，完成第一个阶段性目标。中期目标实验学校达到 2000～3000 所，五至十年远期目标是达到 5000 所学校以上，成为当下国内民间教育实验规模最大的实验学校共同体之一。提质即提高"生活·实践"教育实验学校的质量，以首批实验学校为示范点和辐射源，打造践行"生活·实践"教育理念的教师团队，研发融合"生活·实践"教育的校本课程，开展体现"生活·实践"教育的体验活动，创生融合"生活·实践"教育理念的场馆，构建家校社协同共育的教育样态，营建浸润"生活·实践"教育的校园文化，进一步擦亮"品质教育"底色，推进"品牌教育"进程，为青少年健康成长和长远发展夯基固本。居前即居于前列。我们要坚持不懈努力，不断提升"生活·实践"教育实验的影响力和美誉度，建构"生活·实践"教育的理论和实践体系，不断取得理论突破和实践进展，为中国教育改革和事业发展贡献自己的方案，促进"生活·实践"教育走在全国教育实验学校前列，并为世界基础教育改革提供中国方案。

具体工作思路是以"双减"落地为背景，有效破解教育与生活、学校与社会、教学（学习）与实践相脱离难题，全面减轻学生过重作业负担与校外培训负担，进一步推进品质教育高质量发展，落实《关于进一步减轻义务教育阶段学生作业负担和校外培训负担的意见》精神，不同区域应结合具体情况开展"生活·实践"教育，力求做到因地制宜、一区一策、一校一策，助推"双减"落地。以"六力"培养为目标，重点培养学生生活力、实践力、学习力、自主力、合作力和创造力。1997 年经合组织在全球倡导核心素养，以应对 21 世纪特别是知识经济的挑战。如今，联合国教科文组织发布并倡导"教育可以视为一种社会契约——一种社会成员间为了共享的利益而合作达成的默示协议"。随着社会的进步,涌现出了许多新的理念和思想,这些都应该也完全可以融入"六力"中。以师资培训和场馆建设为抓手,重视师资培训,着力打造一批践行"生活·实践"教育理念的教师团队、名师团队。教师是"生活·实践"教育理念的践行者、校本课程的开发者、学习资源的整合者、学生学习的陪伴者、成长动力的激发者、情感心理的呵护者、实践活动的组织者、引导者和支持者。教师专业素养直接影响着教育实验的效果。因此,应高度重视师资培训,把建设一批高质量"生活·实践"教育教师队伍作为工作的重中之重。

"生活·实践"教育馆是另一重要抓手,是实施"生活·实践"教育的标配和特色,是"生活·实践"教育实验学校的基本特征,可以是有形场馆,也可以是无形场馆;可以在校内,也可以在校外;可以是大的馆,也可以是小的场;既可以是融合"生活·实践"教育理念的物理空间,也可以是融合"生活·实践"教育理念的文化空间。一切浸润"生活·实践"教育理念的空间都是"生活·实践"教育馆。有形的"生活·实践"教育馆包括以下三个方面:一是校内实体建设的(场)馆,如整理室、家政室、烹饪室、烘焙室、缝纫室、刺绣室、卫生室、救急室、手工室、木工室、金工室、插花室、茶艺室、琴艺室、棋艺室、书法室、绘画室、园艺室、养殖室、理财室、办公室、编程室以及生活体验馆、科学探索馆、演艺馆、游泳馆、球类馆、养殖馆等各种实践场馆(室);二是在校园内开辟的一个新的"生活·实践"教育活动空间,可以没有实体建筑,可以是科创中心、养殖场、艺术展览区等;三是和社会资源对接,充分利用社区资源和校外的"生活·实践"教育资源,如校外的生态农场、社区学习中心、研学基地、旅游景点、艺术中心、博物馆、剧场、剧院、运动场、电影院、少年宫、博览会等。无形的"生活·实践"教育(场)馆,可以充分利用物联网、云计算、大数据等信息技术,打开虚拟网络空间这个庞大的"生活·实践"教育馆,借助互联网、虚拟现实(VR)等技术,充分利用MOOC、微课、短视频等各种网络资源,打通线上线下,沟通现在未来,突破疫情束缚,畅联世界环球,让学生通过沉浸式体验、边看边学、边学边做、多元对话等方式,拓展格局视野,获得多元生活实践体验,成为具有世界观、中国心和现代化的时代新人,创造美好人生。

以课程改革为重点，就是把课程作为实施"生活·实践"教育的重要载体。每所实验学校都要依据本校传承、文化、师资、地域、校本课程等特色、特点，遵照"生活·实践"教育主旨、理念，编制或改编具有校本特色的"生活·实践"教育课程。"生活·实践"教育课程是"融合式"的课程，通过学科课程与生活课程，学校与社会、家庭、大自然等，进行多种方式的融合，完成对人的价值塑造、能力培养、知识传授。

以教学改革配合课程改革。班级授课制是人类第二次教育革命的产物，适应了近代科技革命与产业变革的需要，极大地促进了教育普及，在人类教育史上占有重要地位，值得充分肯定。但班级授课制的缺陷和优点是共生关系，克服它的缺陷往往同时意味着放弃它的优点。这决定着对它的改良是有限度的，而对它的超越则意味着放弃经济高效构造教学过程的追求，甚至意味着改革正式的学校教育制度。当今人类社会进入新一轮科技革命与产业变革时期，班级授课制只顾及学科世界而脱离生活世界、只注重集体教学而忽略个性教学的两大内在局限性业已暴露得越来越明显，时代、社会和教育都需要对之进行改良甚至超越。对班级授课制进行改良的两种形式：小班化教学、走班式教学，以及超越的两种形式——项目式教学、网络教学（一对一个性化教学），都应该也必须在"生活·实践"教育实验学校里加以实施。尤其是以"学习者为中心"理念（即"生活·实践"教育六大原理第一点："生活即学习"和"六力"培养目标之一"学习力"）为支撑，可以较好将生活世界与学科课程结合起来的项目式教学，更有积极实验的必要。各实验学校主持者以及"生活·实践"教育团队指导者，在研制和实施本校以"生活世界"内容为特色的校本课程时，一定要在探索实施小班化教学、走班制教学、网络教学的同时，更加积极地探索项目制教学，使课程改革与教学改革相匹配，单项改革与整体改革统筹进行。

以五育并举为方式，注重德智体美劳"五育"并举，注重意商、智商、情商并重，注重知行合一、知情意合一、智仁勇合一。以"三教"（学校教育、家庭教育、社会教育）协同为途径，实现协同推进的综合效果。以课题申报为牵引，组织指导实验学校积极申报"生活·实践"教育相关课题，发动实验学校开展"生活·实践"教育专项微型研究。组织专家对实验学校研究项目的选题、开题、中期、结项等环节进行跟踪指导,并发表相关案例、课例、论文、著作……培育一批"生活·实践"教育优秀成果,不断丰富"生活·实践"教育的理论和实践研究成果。以资源整合为保障,各实验学校要集合全校、全区、全市乃至全省、全国之力,合理并充分利用各种资源(如物质资源、学术资源、组织资源、经费资源等)实施"生活·实践"教育实验。

总体来说,今后的"生活·实践"教育实验学校,应在具象上给人第一感觉有以下六个"一",即一套注重"生活·实践"教育、着力"六力"培养的系统科学理念;一套以"生活·实践"为特色,与学科课程(国家课程、地方课程)相融合的校本课程;一套以项目制为主,小班化教学、走班制、网络教学、研学实践为辅的教学方法;一套打通校内校外、有形无形相结合的"生活·实践"教育馆(场)平台系统;一套全面展示"生活·实践"教育理念的校园文化(隐性课程);一套体现立德树人宗旨和德智体美劳全面发展目标的质量标准体系和评价体系。

定任务。主要包括两个方面,一是中国陶行知研究会"生活·实践"教育专业委员会年度工作任务;二是实验学校助力工程。通过课程定制、专家匹配、组织培训、成果呈现、实践报道等方式,培育实施主体,培养一批具有全国影响力的"新时代行知式教育家(名校长、名园长、名教师)";组织开展读书会、成果发布会、学术年会,设立基金,创立办事处等多种活动,助力实验学校质量跃升。

细分工。建立和完善理事长和秘书长组织制度,积极做好各项分工协调、责任到人,明确分工,狠抓落实。

重进度。按照中国陶行知研究会"生活·实践"教育专业委员会年度工作要点,清晰分工,明确时间进度,平稳推进,逐步实施,稳扎稳打,落实到位。

讲方式。抓住重点,分工协同,上下结合,统合综效。在工作推进过程中要注意方式方法,老校老办法,新校新办法,具体问题具体分析,坚持因地制宜、一校一策、灵活多样、百花争艳、各美其美、美美与共的原则,不搞"一刀切"、不搞花架子、不搞贴标签。

统资源。整合一切资源,建立"生活·实践"教育资源库,建构"生活·实践"教育学习共同体。充分利用互联网信息技术,建立"生活·实践"教育在线资源平台,建立"生活·实践"教育网络学习共同体。充分利用线下学、研、政、产、社各方面资源建立真实学习共同体。充分利用线上、线下各方面资源建立混合学习共同体。整合一切资源，建立"生活·实践"教育资源库，助力"生活·实践"教育实施开展。

强保障。建立完善组织保障、制度保障、专业保障、资源保障、经费保障等，为"生活·实践"教育的实施保驾护航。

最后，建立理事长、秘书长群，方便参与者信息交流，互通有无；建网建号，即建设"生活·实践"教育专有网站和微信公众号；办刊，即建立"生活·实践"教育电子期刊（月刊），由相关机构轮流举办；及时注册专利，发布商标，防止被人恶意侵权，并尽快组织专业力量，围绕商标整体设计并进行"生活·实践"教育系列文创产品开发，为实验可持续发展开辟更多的经费支撑。同时，发展更多关心教育的各界精英、学校、社会组织成为合作伙伴，共同推动"生活·实践"教育持续健康发展，携手共创美好未来，让教育通过生活与实践创造美好人生！

第三节

"生活·实践"教育的主要观点

一、"生活·实践"教育的逻辑起点

"生活·实践"教育认为，教育是人们依靠文化、智慧、道德和人格等生活内容，通过各种正式与非正式、正规与非正规、学校与非学校的实践，使人由自然人（自然生命体）转化为社会人（社会生命体）、精神人（精神生命体）的活动与过程。

生命有自然的生命，也有社会的生命、精神的生命。人作为社会的生命体、精神的生命体，不是自然而然、自发自动完成的，是要依靠文化、智慧、道德和人

格等生活内容,通过各种正式与非正式、正规与非正规、学校与非学校的实践,才能由自然人转化为社会人、精神人。这个活动和过程,就是教育,就是"化人成人",即化(育)自然人而成社会人、精神人,此即教育的本质属性和基本内涵。

生命是教育的源起,教育是为了生命的增值,是以生活为中心、通过实践来进行的。在这个意义上,"生活"是教育的起点,离开了"生活",人就无法完成从自然人到社会人、精神人的根本性转化。也正是在这个意义上,"生活"是"生活·实践"教育的逻辑起点。

二、"生活·实践"教育的目的观

"生活·实践"教育应培养个体全面发展,使之成为拥有健康心态、科学思维、积极行为与美好形象的"阳光新人"。

这里的"阳光新人"中的"阳光"是强调与过去实验了15年的"阳光教育"的有机衔接,"新人"是指"新型人才",这和一般所讲的"创新型人才"还不完全相同,两者既有密切关系,又有明显区别,换句话说,既要注重其"成才",更要注重其"成人",是培养既有系统科学知识、创新发展能力,又有良好的思想品德、丰富的人类情感、健全的身体与心理的现代公民和新型人才。当代教育改革中注重的"创新型人才培养模式"改革,过去一般主要是指在大学进行,以及在高中阶段与大学衔接时,现在注重往下延伸,是在中小学义务教育阶段甚至学前教育和家庭教育也要贯彻创新意识,培养和调动儿童的好奇心、想象力、创造力,只是侧重不同而已;过去只注重"成才",没注重"成人"。"阳光新人"衔接了阳光教育培养目标,既注重"成才",更注重"成人"。原来主要是衡量考核学生考了多少高分,有多少升读名初中、名高中。实验正是要改变这种状况,不能把考上多少名初中、名高中作为唯一追求目标。要确定新的办学理念、思想,不能仅仅把考上名初中、名高中作为唯一的评判标准,而要看通过我们的研究实验是不是真的注重了人的成长、人的全面发展、人的主体性的弘扬。而且,从根本上说,"成人"与"成才"也并不是对立和矛盾的。虽然不以名高中录取率为唯一标准,但通过改革,使学生创造性思维加强,名高中录取率反而会更高。

同时,作为"阳光新人"的"人",应包括"阳光人性""阳光人格""阳光人生"

三个方面的含义,因而"生活·实践"教育应该是人文精神的教育、人格养成的教育和人生发展的教育。

　　阳光人性。人性是教育的基础,"成人"是教育的终极目标,教育活动就是使人性得到弘扬的活动过程。因此,教育必须关怀人性,没有人性的人就谈不上是"真正的人"。正如鲁洁教授所说的:"教育以生活中的人为基本出发点,在人的生活世界中,教育是因人之自我生成、自我完善的需要而产生。人的自身生成与完善是人类整个生活和历史发展的终极目的,而教育这一实践活动在实现人类的终极目的中发挥着重要的作用,教育的存在根据和基本使命就是要使人成为人。"

　　教育的对象是人,教育是人与人之间的活动,教育的世界是人的世界。而人性的培育,离不开社会。因为人是社会性动物,离开社会,人就不能称其为人。人性起源于人由遗传获得的来自父母的遗传基因和在母胎中发育形成的先天素质。人性的基础是先天的基因遗传,人性的发展取决于后天的实践与环境。"人性包含习性、秉性、共性、天性、自性,它们是随着人生历程相辅相成又相互制约的动态变化,构成了人性发展的图景。"教育对人性问题的研究与讨论历来深刻影响着世界教育理论的发展与教育实践的方向、性质和宽度、深度、厚度。在哲学史和教育史上,关于人性论主要有以下几种类型:性善论与性恶论,自然人性论与社会人性论以及实践人性论。在教育领域,冯建军教授强调人是未特定化的自然的存在、人化的自然存在,又是具有自为性、文化性、超越性的超自然生命的存在;石中英教授认为儿童"作为人的存在"具有存在的绝对性、意向性、文化性、时间性、语言性、独特性几个特征,同时,他提出要"重塑教育知识中人的形象",比起"宗教人""自然人""理性人"来说,人更像是"游戏人""制造者"或"劳动人";王坤庆教授等提出精神性是不可忽略的重要人性维度,应该将人性的一个层面,即人的生物性、社会性与精神性统一起来,形成"人的半岛似的概念","既表现人在自然中的特异性,又使人不孤立于他的自然起源";还有研究者提出要重视"生成人""权利人""经验人""具体人""整体人""实践人""比较得益人""存在人""关系人"等人性预设并探讨了其教育意蕴。这些观点都有其独特性和意义,但还存在着诸多不足,诸如对人性的复杂多样性、整体性、生成性以及历史文化性等方面研究或重视不够。马克思说："人的根本就是人本身。"人性是附属于人的特性。德国教育家福禄贝尔曾说,只有对人和人的本性有了彻底的充足的认识,从而得出教育人所需要的一切知识,才能使教育真正开花结果。因此,人性是在一定社会制度和一定历史条件下形成的人的本性,是人的自然属性、社会属性、精神属性三者合一的整体。它分为三大领域:认知领域、伦理领域和审美领域。何为阳光人性?所谓阳光人性是指人区别于动物的独有的正面的、积极的品性,诸如自由、平等、博爱、善良、友爱、理性等。"生活·实践"教育就要激活人性中的自然属性,开发学生的内在潜能,促使人的潜藏的创造性得以挖掘和扩张;激起人性中的社会属性,开发人的社会潜能,让学生学会生活、学会合作、学会管理、学会生存等,即教给学生如何处理人与自然、人与社会、人与自己的关系,协调好知、情、意三者的关系,使学生能够更好地适应社会的发展需要;激发人性中的精神属性,开发人的精神潜能,培育学生的思辨精神、批判性自我反思精神、审美精神等,让人性中的真、善、美得到进一步的弘扬和彰显。

因而,"生活·实践"教育注重人性化教育,培育儿童的阳光人性。它主张尊重和理解儿童的人性,从人性的视角设计校园环境、开发课程、完善评价体系等,让儿童拥有健康完满的阳光人性。因此,在"生活·实践"教育中,应注重以下几点:第一,顺应天性,尊重人性,重视个体差异。第二,唤醒儿童的人性潜能,发挥儿童的主体能动性。第三,让教育环境儿童化,处处彰显人性化设计。第四,让教育内容和教育过程人性化,时时发生心灵塑造心灵、智慧启迪智慧。第五,让教育评价充满人性,促进儿童全面地和谐发展。

总之,"生活·实践"教育是人性化教育,是促进人性发展、实现自身意义的教育,使人性趋于卓越。"因为人性的形成和发展并非独立于教育活动之外的,而是充盈和体现于教育活动的分分秒秒。教育的目的、内容、方式方法、组织形式、评价与管理,师生关系、校风、教风、学风,校园文化等无时无刻不在影响着学生的人性。正如只有灵魂才能塑造灵魂,只有人性化教育才能培养出富有人性的人。"

阳光人格。人格是个体特有特质模式及其行为倾向的统一体。"人格"一词的英文 personality 来源于古希腊语 persona。persona 最初指演员戴的面具，而后指演员本人，一个具有特殊性质的人。现代心理学沿用 persona 的含义，转意为人格。其中包含了两个意思：一是指一个人在人生舞台上所表现的种种言行，人遵从社会文化习俗的要求而作出的反应，即人所具有的"外壳"，就像舞台上根据角色的要求而戴的面具，反映了一个人的外在表现。二是指一个人由于某种原因不愿展现的人格成分，即面具后的真实自我，这是人格的内在特征。

心理学家阿尔波特曾列举不同的定义："人格是个体行为的全部品质"（吴伟士，1947）；"人格是交互结合的行为系统的动力组织，它在他人和文化产品的环境中由学习历程而发展起来"（卡默龙，1947）；"人格是个人经由社会化所获得的整体"（拉皮勒，1949）；"人格是从一个人所有行为中抽象出来的理论解释"（麦克莱兰德，1951）；"人格是个体由遗传和环境所决定的实际的和潜在的行为模式的总和"（艾森克，1905）；"人格是一个人不同于他人的所有的心理历程"（卡尔恩，1955）；"人格是人的特质的独特模式"（吉尔福德，1959）；"人格是个体在其发育的特殊状况下所获得的独特行为装备"（伦丁，1961）；"人格是一种倾向，可借以预测一个人在给定情境中的所作所为，它是与个体的外显和内隐行为相联系在一起的"（卡特尔，1965）；"人格是一个人的生活方式"（莱尔德，1968）；"特质是简单的行为模式或行为倾向，人格就是特质的模式"（雅尼斯，1969）；"人格是由观察个人行为而获得其假设的系统"（鲍曼，1972）；"人格是特征的一种组织，它存在于自己而别于他人"（林德舍，1975）；"人格是基本和稳定的心理结构和过程，它们组织着人的经验，并形成人的行为和对环境的反应"（拉扎鲁斯，1979）；"人格是个人心理特征的统一，这些特征决定人的外显行为和内隐行为，并使它们与别人的行为有稳定差异"（来德尔，1980）；等等。从中可以看出人格具有如下特征：第一，人格为一种内在的结构与组织；第二，个别差异，人格就是人的特色；第三，个人特征持久、统一的稳定性；第四，人格是在社会化过程中个体遗传与环境交互作用下的产物。

在"生活·实践"教育中，居于核心地位的是学生人格养成教育，因为人格决定着每个人的与众不同，决定着人生的格局。所谓阳光人格就是具有光明、温暖、积极、理性、包容等阳光属性的健全人格，构成阳光人格的四个要素分别是阳光心态、阳光思维、阳光行为和阳光形象。阳光心态是平常、积极、知足、感恩和达观的心智模式。阳光思维是正面、理性、多元的利导思维。阳光行为是积极而坚韧、明快而稳健、快乐而有意义的行为。阳光行为在学习活动中的体现是独立思考,合作探索;在集体生活中的体现是与人为善,助人为乐;在独处时的体现是反躬自省,自在祥和。阳光形象不是千人一面,而是各美其美,其阳光特征在形体仪表上的体现是干净利落,朝气蓬勃;在精神气质上的体现是主动进取,决不退缩。

阳光人生。阳光人生是"生活·实践"教育的终极目标。何谓人生?人生就是人类从出生到死亡所经历的过程,是人的一生从稚嫩到成熟再到老练的过程。梁漱溟说:"人生是一个内涵相当丰富的话题。就人对社会的贡献而言,它取决于时代环境、机遇等各种复杂的客观因素,更取决于个人的人格魅力。"在这当中我们必将经历波折坎坷,经历喜怒哀乐、悲欢离合。我们的人生不可能都是一帆风顺的,但是要有一种阳光心态。因此,阳光人生就是一个拥有积极的阳光心态的人生。阳光心态就是保持心胸豁达、公平、积极、知足、感恩、朝气蓬勃的一种心智模式,能够让我们带着好心情去创造成功、体验过程。阳光心态具有什么样的特征呢?我们认为阳光心态的特征有:第一,快乐生活,每一天都保持乐观的心态,控制消极情绪。"人生应当是为理想奔赴;就是你看到你所应当做的你就去做,你将会继续扩充你的可能……继续发挥上天所给你的那个可能。如果你不去努力做,不去发挥扩充,谁也无可奈何;不过是你自己把自己的可能性落到小处,你湮灭你自己罢了!"[1]可见,阳光人生应当是不断追求进步和积极向上的,是一种自觉的积极进取的主动精神。

因此,阳光新人是阳光自信、身心健康、视野开阔、乐于探究的,是具有阳光人性、阳光人生的一代精英。

三、"生活·实践"教育的价值观

教育是人学,是人为和为人的一种活动。教育是指向人的实践活动,自进

---

[1] 龚建平:《略论梁漱溟人生哲学中的儒佛双重性》,《陕西师范大学学报(社会科学版)》,1996年第3期。

入人类精神进化过程之中，教育就与人文主义和人文精神密切相关。教育的最高目的在于培养自由全面发展的人；而现实阶段人类这一崇高目标只有通过21世纪的新人文教育来实现，通过加强新人文精神引领，逐步消除教育的弊病，最终使教育的近期目标与人类的终极理想融为一体。教育是围绕珍爱人的生命、增长人的智慧、培养人的信仰而展开的。因此，教育始终是引领人类文明进步的灯塔。教育彰显了人的主体性和完整性，使人成其为人，使人成为有价值的人、幸福的人。

"生活·实践"教育是生态的教育、生活的教育、生命的教育、人本的教育、人性的教育、人文的教育、个性的教育、全球化的教育，就是要为学生提供一个全心、全人、全程、全球的绿色成长生态，让每一个学生发现自己、唤醒自己、成就自己。

"生活·实践"教育是阳光的事业，它像阳光般光明、温暖、无私、公正、普惠、积极。教育者应该怀阳光之心，育阳光之人。

"生活·实践"教育，相信教育可以唤醒每一个学生的潜能和无限发展可能，相信教育的力量可以改变每一个学生，相信教育可以让每一个学生获得幸福生活与造福社会的能力，相信教育可以帮助每一个学生成为最好的自己。

"生活·实践"教育的核心价值观是以阳光之人育阳光之人，通过生命、生活和生存教育，让每一个孩子拥有强大的内心和健康的心态、适应社会竞争的多项能力，寻找到生活的意义和生命的价值，做一个对自己、他人和社会有益的善人。

"生活·实践"教育坚信生命是教育的源起，生活是教育的内容，实践是教育的方式，生命融于生活，生活承载生命，实践建构美好生活，教育让人性更完美、人格更完善、人生更完满。

"生活·实践"教育的目的不仅仅局限于让每一个孩子适应当下和未来的社会需求，更重要的是让孩子超越自我，积极参与创造和建设更为美好的未来社会，让每一个孩子都能实现自我和人生圆满。

"生活·实践"教育坚持德、智、体、美、劳并举，促进孩子全面发展，成长为一个自然生命、社会生命和精神生命相融合的全人。

　　"生活·实践"教育的出发点和落脚点都是人,人的生活或人的感性生活是"生活·实践"教育的根本视域。"生活·实践"教育培养的学生是有自己独特个性的个体人,具有真善美品行特质的社会人,具有中国灵魂、国际视野的未来人,使之成为真正的自己,释放潜能,造就卓越。因此,"生活·实践"教育要培养学生适应终身发展和社会发展需要的必备品格与关键能力。这些能力包括:认知能力,引导学生具备独立思考、逻辑推理、信息加工、学会学习、语言表达与文字写作的素养,养成终身学习的意识和能力。悦纳自己的能力,能够认识自己,肯定自己,看到自己的优缺点,具有积极情绪和积极性格。协调合作能力,引导学生学会自我管理,学会与他人合作,学会过集体生活,学会处理好个人与社会的关系,遵守、履行道德准则和行为规范。创造创新能力,激发学生的好奇心、想象力和创新思维,养成创新人格,鼓励学生勇于探索,大胆尝试,创新创造。

　　"生活·实践"教育主张教师是学生灵魂的工程师,是学习资源的整合者,是学生学习的陪伴者、成长动力的激发者、美好情感的呵护者,教师主要是创造性实践活动的组织者、引导者和陪伴者。教师要有一种探索精神,要有一种自我超越的精神,师生同心、同行、同乐,结伴成长。在今天,教师的角色变化,从讲授为体走向探究为体,将是一场深刻的变革。

　　"生活·实践"教育主张学校是绿色的生态的学校,是"无边界的,是突破围墙的"学校,是师生的精神家园、心灵的栖居地、成功的体验场、社会交往的锻炼场、创新的展示场。在未来,个性化、人性化将成为学校的主流形态,学校将从知识的传授中心转变,开放化、个性化、共享化、生态化将成为学校的主要特征,学校更像博物馆,儿童在"博物馆式的学校"里体验生命的精彩绽放。用生命唤醒生命,用激情点燃激情,让每个孩子自然地由内而外地生长,实现让学校回归生命、回归生活。正如世界著名教育心理学家,被誉为"多元智能理论之父"的哈佛大学教授霍华德·加德纳认为的那样:"理想的学校就应该像儿童博物馆,给孩子上课的,应该是各行各业真正的专业人士。这样的好处是,这些专业人士可以带着孩子们在真实的世界探索和解决问题,他们教给孩子的是真正实用的知识和能力。"因而,在未来学校,人们选择学校不是为了功利地取得高分数,而是为了寻求一种精神的慰藉、情感的交流。学校学习要给所有人带来快乐，要培养学生悦纳自我的能力。学校应成为快乐生活的空间、创新的空间。

"生活·实践"教育主张深刻的教育来自深刻的体验，坚持孩子学习的动机主要来自学习的审美体验——愉悦的环境、高峰体验和自我实现，而不应该只是来自焦虑和恐吓。因此，"生活·实践"教育通过创设具体情境，让学生在实境、实景中切身体验，实现身、心、脑的有机统一。

"生活·实践"教育主张教育是让人真正成为人，教育即人学。教育的最终目的就是让人真正成为人，人只有自身发展了，才能服务于他人和社会。不学无术，在任何时候，对任何人都无所帮助，也不会带来什么利益。所以，教育必须把促进人的发展作为自己的第一要务，教育实践必须坚持从儿童出发，坚持以人为本，关注儿童的生命发展。人的全面发展不仅要有知识和技能，还要有优秀的品质和健全的人格，因此，教育在某种程度上说是关于人生的科学，是关于让人如何成为人的科学，教育即人学。这就要求我们尊重和保护学生的成长权利，相信学生的无限成长可能。

"生活·实践"教育通过生命、生活和生存教育，让每一个孩子真正实现知识、生活与生命的深刻共鸣，进而以生命影响生命，以生命唤醒生命，以生命推动生命，让养成和交往成为个体生命的自觉和互动，让教育生活成为社会生活不可忽视的重要组成部分，成为美好生活的一部分。

"生活·实践"教育主张让孩子成为校园的创造者，让孩子站在校园的舞台中央。创设环境和平台，激发孩子的内驱力，让孩子在探索过程中释放想象力和创造力，培养孩子解决问题的实际能力。

"生活·实践"教育要帮助孩子寻找到生命的意义和生活的价值，从"灰色教育"走向充满生机的教育，从被传统教育弊端造成的"沙漠"状态，重新转回到"绿洲"的本真状态，让教育回归生活，返璞归真。

"生活·实践"教育主张创新教育，人机对话将成为学校教育的常态。2017年《地平线报告》认为，六项重要的技术进展——创客空间、分析技术、人工智能、机器人、虚拟现实和物联网等，将在未来五年内对基础教育发展产生重要影响。因此，"生活·实践"教育不仅要关注学生今天的成长，还要思考明天的成长,更重要的是要关注后天的成长。

"生活·实践"教育主张"全人教育、全科教育、全课程育人",即所有学科的价值都是等价的,没有主副科之分,人人掌握 2 项以上的终身受益的体育运动项目,掌握 2 项以上的美术技能,掌握 2 项以上的音乐项目,让学生身心和谐、德智共融地绿色成长。正如罗素所说的:"教育在于培养学生的本能,反对压抑学生的本能。人的本能是异常模糊的,可以用很多方法予以满足。其中大部分为了获得满足,需要某种技能。"

"生活·实践"教育主张教育回归生活,现实生活是教育发生的源起。因此,"生活·实践"教育是处于现实生活具体的历史语境中的,离开了具体的现实生活就没有真正的教育。"生活·实践"教育是对中国当代的理论现实和实践现实的一种教育表达,是对中国 40 多年改革开放的伟大实践和成就的一种理论自觉,是对中国几十年教育改革成就的一种呼应,更是对现实生活和未来生活的深刻把握。

"生活·实践"教育是新人文主义教育,注重新人文精神的培养,要求学生学会独立思考,养成独立人格;注重科学素养的培育,推崇实事求是,倡导实学实践。"生活·实践"教育要求全体师生:亲近自然界的阳光,让生命染上泥土的芬芳;激发心中的太阳,向阳生长,在逆境中实现自我的超越。"生活·实践"教育的根本目的,就是培养造就人格完善、人性完美、人生完满的新时代阳光新人。

"生活·实践"教育主张培育孩子胸怀世界的大格局和情系人类的大情怀。引领孩子不仅要关注自己的成长,还要关注时代的发展、未来的趋势;不仅要关注国内态势,还要关注世界态势,培育孩子宽厚的全球观和时代视野。

"生活·实践"教育的十大主张:一是教育应以人为本,充满人文关怀;二是教育应注重个性发展,丰富情感,健全人格;三是教育应培养人类整体意识,做有全球观、中国心、正义感的现代公民;四是教育应培养科学精神,使学生善于思辨,掌握技能,适应未来生活;五是教育应师生平等,合作共享,因材施教,教学相长;六是教育应尊重和保持文化的丰富性和多元性,提供选择的多样性,求同存异,和谐共生;七是教育应融汇本土的优良教育传统,传承和发展文明;八是教育应开放、创新,勇于探索;九是教育应重视终身教育和终身学习,具有可持续性;十是教育应注重绿色生态和环境教育,养成同理心。

四、"生活·实践"教育的内容观

在当前教育面临智能化、自动化和数字化的大环境下,我们的教育内容也应与时俱进。因此,"生活·实践"教育的内容不仅要满足学生的低级的内在需求,诸如生存的需求、被爱的需求、安全的需求,同时还要满足学生的高级需求,诸如被他人认可的需求、自我实现的需求、自我超越的需求等,实现学生的身、心、脑的和谐生长、全面发展,让每个学生都能拥有扎实的学力和丰富的心灵,拥有多元的智力、聪颖的智慧、自为的智能,成长为一名具有中国灵魂和国际视野的时代领跑者。

为了顺应时代发展,培育阳光新人,"生活·实践"教育主张"五育"并举:德育、智育、体育、美育、劳育并举。这既关涉个体核心素养健全发展的不同维度,也指向个体生命健康成长的必需方式。

1.德育

德育是生活的一部分,德育与生活是不可分割的整体,德育并不是为未来生活做准备,回归生活、根植于生活的德育才是真正的尊重生命和发展生命的"大德育"。因此,德育不仅是教育的核心,也是生活的中心。德育是为了个体的幸福与社会的安康。"生活·实践"教育的德育观是鼓励崇高的精神追求,培育丰富的有趣的灵魂,做精神的贵族。我们深信生活德育,即源于生活,在生活中并为了更美好的生活;深信积极的德育,以欣赏、鼓励的眼光看待每一个学生,激起他们内在的道德需求与积极情感。生活德育主张学生在活动中获得生动、真实、深刻的道德体验,得到道德认知、情感、意志和行为四个方面的全面发展;强调学生在集体活动中学会合作、合享、合群,成为知识社会中善于合作、勇于创新的新人。

德育的核心在于学生习惯的培育。教育就是培育学生良好的习惯。马卡连柯说过:"不要以为只有你们同儿童谈话、教训他、命令他的时候,才是进行教育。你们是在生活的每时每刻,甚至你们不在场的时候,也在教育着儿童。你们怎样穿戴,怎么同别人谈话,怎样谈论别人,怎样欢乐或发愁,怎样对待朋友和敌人,怎样笑,怎样读报——这一切对儿童都有着重要意义。"人的习惯是被培育和训导的,一个好的习惯促使人走向成功,一个坏的习惯容易让人失败。古人云:"勿以善小而不为,勿以恶小而为之。"培养学生良好的行为习惯和学习习惯,是"生活·实践"教育的德育核心,培根固基,助力学生飞得更高更远。

"生活·实践"教育主张,德育要融于生活,注重实践,让孩子的立场成为德育工作的基本出发点,让孩子在生活中多尝试、多体验,形成丰富的情感体验,培育孩子之间的宽松、友爱、共进的良好人际关系。

因此,"生活·实践"教育倡导德育是一种积极的有趣的生活方式。面对人工智能时代,我们的学校德育工作应该聚焦同理心和人类命运共同体的观念培育,引领孩子具有亲近自然的情感和情绪管理能力,做一个具有丰富情感、善于情绪管理的好学生、好孩子、好公民,长大后为社会作贡献。

2.智育

智育,即开发智力的教育。智育离不开人的大脑。大脑是宇宙中最复杂的系统之一。脑是人类神经系统的一部分,它负责接收、处理和存储信息,以协调人的行动。脑的重量约占身体总重的 2.5%。大脑中水约占 78%,脂肪约占 10%,蛋白质约占 8%,消耗的能量约占全身能量消耗的 20%,这个比例是其他身体器官的 10 倍。目前,脑科学是研究脑认知、意识与智能的本质与规律的科学,被称为人类理解自然和人类本身的"终极疆域"。可见,人脑对人的智力成长具有特殊作用。而且,人的大脑从来不是消极被动的,它处于一种永恒的活动中,精细而敏锐,接受外界的刺激,对刺激作出反应。近年来,由于成像技术和计算方法的进步,神经与脑科学的发展日新月异,积累了大量的基础研究数据,对教育的影响越来越大,特别对智力的开发起到了重要作用。

21 世纪的学校教育不能停留在"机械记忆"阶段,即让学生掌握知识、技能与概念的阶段,而应该培育学生的想象力和创造力,让学生掌握创造性思维的能力,提升学生发现问题、分析问题和解决问题的能力。美国学者伯尼·特里林等在《21 世纪技能:为我们所生存的时代而学习》一书中提出 21 世纪的三种核心技能:学习与创新技能、数字化素养技能、职业和生活技能,并认为:"21 世纪的全球经济要求人们有更高水平的想象力、创造力和革新力。""生活·实践"教育的智育观就是要发展儿童的好奇心和理性思考的能力,它的核心就聚焦在"阳光新学力"方面。阳光新学力就是在知识社会、网络时代终身学习的能力。这种学习能力强调的是自主学习的能力(态度)、深度学习的能力(程度)和终身学习的能力。阳光新学力需要在探究学习、合作学习和实践学习中实现。阳光新学力特别强调让学生掌握网络时代的学习工具与智能化的制造工具,使他们成为充满人文精神的时代创新型人才。另外,阳光新学力也注重通过艺术体验和体育运动来培育智力,因为艺术体验和体育运动都能训练我们的大脑,如音乐训练可以改变听觉、视觉、运动等皮层的形态结构和功能连接,增强这些网络之间连接的协调性和同步性。体育运动、动作技能训练能使运动区、顶下沟等区域的灰质增加。因此,"生活·实践"教育的智育的目标在于培育儿童的智能、智力、智慧,而且也注重儿童的道德品行、优良品质的养成,使儿童成为有美好追求、亲自然情结、友爱他人、勤劳奉献的新时代领跑者。

面对席卷而来的"人类第二次革命"的智能化浪潮,人工智能正在拓展着人类的思维。在人工智能时代,知识是开放的,随时随地可查找、可检索,因此,简单的机械记忆不是很重要了,学生更需要学习如何从已有的知识中挖掘出新知识、新应用,重点培育学生的想象力、终身学习能力、计算思维能力和交互思维能力。时任教育部副部长杜占元在 2017 年 12 月召开的 2017 未来教育大会上提出,在机器能够思考的时代,教育应重点培养学生的五种能力,即自主学习能力、提出问题的能力、人际交往的能力、创新思维的能力和筹划未来的能力。

因此,在人工智能时代,学习更具有突破时空的流动性和通透性,以学生为中心和以学习为中心将更加凸显,未来社会的发展需要具备终身学习能力的人,这需要学生在学校时期培养积极主动的学习能力和学习愿望,这必然要求改变传统的教学模式,更多地以学生为中心。同时,互联网的大发展也为以学生为中心的学习提供了可能,互联网的教育资源已经极大丰富,未来还将更丰富,这为学生主动学习提供了必要条件。

根据研究,未来我国约 710 万工作岗位将消失,700 种职业、47% 的工作可能要被人工智能或机器人取代,而同时将出现许多新职业。面对未来职业的改变,教育领域必须及时调整人才培养目标。在知识记忆和简单理解方面,人工智能在很多方面已经超越了人类,在未来以知识记忆和简单理解为主的工作将被人工智能所取代,所以教育体系的目标必须相应地作出调整,由以知识记忆为主转向以能力培养为主,更加注重培养人的批判性思考能力、创造能力、创新精神和创业精神,更加注重培养人机合作的能力。从世界范围看,学校已经在改变学生的角色,使学生从被动的教学内容和知识的消费者转变为教学内容和知识的创建者。学生通过在课程中整合数字工具,能更顺利地制作媒体和技术原型,并通过学习获得更多的参与机会。因此,在未来,人工智能将全面辅助学生课程内外的学习,这为学生的主动学习提供了更大的可能。此外,混合式学习也是以学生为中心的,改变了传统课堂教学以教师为中心的学习模式,学生在学习中更加积极主动。

"生活·实践"教育同时还认为,德育和智育的联合发力,还会起到一种"化学变化",就是实现"合育"的目标。合育并非在五育之中另加一育,而是辅助于德育和智慧的一种具体主张和一套实践策略。合育的内涵将在下文展开论述。

3.体育

体育是一种身体教育实践的活动,伴随人类而生。体育是孩子身心健康的基础,不仅是强体之育,更是强心之育。在体育运动中,孩子可以养成团队精神、规则竞争、合作、毅力、勇敢、忍耐、不骄、不自私等美德。同时,孩子通过体育活动让身体和精神和谐发展,能够拥有强大的身体基础和心理基础面对挫折或困难,激发自身的活力和潜力。

"生活·实践"教育主张阳光体育,阳光体育的目标是培养热爱生活、身心脑健全的人。这里说的体育是为了健康生活的大众体育,而非竞技体育。体育通过培养健康的运动习惯、传授科学的运动知识和促进社会交往的体育活动实现学生的自我认识与超越,培养坚强的意志。

因此,"生活·实践"教育主张阳光体育是生命机能的教育,是超越自我的教育,是最好的团队教育,是积极的人格教育。阳光体育特别强调融入学生生活、提高学习效率,并借助信息化的工具进行科学的体育课程设计。

研究表明:运动能帮助孩子建立与他人的联系,让他们学会珍惜和成年人之间的关系,获得自信心,以及为自己设立目标、完成目标。实际上,运动在学习中的作用,一直受到教育家重视。蒙台梭利提出:"我们这个时代最大的错误就是把运动当作运动本身,当成与其他高级功能相分离的东西……心智的发展是与我们的运动有紧密关联的,并且心智发展可能依赖着个体运动的发展。"

第一,运动精神。阳光体育要让孩子在体育活动中体现人类的顽强拼搏、团结协作、奋发向上、追求卓越的精神,成为一个守规矩、懂礼仪、会合作、敢拼搏的阳光人。

第二,团队合作精神和归属感。学会团队协作——这是 21 世纪最重要的技巧之一,是我们每个人都要教给孩子的,往往一支运动队就是孩子学习团队协作的场所。

第三,领袖精神和领导能力。苏霍姆林斯基说:"儿童的精神生活、世界观、智力发展、知识的巩固性、对自己力量的信心,都取决于他的生命的活力和充沛程度。"而体育就是提升孩子生命活力的活动。体育活动可以培育孩子的领袖气质、组织能力和沟通协调能力,最重要的是可以培育孩子为他人服务的意识和能力。这是孩子领袖气质中最为重要的能力。

第四,学会输的精神。体育的真谛并不是在于喝彩或是名次,而是坚持不懈、永不止步的顽强精神。体育精神中最重要的就是学会输的精神,只有正确对待输,才能收获赢。在体育活动中,孩子在竞赛中通过输赢来树立正确的输赢观,明白学会输比追求赢更重要。在人的一生中,不可能是一帆风顺的。

第五,促进身体和脑力发展。体育锻炼能为智力活动创造良好的生理条件。体育锻炼能保证孩子大脑里氧的充分供应,使大脑神经细胞发育充分,大脑神经系统的结构、功能得到改善和提高。因此,体育运动促进脑力发展,已经成为家校共识。经大量的研究证实,体育锻炼能提高儿童的学习成绩。在运动过程中通过引导儿童的认知需求,可以对智力活动产生积极影响。

第六,促进人际关系和谐。孩子在体育活动中形成的团结、友爱、竞争、守纪、坚韧等品质,会在日常生活和学习中迁移,利于同学之间的人际关系。因此,体育是人际关系的润滑剂。

第七,帮助学生获得自信心和自尊心。孩子在活动中认识自己、释放自己、展示自己,收获成功体验。这是体育运动带给孩子的最好成长动力源。

4.美育

美是纯洁道德、丰富精神的重要源泉。美育是审美教育、情操教育、心灵教育,也是丰富想象力和培养创新意识的教育,能提升审美素养、陶冶情操、温润心灵、激发创新创造活力。

美育在我国传统教育中具有重要的地位和价值。孔子说,"里仁为美"(《论语·里仁》)。孔子强调美德共生,美善一体。孟子说"充实之为美"(《孟子·尽心下》)。孟子强调美的人必须具有仁义道德的内在品质,并表现充盈于外在形式。孟子以"充实为美",就是强调每个人要增强自己的内在修养,促使人们向美之德和德之美靠齐。到了近代,王国维在《论教育之宗旨》一文中将教育分为智育、德育、美育三部分。蔡元培在《对于新教育之意见》一文中提出了"五育"并举,即军国民教育、实利主义教育、公民道德教育、世界观教育和美感教育。1952年教育部颁发了《小学暂行规程(草案)》和《中学暂行规程(草案)》,提出了实施智育、德育、体育、美育全面发展的教育。

人类走了一条从审美到美学再到美育的探索之路。美育伴随着人类发展不断地向前飞跃,为提升人类的生活质量作出了积极贡献。现今人们"追求美"已从"软需"转变为"刚需",从人民的"外在需要"转变到"内在需要","生活·实践"美育已经成为中国未来美育发展的重要趋势。

美育是党的教育方针的重要组成部分。学校美育工作是立德树人、培根铸魂的事业。党的十八大以来,以习近平同志为核心的党中央高度重视学校美育工作,把学校美育工作摆在更加突出的位置,作出一系列重大决策部署。2013年党的十八届三中全会提出"改进美育教学,提高学生审美和人文素养";2015年国务院办公厅印发《关于全面加强和改进学校美育工作的意见》;2018年8月习近平总书记给中央美院8位老教授回信;2018年9月习近平总书记在全国教育大会上对美育工作作出重要指示;2019年3月全国两会期间,习近平总书记看望文艺界社科界委员时,对文化文艺工作又提出明确要求;2020年9月22日,习近平总书记在教育文化卫生体育领域专家代表座谈会上,再次强调加强和改进学校美育。学校美育必须不断增强以习近平新时代中国特色社会主义思想为指导,提升思想自觉、政治自觉、行动自觉,与党中央国务院的要求同向同行,与推进素质教育的要求同向同行,与学生全面发展的迫切要求同向同行。

当前在中小学校,美育理念出现了几个误区:第一,美育被"矮化"了,美育被降格为技巧(术)教育,美育等同于音乐、美术的考级。孩子们通过大量的机械训练,达到考级的目的,而不是为了追求生活的美好。第二,美育被"窄化"了。美育等同于艺术教育了。第三,美育被"弱化"了,在社会和学校教育中,美育常成为可有可无的装饰品,需要的时候喊喊口号,不需要的时候被丢在一边。第四,美育被"沙化"了,美育一般仅限于在学校里进行,仅限于教材,忽视了生活这个土壤。总体上看,美育仍然是整个教育事业中的薄弱环节,学校美育在改革发展中表现出了三个"不适应":学校美育与素质教育的要求还不相适应,与推进教育现代化的要求还不相适应,与全面实现小康社会和"两个一百年"目标还不相适应。

2020 年 10 月,中共中央办公厅、国务院办公厅印发《关于全面加强和改进新时代学校美育工作的意见》,要求各级各类学校要以习近平新时代中国特色社会主义思想为指导,全面贯彻党的教育方针,坚持社会主义办学方向,以立德树人为根本,以社会主义核心价值观为引领,以提高学生审美和人文素养为目标,弘扬中华美育精神,以美育人、以美化人、以美培元,把美育纳入各级各类学校人才培养全过程,贯穿学校教育各学段,培养德智体美劳全面发展的社会主义建设者和接班人。

遵循中央要求,"生活·实践"教育主张,美育使学生在美的生活中陶冶道德情操,发展审美能力,追求真善美的人生。美育应根植于生活与实践,通过自然化的人生美和人生化的自然美,让所有学生在艺术中享受诗意人生,学会欣赏生活、美化生活、热爱生活并创造生活。美育应注重激发学生对艺术的兴趣,让学生广泛涉猎各种艺术门类、进行综合性的艺术创造与表达。"生活·实践"教育的美育就是要让人们的生活更有品质,更有创新精神,更能实现自己的价值。

加强美育的渗透与融合,学校美育课程建设是重点。实施构想包括四个方面:一是学科融合,加强美育与德育、智育、体育、劳动教育相融合,充分挖掘各学科所蕴含的丰富美育资源,有机整合相关学科的美育内容,推进课程教学、社会实践和校园文化建设深度融合,形成协同育人格局。二是学段衔接,完善美育课程设置,强调学校美育课程要以艺术课程为主体,包括音乐、美术、书法、舞蹈、戏剧、戏曲、影视等课程,分学段有侧重地规划美育课程设置,相互呼应、有效配合,构建大中小幼相互衔接的美育课程体系。三是目标整合,凸显艺术学科价值与特点,明确美育课程要培养的核心素养,注重正确价值观、必备品格和关键能力等多维育人目标的整合,与立德树人的总体要求有效对接,明确学前教育、义务教育、普通高中、职业教育、高等教育等各级各类学校美育课程的目标。四是教材贯通,加强美育教材体系建设,坚持马克思主义指导地位,扎根中国、融通中外,凸显中华美育精神,围绕课程目标,精选教学素材,丰富教学资源,加强大中小学美育教材一体化建设,实现主线贯穿、循序渐进。

围绕学校美育教学,可从五个方面着力、施策:一是开齐开足上好美育课。严格落实国家规定的美育课程开设刚性要求,在落实"开齐开足"这个底线要求的基础上逐步实现"上好"的目标,不断拓宽课程领域,逐步增加课时,丰富课程内容,提高美育教学质量。二是构建以学生发展为中心的教学模式。逐步完善"艺术基础知识基本技能＋艺术审美体验＋艺术专项特长"的教学模式。强调在学生掌握必要基础知识和基本技能的基础上,着力提升核心素养,帮助学生形成艺术专项特长。三是普及面向人人的美育实践活动。面向人人,建立常态化学生全员艺术展演机制,大力推广惠及全体学生的合唱、合奏、集体舞、课本剧、艺术实践工作坊和博物馆、非遗展示传习场所体验学习等实践活动。四是推进美育评价改革。把中小学生学习音乐、美术、书法等艺术类课程以及参与学校组织的艺术实践活动情况纳入学业要求,全面实施中小学生艺术素质测评,探索将艺术类科目纳入中考改革试点。五是促进高校艺术学科创新发展。进一步优化学科专业布局,构建多元化、特色化、高水平,具有中国特色的艺术学科专业体系,提高艺术人才培养能力。

同时,通过强化补充、提高质量、加大激励等办法,提高美育师资水平。统筹整合教师资源、教学资源、场馆资源,形成以美育人的合力。

5.劳育

劳育即劳动教育。它是中国特色社会主义教育制度的重要内容,直接决定社会主义建设者和接班人的劳动精神面貌、劳动价值取向和劳动技能水平,对于培养社会主义建设者和接班人具有重要战略意义。

2018年9月,习近平总书记在全国教育大会上明确提出将劳动教育纳入社会主义建设者和接班人的总体要求,必须构建大中小学劳动教育体系,全面落实党的教育方针。2020年3月中共中央、国务院颁布《关于全面加强新时代大中小学劳动教育的意见》指出了劳动教育被淡化、弱化,一些青少年中出现不珍惜劳动成果、不想劳动、不会劳动的现象,与社会主义建设者和接班人的培养要求有较大差距。新时代加强劳动教育必须强调以习近平新时代中国特色社会主义思想为指导,落实立德树人根本任务,把劳动教育纳入人才培养全过程,贯通大中小学各学段,贯穿家庭、学校、社会各方面,与德育、智育、体育、美育相结合,把握育人导向,遵循教育规律,创新体制机制,注重教育实效,实现知行合一,促进学生形成正确的世界观、人生观、价值观。

遵循中共中央指示,"生活·实践"教育主张,实施劳动教育的重点是在系统的文化知识学习之外,有目的、有计划地组织学生参加日常生活劳动、生产劳动和服务性劳动,让学生切实经历动手实践,出力流汗,接受锻炼,磨炼意志。将劳动教育与智育区别开,防止用文化课的学习取代劳动教育。

"生活·实践"教育主张,劳动教育宜从思想认识、情感态度、能力习惯三个方面突出强调劳动教育的思想性。使学生理解和形成马克思主义劳动观,牢固树立劳动最光荣、劳动最崇高、劳动最伟大、劳动最美丽的观念;体会劳动创造美好生活,体认劳动不分贵贱,热爱劳动,尊重普通劳动者,培养勤俭、奋斗、创新、奉献的劳动精神;具备满足生存发展需要的基本劳动能力,形成良好的劳动习惯。

为此,需要整体优化学校课程设置,构建劳动教育课程体系。大中小学设立必修课程和劳动周,同时强调其他课程有机融入劳动教育内容和要求。在劳动教育时间上,首先要保证中小学劳动教育课每周不少于1课时,职业院校除实习、实训外,专门进行劳动精神、劳模精神、工匠精神专题教育不少于16学时，大学本科阶段不少于32学时。其次要在课外校外安排，中小学要对学生每天课外劳动时间作规定，大中小学每学年设劳动周（高等学校也可安排劳动月），也是在课外集中安排，安排必要的劳动实践，旨在促使学生养成良好的劳动习惯。

对不同学段学生宜灵活安排日常生活劳动、生产劳动、服务性劳动这三类劳动教育。日常生活劳动教育注重在学生个人生活自理中强化劳动自立意识，体验持家之道；生产劳动要因地制宜开展；服务性劳动要体现时代特点，注重利用知识、技能、工具、设备等为他人和社会提供服务，特别是在公益劳动、志愿服务中强化社会责任，培养良好的社会公德。三类劳动教育内容不同，各学段可以有所侧重，但从总体上看，三者都很重要，不能偏废。

教人者要先受教。要加强劳动教育的教师培养和培训工作。高校要加强劳动教育师资培养，有条件的院校开设劳动教育相关专业。有关部门要对劳动教育师资培养进行调研和规划。开展劳动教育教师全员培训，强化每位教师的劳动意识、劳动观念，提升实施劳动教育的自觉性。对担任劳动教育课程的教师进行专项培训，提高劳动教育专业化水平。

"生活·实践"教育还认为，在促进学生的智育与劳育方面，还可以考虑"实育"的作用。这是促进智、劳二育乃至加强学生核心素养的一种必要的、有效的具体主张和实践路径。顾名思义，实育即实践教育，指的是学生通过实践获得生活体验、生存能力与生命理解的教育，着重培养实践能力。实育不仅是具体的、实在的教育内容，而且也是教育方式。实育要解放学生的双手双脚、时间空间、思维想象，使之走进大自然、走进大社会，获得全面而自由的发展。实育强调的"实践"，注重理论联系实际，倡导知行合一、在做中学、在学中做、在探究中学、在改造中学、在创造中学。实育是联通情感世界与生活世界、教育世界、职业世界、人工智能世界等的重要因素，是素质教育的重要内容，是促进青少年全面发展的重要载体，是培育具有中国灵魂、国际视野的未来人的重要手段和方式。

五、"生活·实践"教育的学生观

"生活·实践"教育认为,学,就是学习;生,就是人;学生就是学习的人,就是处在学习状态中的人。学生,不仅仅是一种表面的身份,更是一个动词,一种趋向,即成为向学之生、爱学之生、乐学之生。一个人处在学习状态之中的时候,一定是心有所学、心有所期待。学生之为学生,总是活在某种对学习的事物的期待之中,总是活在对某种更高事物、更高存在的敞开、欲求、期待之中。一个真正处于学习状态之中的人,一定是会为学习中的事物所感动、所召唤、所浸润的人。

学生是一个个鲜活而不同的生命。他们是自己生命的塑造者,自己生活的经历者。因此,学校应培养学生的生活力,使其能胜任并享受各个方面的生活。学生应具有积极的人格。在学生的人格里,应充满人类的力量与美德,如主动、乐观、自信、坚毅、希望等,使他们在幸福生活的同时也能贡献社会。学生与生俱来都具有创造力。创造是人的本能。创造力就是产生新思想、发现和创造新事物的能力。在未来社会,人工智能将取代大部分人类的工作,只有充满创造力的人才能成为世界的主人。

青少年阶段是一个人求知欲最旺盛,记忆力最好,想象力最丰富,对一切都充分幻想的阶段。每个人在这一阶段都潜藏着无限的自我生长的力量。教育,就是要激活这种力量,把这种力量引导到合适的轨道,使这种力量得到延续、发展,开启每个人通往未来生活的希望之通道,焕发每个人自我成人的渴望,促成个体不断朝着理想的自我转化。

一是开阔学生的视野。让青少年学生接触"十步之内芳草,六经之外文章",透过书窗看到星辰大海、历史世界。开阔的视野可以让学生接受多样的陶冶,避免生命的单一化,增加自主选择的可能性,发展学生的个性化和主动性。二是给予学生充分的锻炼机会。为青少年学生提供尽可能多的平台,让青少年学生能够像鸟儿一样在各种锻炼之中自由地飞翔,自由地施展自己的才华,让生命得到充分的释放、充分的展露。使他们在实际的锻炼中磨砺自我,培养才能,发掘潜能,培育个性,养成踏实的作风,促成自我发现,自我肯定,增进自我认同,促成人的主动发展。三是师生之间相互激励。学校其实就是一群人在一起自由交流,谈天说地,指点江山,激扬文字,青春浪漫,少年壮志不言愁。没有一个人可以仅靠自己成就健全的自我,没有一个人仅靠自己的能力成为人。青少年学生汇聚一起,彼此成为对方的风景,走向共同成长。教师当然就要促进这种共同生活的实现。学校当然就是为这种共同的生活提供一种长远的、可以持续的空间,有序地促进这种生活的展开。开阔的眼界,主动的发展,充分的锻炼,个性的发展,共同的成长,这就是学生之为学生的理想姿态。始终在学习中,在活泼成长的状态中。

六、"生活·实践"教育的教师观

《关于全面深化新时代教师队伍建设改革的意见》指出:教师承担着传播知识、传播思想、传播真理的历史使命,肩负着塑造灵魂、塑造生命、塑造人的时代重任,是教育发展的第一资源,是国家富强、民族振兴、人民幸福的重要基石。

在新时代,教师的工作,已经不是传统意义上的教,而是以组织儿童的学习、生活为中心,在短暂的文化启蒙之后和经常性的无形的精神启蒙之中,让学生尽可能地自己做、自己学。教师是学生学习的促进者和帮助者,是教育教学的研究者,是课程的开发者和建设者。教学过程不只是忠实地执行课程计划的过程,还是师生共同开发课程、丰富课程的过程,教师必须集中更多的时间和精力从事那些有效果的和创造性的劳动。

七、"生活·实践"教育的课程观

传统课程观认为"课程即跑道""课程即学科""课程即有组织的学习经验"等,但是,"生活·实践"教育坚持课程是无边界的,主张从"课程即学科"等传统理念转向"课程即成长",也就是说,"生活·实践"教育的课程就是让学生实践自己的生活、丰富自己的生活、创造自己的生活。

"生活·实践"教育的课程要从分离的二元认知(身心分离、强调机械地记忆)课程走向身心中和的"具身认知"课程,即强调身心一体、身心交融的体验课程。诸如芬兰基础教育课程改革提出了"现象教学"的概念,即立足于学生生活,确定学习或研究主题,将不同学科知识融入主题性的课程模块,实现跨学科教学。传统的数学、英语、语文、历史、美术、音乐等科目仍然开设,只是将不同主题或现象涉及的学科知识融合到一起教授。芬兰的课程规定,"现象教学"一般安排在小学到初中的每个年级,在保留传统学科教学的同时,每学年专门安排一个或多个学习阶段,集中开展学科融合式的"现象教学",具体安排则由各地各学校自主决定。这是从国家顶层设计方面为学校课程建设提供的政策保障。这种跨学科的课程整合将是我们未来的课程建设方向。

在新时代,"生活·实践"教育重视"人机结合"的课程整合,重视信息技术知识和个人知识成为课程内容发展的重要趋势,学校课程将从单纯强调学科内容向强调学习者的经验和体验转变,从过分注重课程目标、计划向注重课程过程本身的价值转变,从注重教材权威性和唯一性向注重教师、学生、教材、环境等多元化整合转变,从只注重显性课程向显性课程与隐性课程并重转变,从注重实际课程向实际课程和空间课程并重转变,从只注重学校课程向注重学校课程与校外课程的整合转变,从课程内容注重"技术理性"向注重"实践理性"和"解放理性"转变,从只关注本土化视角向全球化视角转变。

因此,"生活·实践"教育在课程建设方面需要注意以下几项:

第一,课程领导力是校长的核心领导能力,学校的竞争力主要是课程实施能力。我国现行的课程体系是三级课程体系,即国家课程、地方课程和校本课程。但是,校长的课程规划能力、开发能力、整合能力、实施能力以及评价能力决定着学校的课程质量,决定着学生成长的质量。

第二,课程要形成立体、多元的结构,打破单一的相互独立和隔离的状态,走向课程整合的课程建设之路。"生活·实践"教育要打通学科界限、课程体系界限,通过对资源整合、课程整合、课时整合、章节单元整合、学段整合等,让所有的育人活动成为一个有机的整体,赋予课程新的生命力,让课程焕发出新的活力。另外,课程建设除了学科内部的纵向整合,还有学科之间的横向整合。

第三,"生活·实践"教育的课程观的核心是人,落脚点是学生的发展,课程建设的出发点和落脚点是人,课程即成长,离开了人就谈不上是课程。在开发课程时,首先,学生要有"在场感",即要充分尊重学生的参与权与选择权,发挥学生的主动性和积极性。其次,学生要有"获得感",即课程建设要从学生的成长和需要出发,解决学生成长道路上需要的营养源,一是基于学生兴趣、特长发展的内在需求,一是基于时代所需和国家所需的外在需求。《中国学生发展核心素养》所表述的核心素养是"学生应具备的、能够适应终身发展和社会发展需要的必备品格和关键能力",这是我们课程建设的法理依据。

第四,"生活·实践"教育的课程观要重视学生的学习规律。在课程建设的过程中,一定要从学生的学习规律出发,尊重差异,注重个性,让课程真正发挥培育创新型人才的作用。

八、"生活·实践"教育的教学观

学习本质上就是教师与学生的互动过程。传统的教学方法总是"以教师为中心",过分地强调教师的主体作用,学生只是被动地接受,而现代教育强调的是要"以学生为中心"。现代教育的目的不是单纯地传授知识,而更应该注重能力和素质的培养,特别是创新能力的培养。在新时代,我们要从以学科为中心向以学习者为中心转变,大力推行互动式教学、混合式教学、探讨式教学、小组合作学习等以学生为主体的课堂,充分运用现代多媒体技术、网络技术、云教育、大数据,让教学方法与手段适应大数据的需要,培养学生发现问题、提出问题、解决问题的能力。因此,"生活·实践"教育主张:

第一,教学的本质是师生之间的交往、互动与生成。教学不仅仅是一种智力活动,更是充满价值与情感的生命互动。教学是师生共同的美好生活,在这个共同生活的过程中充满了理解、尊重、启发和爱。学生的道德、情感与智力在教学中都得到发展。

第二,教学是一种暂时性、辅助性的行为。不要让教师的教代替学生的学,教师不能陪伴学生一辈子,因此教是为了不教。培养学生自主学习、深度学习与终身学习的能力,是教学的终极目标。

第三,教、学、实合一。实践是在学习中联系手脑、生活、社会和自然的唯一方式。实践是解放身心、认识自我、改造社会和发现世界的根本途径。

九、"生活·实践"教育的课堂观

课堂,是教育教学的主阵地,是师生之间思维碰撞和交流的舞台,是师生生命成长和交融的生命场。在新时代,我国基础教育的课堂观必须变革,课堂不仅是学生学习的地方,也是学生生命成长的地方,更是教师学习和生命成长的地方。课堂也不是学生学习和成长的唯一地方,学生将在家庭、社区等多元化场所,利用互联网等交互式学习工具,实现全时空学习。在新时代,课堂概念的外延将得到无限延伸,课堂的呈现形态将是多元化的全时空形态。在未来,课堂思维的流量和可视化将是评价一节课是否优质的重要因素。

因此,"生活·实践"教育主张,课堂是师生精神成长的舞台,是师生交互共生的主阵地。课堂应该是开放、包容、平等、合作的,应该是生成的、探究的、深层的,应该是有书香味、人情味的生态课堂。

十、"生活·实践"教育的组织观

在新时代,学校教育从以班级授课为核心的规模化的学校教育走向分散式、数字化、网络化、远程化、家庭化、个性化的学校教育、家庭教育与社会教育三结合的组织形式,泛在化、生态化、个性化和全球化是其显著特征,教育将打破学校教育组织的单一形式。未来学校将走向分散式、反转式的个性化教育。班级授课制将被打破,教师与学生将是平等的互助者、学习伙伴。学生在学校、家庭、社会随时可以实现个体的学习,甚至是同伴间的互助合作化的小组学习等,突破了目前的规模化班级授课制的局限性。

新科技革命背景下的学校将变得更加开放,将建立在组织扁平化、发展战略愿景化、工作关系信任化的基础上。分散式、扁平化的学校管理将由权威走向服务、由权力走向文化、从集中走向民主、由监管走向人本。

十一、"生活·实践"教育的学校观

"生活·实践"教育追求建设阳光学校。阳光是温暖和公平的,阳光学校是融合中西方教育优势的现代新型学校。新型学校应该根植于自然与社会生态,

是基于学校、家庭和社区合作的教育共同体。阳光学校就是要教育出有理想的人，创造出阳光的社会，让每位教师都感到自己很重要，让每个孩子都享受学习的快乐，让每个家长都享受孩子的成功。

因此，"生活·实践"教育主张在博物馆中建学校：学校应像个大博物馆，各种建筑设施、结构、材质、绿化景观、家具、文化标志，包括色彩的使用等，都可以成为学生探究学习的"活"教科书和学习资源。学生的学习与当下的生活紧密相连，学校也将成为一个可以探究的、真实的学习基地。

"生活·实践"教育主张在图书馆中建学校：阅读的兴趣应是自发产生又随心所欲的，除了在专门的图书馆中"正式"地查阅资料与学习外，学校的走廊、架空层、教室、阶梯、大厅，任何可利用的空间都可以建成"图书漂流台"与电子阅览台，让学生随时享受阅读的乐趣、查询所需的信息。

"生活·实践"教育主张在数字化世界中建学校：信息化系统已经完全介入学校的管理模式、学习资源、考试模式、沟通方式等各方面，甚至已经作出变革。大数据和云平台的支撑使学生可以在任何感兴趣的领域深入探究，使云教学、翻转课堂、慕课学习得以常态化，又能根据每个学生的特点进行个性化的反馈与调整，使"因材施教"具备基础条件。

"生活·实践"教育主张在生态自然中建学校：校园建筑与自然环境相融合，充分利用生态技术、节能技术设计建造学校，把学校建设成节能和花园式学校。

"生活·实践"教育主张在社区中建学校：一方面，倡导"无边界"学校概念，学校与周边社区相融合，校内教学资源向周边社区开放，引导家庭教育、家长学校、老年学校的发展，从 K12 教育辐射终身教育；另一方面，也将周边社区中可能的教育资源引入学校，拓展实践教学、职业规划等各领域的教学面，实现学校与周边区域、与社会的良性互动。

第四节

"生活·实践"教育视野下学校教育改革框架

　　"生活·实践"教育主张每个人拥有巨大潜力,都有无限发展可能,这是"生活·实践"教育的基本立场和教育原点。"每个孩子都蕴藏着发展的潜能,但每个孩子天赋不同、生活的环境不同,不能用一把尺子衡量他们,而是要因材施教,面向每一个孩子,不要把学生分成三六九等。给每个孩子提供适合的教育才是最好的教育,也是最公平的教育。""生活·实践"教育质量的取得是建立在坚实的教育理念和操作体系之上的。这也是"生活·实践"教育与其他教育的重要区别。

一、全面发展的人的培养目标

　　培养全面发展的人是马克思主义人的发展理论的基本观点。"生活·实践"教育积极吸纳了马克思主义人的全面发展理论,并把自己的培养目标定位为"培育全面发展且有个性特长的时代领跑者"。当今,新工业革命扑面而来,智能化、个性化已经成为未来社会的主要特征,"生活·实践"教育就是要帮助孩子适应不确定的未来,让每一个孩子都能德智体美劳"五育"全面发展,成为具有爱心、好奇心、想象力、创造力的时代新人。同时,孩子成长除了全面发展之外,还要兼顾孩子的天赋秉性,也就是要在孩子的多元智能中寻找到孩子的"最近发展区",让孩子拥有自己的个性特长,成为具有个性化的人,让天性得到释放、人性得到解放、个性得到绽放。在"生活·实践"教育个性化教育体系中,让每个孩子拥有终身受益的2~4项体育运动项目、2~3项音乐舞蹈项目(乐器)、2~3项绘画书法等技能,人人有特长、人人能展示、人人能出彩,让每一个孩子都了不起。而时代领跑者主要是指"生活·实践"教育要让孩子成为"三个"领袖,即成为自己的领袖(管理好自己),成为团体中的领袖(为他人服务),

成为行业的领袖(成为行业佼佼者)。

二、绿色高分数的素质目标

"生活·实践"教育坚持教育不仅要给学生看得见的分数,更要给孩子带得走的能力,也就是"生活·实践"教育所说的"绿色高分数"。那么,什么是绿色高分数? 绿色高分数,具体内涵为"三高三保障":高分数,高能力,高情商;睡眠保障,运动保障,阅读保障。也就是说,在"生活·实践"教育体系中,"生活·实践"教育让孩子获得高分数是基础,这是孩子获得更好发展平台的基础,也是孩子发展的重要素质之一,但是,"生活·实践"教育认为,孩子仅仅有高分数是不够的。"生活·实践"教育还要让孩子拥有高能力,这些高能力具体表现为"六力":自主力、生活力、学习力、合作力、实践力、创造力。更重要的是,孩子们在高分数和高能力的基础上,通过生活和实践拥有高情商,这是"生活·实践"教育的追求目标。因为一个人走上社会,要想取得成功,80%左右靠的是良好的人际关系和人际交往能力,而良好的人际关系则靠高情商。

近年的脑科学研究发现,睡眠、运动对学习有重要影响。"对于学习,人们首先关注的是学校的硬件设施、教师的教学水平、学生的学习动机等相关因素。除此之外,越来越多的研究者发现一些生理因素如营养、体育活动、睡眠等对于学生学习有重要的影响作用。"基于此,"生活·实践"教育的绿色高分数还设计了"三保障":第一,睡眠保障。"生活·实践"教育保障每一个孩子每天睡眠不少于8小时,高中生也不例外。让孩子拥有充足的睡眠不仅促进孩子的智力发育,更重要的是使其有充沛的精力投入学习中来。第二,运动保障。"生活·实践"教育让每一个孩子每天运动不少于1小时,每一个孩子拥有终身受益的个体运动项目和集体运动项目,并且男生学武术、女生练形体,让每一个孩子都拥有健康的身体。第三,阅读保障。一个人的成长史就是精神发育史,也就是人的阅读史。在"生活·实践"教育的绿色高分数中,"生活·实践"教育设计了"海量阅读路线图",从小学一年级到高中三年级,接受"生活·实践"教育的孩子要读完500本书,分为24个等级,每一个学期结束都要举行学生阅读等级考核,考核过关后,颁发学校的阅读登记证书。"生活·实践"教育让孩子通过阅读,让自己的心田中没有杂草,找到自己心中的英雄、榜样,找到自己的目标,找到自信,最终走向成功。

总之,"生活·实践"教育的绿色高分数追求的是人的全面发展,"生活·实践"教育的分数观是:分数只是人的成长过程中的副产品,是表象,本质是人的能力增长和综合素质的提升。

三、"六合一"学校教育功能定位

什么是学校?学校是师生精神发育的地方。近代学校滥觞于西方的工业革命,是适应机器大生产取代手工劳动而产生的,其目的是培养大规模的技术工人。但是,在人工智能时代、大数据时代,传统学校正在受到挑战。正如联合国教科文组织 2015 年发布的《反思教育:向"全球共同利益"转变》所说:"从规模上看,当前的学习格局变化可以同 19 世纪出现的从传统的工业革命前教育模式向工厂模式的历史性过渡相提并论。在工业革命前的传统教育模式下,人们所学的知识大多来自日常生活和工作活动,而诞生于工业革命时代的大众教育模式等同于学校学习。此外,学校教育模式基本上依然是将学习与课堂教学联系起来,但其实许多学习(即便在传统教育环境中)发生在家庭和其他地方。"基于智能化社会的背景,"生活·实践"教育提出了"六合一"学校的理念。

什么是"六合一"学校呢?就是除了学校的功能外,"生活·实践"教育还有学习辅导中心的功能、托管中心的功能、特长发展中心的功能、实践创新中心的功能、家校合育中心的功能。"生活·实践"教育让学校与时俱进,让学生全面发展,让学生能力与分数并重,增效赋能,全方位为学生成长服务。正如顾明远所言:"坚持能力为重,培养学生的学习能力、实践能力、创新能力。要坚持知行合一,把知识学习与实践活动相结合,把教育与劳动结合起来。坚持全面发展与个性相统一,因材施教,培养具有时代意识、理想信念、扎实学识、创新思维、奉献精神的人才。"这是"生活·实践"教育实验学校的基本任务。

四、"合育"教育机制

"合育"是周洪宇教授提出的一个独特概念,是指以中国传统文化中的"和合"思想为核心,倡导学生合群、合作、合享。什么是合育?周洪宇教授认为:"所谓合育是指以和合、合作、交往等思想为指导对年轻一代实施的一种教育,目的在于使他们既能善待自己,又能正确地对待他人和社会,成为合群、合作、合享的一代新人。"

合育至少应包含以下四个方面:(1)平和地对待自己,即人要不断地调适自己,具有一种平稳而健康的心理;(2)谦和地对待他人,即要严以律己、宽以待人,以包容、宽和的原则来处理人际关系;(3)谐和地对待社会,即要有一种"心底无私天地宽"的博大胸怀,与社会融为一体,而不是独来独往的"孤家寡人";(4)中和地对待世界,即要有一种"万物皆备于我"的心胸,关心自然,关心世界,关心人类命运。

以上四个方面由此及彼、从低到高,构成了一个较为完整的合育内容体系。"合群、合作、合享是前后衔接,层层递进的。三个环节共同构成合育的一个完整流程。客观事物是千变万化的,对年轻一代的教育是一项长期性的工作,因之实施合育,也应该流程相继,常抓不懈。"

"生活·实践"教育除了加强学生的合育外,还注重校外资源的整合,诸如发挥家校合育功能,把家长引进学校,成为学校治理的重要力量之一,成为学校的成长伙伴、学生成长的合伙人。

五、重视意商

意商,也是"生活·实践"教育的一个重要概念,它是用以反映人的意志品质及其发展水平的一个概念,是一个人的意志量度,包括意志的自控性、果断性、坚毅性、持久性等,表现为毅力、坚持、吃苦耐劳等品质。也就是说,意商是与人的意志过程密切相关的,是人在克服困难时所表现出的积极的心理状态,如克服干扰、知难而上、坚忍不拔、持之以恒等。意商与美国的 Grit 有着相通的共性。Grit 可译为"坚毅",但其含义远比毅力、勤勉、坚强都要丰富得多。Grit 是对长期目标的持续激情及持久耐力,是不忘初衷、专注投入、坚持不懈,是一种包含了自我激励、自我约束和自我调整的性格特征。正向心理学则提出了七项指标,认为它们是预示孩子未来成功的"七大秘密武器"。这七项指标分别是:坚毅、激情、自制力、乐观态度、感恩精神、社交智力、好奇心。

意商,在"生活·实践"教育的生活和学习中是非常重要的。"美国学者、成功学家拿破仑·希尔曾经谈到造成人的失败,或影响人的成功的 54 个因素中,约有 1/3 的因素,是与人的意志状况不佳有关的。这说明,人的意志因素、人的意商状况,对一个人的成功的极端重要性。""生活·实践"教育提倡的意商,对于解决和克服当前孩子的"空心病"和"玻璃心"具有重要作用,是帮助孩子寻找到生命的价值和生活的意义的一味良药。

六、"三备三研"

如何做好备课?这是每一所学校都面临着的常规工作、重要工作。备出优质的课是上好课的前提和基础。因此,"生活·实践"教育以"三备三研"作为备课的工具,所有老师必须认真做好"三备三研"。"三备"是指个人初备课、集体备课、个人复备课;"三研"指的是研究课程标准、研究中高考考试说明、研究课程体系。这样的"三备三研"就为课堂的高效学习奠定了坚实的基础。因为熟练掌握"三备三研",就像练气功打通了"任督二脉"一样,实现了全部知识的融合贯通,真正打通了课程标准、考试说明和教材体系的内在逻辑关系,实现了"三位一体"的大贯通,可以游刃有余地站在教材的顶端审视中高考和其他考试,这是"生活·实践"教育的秘密武器。

七、高效课堂

高效是针对低效课堂提出来的。在日常的课堂中,大多数教师是"一支粉笔一张嘴"从头讲到尾的"填鸭式""灌输式"教学,让学生被动地接受。这种课堂不能调动学生的学习积极性和主动性,是非常低效的课堂。而"生活·实践"教育的高效课堂是基于"生活·实践"教育独特的学生观和学习观提出来的。在学生观方面,"生活·实践"教育认为 80% 的学生是优秀生、10% 的学生是特优生、10% 的学生是待优生,"生活·实践"教育的眼中是没有差生的;在学习内容方面,"生活·实践"教育认为 80% 的知识学生自学能会、10% 的知识学生相互学就能会、10% 的知识需要教师讲解才能会;在课堂时间分配方面,80% 的时间是学生自主学习、合作学习、讨论展示、当堂检测时间,10%的时间是教师精讲时间,10%的时间是教师解决难点时间;在复习巩固方面,80%的时间自主整理错题和出试卷、10%的时间做限时练、10%的时间做提高题;在综合素质发展方面,80%的时间花在学习文化知识方面、10%的时间花在兴趣与特长发展方面、10%的时间花在运动与健康方面。

八、双课程体系

在"生活·实践"教育中,所有学段的课程设计都是双课程体系,这个双课程体系分为两个层级,一个是纵向的,一个是横向的。纵向的是指国家课程和校本课程;横向的是指国家课程与该门国家课程的拓展课程,比如小学一年级的语文。"生活·实践"教育除了开设国家标准语文外,还开设绘本课程、快乐识字课程等。在高中,"生活·实践"教育除了开设国家标准语文,还开设了思辨式阅读课程,形成了国家标准化和学校个性化相结合的课程体系。

九、双师制

在双课程体系下,"生活·实践"教育安排学科教师不兼任校本课程,即上国标课的教师是一个人,上校本课程的教师是一个人,两位教师并行上课,不交叉。"生活·实践"教育对两位教师进行独立的评价。这样就避免了上国标课程的教师把上校本课程的时间抢占了,使校本课程形同虚设,没有效果。独立评价两个教师,这样的好处是能够保证校本课程有效地开设起来,与国标课程相互补充,整体上推动学科成绩的提升。"生活·实践"教育提倡的双师制,除了在课程方面的双师外,"生活·实践"教育还主张充分利用"虚拟教师+现实教师"相结合的双师制,这是"生活·实践"教育在智能化时代教育方式的一个重要突破,"生活·实践"教育要充分利用好物联网、教联网、VR(虚拟现实)技术等,为课堂教学赋能增效。

十、学导合作单

所谓学导合作单,是"生活·实践"教育开发的一种融预习案、课堂任务和探究案、课后练习案于一体的"三案合一"的学生学习案,是一种高效的学习工具。"生活·实践"教育提前编制好学导合作单,课前发给学生预习使用,预习不充分的课不能上,小组检查预习不过关的课不能上;学导合作单人人过关,不过关的学生,教师要面批面讲,确保过关。最终,学生人人都收获成功。

十一、自主学习体系

"生活·实践"教育的核心是培养学生的自主学习力,拥有自主学习力是培养终身学习能力的基础。而且,优秀的学生都是自主学习力强的学生。为了培养学生的自主学习力,"生活·实践"教育采取了六大自主学习项目,分别是:学习小组、预习单、错题本、思维导图、限时练、无声自习。其具体内涵是:

第一,学习小组是"生活·实践"教育的基本学习单位,每个班级分成若干个学习小组。小组内成员人人都是学科组长,在班级学科班长的带领下,形成全班的学科学习的研究团队、监督团队、互助团队。最重要的是成为教师的若干个教学助手,帮助教师监督学情、督促作业完成、帮助错题订正等,解决教师精力不够的问题。因此,学习小组是"生活·实践"教育最为看重的教学单元,因为"生活·实践"教育把班级的教学质量建立在学习小组之上,小组强则班级强,小组弱则班级弱。

第二,预习单是"生活·实践"教育的学导合作单的重要组成部分。学生提前自主预习课本,完成预习单上的任务,由学习小组长签名验收,检查是否有效预习。这是课堂学习的关键一环。如果预习不充分的话,课堂学习的效率就会大大打折扣。

第三,错题本。错题本是有效学习的工具。错题都是学生在学习中遇到的知识盲点,只有整理出来反复多次地纠正,才能真正掌握这些知识点。"生活·实践"教育要求教师对学生的错题本每周检查一次,并进行批阅,确保学生是在真看、真纠正,确保学生的错题过关。

第四,思维导图是学生学习真正理解的结果。学生通过预习,不仅要在课本上圈画重难点,而且要画出本课的知识逻辑结构图或者知识树,帮助自己理解课本知识体系。

第五，限时练。"生活·实践"教育在每节课的最后5～8分钟、每天的晚自习配20～30分钟的学科限时练。"生活·实践"教育这样做的目的在于把作业考试化、考试正规化，因为考试时的注意力比做作业时集中，做题效率也更高。这也是"生活·实践"教育训练学生的"做题感""效率感"的有效方法，更重要的是经过平时的频繁考试，锻炼了学生考场心理，有助于学生在以后的大考中平稳发挥。

第六，无声自习。无声自习是"生活·实践"教育的一大特色。自习课上，每一个学生不容许东张西望，也不允许抬头，只能自己看书、做题。凡是被教师抓到不遵守这条的，严肃处理，写下保证书后再犯，家长领回家去反思，直至做到无声自习。这样的效果，才是真正的学习的环境。无声自习，有效保障了学生的高度的专注学习、聚精会神的学习、高效率的学习。

"生活·实践"教育通过这些具体的自主学习项目训练，使学生在实战中学会自主学习，走向一个又一个知识高峰，最终实现成功。

十二、弹性教学模式

弹性学科是"生活·实践"教育根据学生的真实的学习基础而进行的一种分层走班的教学模式，根据每个学生的真实水平开展"因材施教"和"个性化培育"，目的在于让跑得快的学生跑得更快，中等的学生变优，待优生提升。也就是说，"生活·实践"教育不是把每个学生变得相同，而是让每一个学生变得更加不同。因为每一个人都是独特的存在，是世界上独一无二的个体，而"生活·实践"教育的任务就是让每一棵苹果树结出更好的苹果，让每一棵香蕉树结出更好的香蕉，让每一棵梨树结出更好的梨子，而不是让苹果树结出香蕉，也不是让香蕉树结出梨子。"生活·实践"教育的弹性教学模式，最终让每一个学生都能成长为最好的自己。

十三、教学质量保障

在日常的学校教育中，一些教师非常优秀、课堂教学非常精彩，但是，教学效果却不理想。这是当前很多学校面临着的一个"悖论"。这个"悖论"问题的核心是什么？为什么会出现这样的现象？究其深层次原因就在于没有很好的落实工具，也就是说，教师讲得再好，如果得不到有效落实、有效检查，那么，教学质量就成了一句空话。"生活·实践"教育在多年的教学实践中，形成了"生活·实践"教育的"四清机制"，即"大四清"，堂清、日清、周清、月清。其具体内涵是：堂清是在当堂完成本节课知识点的检测；日清是要完成当天所学知识的过关；周清是要完成本周所学知识的周测并完成错题的过关；月清是每月组织一次月考，对本月所学知识检测，并完成错题的过关。而"小四清"则是抓人人过关、点点过关（知识点）、题题过关（错题）、知识点思维导图过关。"大四清"和"小四清"只有相互结合、补充，才能真正起到作用。很多学校模仿我们的"四清机制"，但是最终没有收到应有的效果，问题就出在"小四清"没有抓实。

总之，"生活·实践"教育的教学质量体系是一个理念—计划—执行实施—反馈评价完整的闭环，这才是真正有效的核心。大家平时看到的很多学校的教学质量管理，花费了大量人力、物力，最终没有收到效果，深层次原因就是没有形成一个完整的教学质量管理的闭环。

第八章

"生活·实践"教育案例分析

——从幼儿园至高职院校的全学段实践探索(上)

从深圳到武汉,从幼儿园到高中,跨地域、跨学段的"生活·实践"教育实践探索,多样呈现教育如何通过生活与实践创造美好人生。

第一节

晶晶国际教育集团：艺术与生活融合，培养幼儿的创造力

晶晶国际教育集团（以下简称"晶晶"）是"生活·实践"教育的实验学校。晶晶成立于 1992 年，集团董事长马克荣秉承"办孩子喜欢的幼儿园，给孩子更好的教育"的办园宗旨，以"将爱心和智慧传播给每一个孩子"为使命，历经近 30 年的发展，现在华中、华南、华西等地拥有近 60 所直营幼儿园。晶晶以"研究与创新"的思想指导教育科研，建立了产、学、研一体的科研管理体系，完成 50 多项国家级及省、市、县（区）级科研课题，拥有 500 余项教学及课程研发成果，先后获得全国"十二五""十三五"课题实验基地、中国最具创新力的学前教育品牌、广东省一级幼儿园、深圳幼教行业唯一老字号、武汉市示范性幼儿园、湖南省示范性幼儿园等 1000 多项国家级、省市级荣誉，成为行业内独具办学特色、独有管理模式及 OMO 教学模式的学前教育品牌。

深耕学前教育近 30 年，晶晶形成了初具规模的教育生态体系，涵盖幼儿园、艺术教育、托育三大业务板块，在专家的引领下，组织教育科研、进行课程研发。在长期的研究与创新中，从初遇艺术，到整合艺术、提炼艺术，直至如今基于生活的艺术，晶晶形成了"艺术教育"特色品牌，几万名从晶晶毕业的孩子带着综合艺术素养走进小学，受到家长、社会的广泛认可。

一、晶晶艺术教育的缘起、发展与突破

（一）晶晶艺术教育的缘起

毕加索说："每个孩子都是天生的艺术家。"艺术对于幼儿来说，有着天然的吸引力，晶晶将"创意艺术"作为课程的特色，主要有以下两个方面的原因：

1. 依据国家课程的要求

《3—6岁儿童学习与发展指南》指出:"艺术是人类感受美、表现美和创造美的重要形式",也是幼儿表达自己对周围世界的认识和情绪态度的独特方式。"2014年,教育部颁发的《关于推进学校艺术教育发展的若干意见》强调:"艺术教育对于立德树人具有独特而重要的作用,是实施美育的最主要的途径和内容。""艺术教育能够培养学生感受美、表现美、鉴赏美、创造美的能力,引领学生树立正确的审美观念,陶冶高尚的道德情操,培养深厚的民族情感,激发想象力和创新意识,促进学生的全面发展和健康成长。"同时,也对义务教育阶段艺术课程课时总量作了明确的规定,可见国家对艺术教育的重视。因此开展艺术教育符合国家课程的要求。

2.艺术教育对儿童创造力的培养具有独特价值

创造力是新时代对人才培养提出的新要求,同时,也是"生活·实践"教育提倡的"六力"中非常重要的能力之一。法国著名心理学家爱德华·波诺则说过:"创造力是最重要的人力资源。没有创造力,就没有进步,我们就会永远重复同样的模式。"21世纪是知识经济快速发展的时代,国与国之间的竞争就是人才的竞争,创造性人才的培养则是决定胜负的关键。

相关研究表明,儿童时期是创造力培养的关键时期,对于周围的世界,儿童总是充满着强烈的好奇心,有着天马行空的大胆想象。马斯洛在《存在心理学探索》中提道:"几乎所有的儿童,在受到鼓舞的时候,在没有规划和预先意图的情况下,都能创造一支歌,一首诗,一个舞蹈,一幅画,一种游戏或比赛。"可见,以自由创造为本性的艺术活动,为儿童提供了充分想象的空间和机会,当儿童用文字、动作、图像、绘画、雕塑、皮影戏、戏剧、音乐等艺术手段来表现自己的想法时,需要对已有的生活经验进行想象、加工、创造并再现出来,当儿童带着情感,专注地、情绪愉悦地、自由地进行艺术表现时,就是他们创造力的集中体现。因此为儿童营造宽松的艺术环境,激发他们对艺术创作的兴趣,施以艺术教育,可以充分保护儿童的好奇心和想象力,对于培养幼儿的创造力可起到事半功倍的效果。

(二)晶晶艺术教育的发展与突破

晶晶艺术教育的发展并非一蹴而就,而是在实践探索中不断思考、总结、优化,最终形成了一套完整的模式与体系。

初遇艺术。晶晶开展艺术教育的初期是在 2002 年,当时是将舞蹈艺术作为特色课程来开展。在这个过程中,晶晶培训了专业的教师队伍,建立了完整的艺术教育管理体系,保障艺术教育的实施。连续数年,每年一台大型原创艺术展演震撼社会。当儿童在舞台上大胆的表演、自信的神情一次次赢得家长的掌声的时候,当一场场火爆的演出、一阵阵赞美的声音扑面而来的时候,晶晶感受到艺术教育带给儿童自信、荣耀。但同时也发现,舞蹈艺术的结果让人兴奋,令人鼓舞,然而每次上大舞台都需要反复排练,这些,对孩子的感受力、想象力、创造力、表现力的培养形成了无形的障碍。如何在舞蹈课程中培养幼儿的创造力? 除了舞蹈艺术还有哪些艺术表现形式可以发展幼儿的创造力?

整合艺术。2014 年,在课程专家的引领下,晶晶调整了实施艺术教育的思路,从幼儿的全面发展出发,扩大艺术教育范畴,将一切动态、静态的艺术活动都纳入课程内容,以课程为载体,将艺术教育与探究活动结合,实现艺术教育与课程的融合。开展探究活动时,教师提供多样化的环境和丰富的材料支持,鼓励幼儿运用绘画、手工、泥塑、肢体动作、角色扮演等多种艺术手段去表征、建构、表达他们认识的世界。将美术、音乐、舞蹈、角色扮演等多种形式的艺术教育进行整合,幼儿在课程中主动学习、大胆探索,自己准备音乐、场景、服装、道具等,将生活中的经历、体验、喜怒哀乐等通过艺术化的方式表现出来。当学习主题即将结束时,师生共同整合碎片化的艺术表达经验,形成主题剧,在大舞台上呈现。通过艺术的整合,儿童会用超越时空的想象力和创造力进行表现,创造性思维得到很大发展和提高。

提炼艺术。为提高幼儿的综合艺术素养及教师的艺术教育水平,2017 年,晶晶聘请台湾地区戏剧教育专家陈仁富教授担任戏剧教育总监,从儿童的视角对戏剧教育进行引领和指导。经过几年的研究和积淀,如今,戏剧已经在晶晶集团的幼儿园落地生根、遍地开花。教室里随处可见各种小剧场,如沙盘剧场、围裙剧场、盒子剧场、棒偶剧场、皮影戏、木偶台等,儿童可以选择喜欢的角色,设计制作演出服装,与小伙伴构想演出背景,在区域里创编动作,进行戏剧表现。儿童大胆的表现、自信的表演,处处彰显出戏剧的魅力,更彰显着儿童无限的创造力。

基于生活的艺术。2020年,在"生活·实践"教育理念引领下,晶晶尝试并最终确立:基于生活的艺术。"孩子的学习不是独立的而是与生活相融合的",晶晶更加深刻地认识到生活与实践在幼儿艺术教育实施中的作用。生活是儿童学习的源泉,晶晶融合课程中的18个主题,都是幼儿生活中看得见、摸得着、可操作、可体验的活动,幼儿的艺术创造都来源于这些活动中的人、事、物。再者,艺术教育天然与实践有关。尤其是面向幼儿的艺术教育,实践性教学的比重远远大于认知性教学。有了专业的理论的指导,幼儿的艺术表现与创造更加自由、自然、自主,形成了多种戏剧游戏。幼儿在生活中实践,在生活中创造,在生活中成长。

创办至今,晶晶对艺术教育的探索从未停止,从舞蹈艺术到戏剧,再到基于生活的艺术,晶晶的艺术教育在实践探索过程中实现了三大突破,即从单一的舞蹈艺术向更广泛的基于生活的艺术的突破,从以教师为主导到以幼儿为主体的突破,从动态艺术到动静相结合的艺术的突破。每一次突破,都是一次观念的改变,也是一次实践的创新,这些,对幼儿创造力的培养、综合素养的提升起到了良好促进作用。

二、晶晶艺术教育的内涵

晶晶的艺术教育经过多年的探索与实践,形成了其独特的内涵,既符合"艺术"的特征,同时也具有其学前教育领域的独特性。

首先,艺术是"娱乐游戏",这就决定了艺术教育符合儿童天性,更受孩子们喜爱。艺术教育中的美术、音乐、舞蹈、角色扮演等,都是儿童的游戏,都是儿童喜欢的活动形式。通过课程内容与艺术手段的结合,能够创设丰富的艺术情境,充分激发幼儿对艺术活动的兴趣和主动性,让儿童在有趣的游戏中体验和创造。

其次,"艺术是人们在日常生活中进行的",艺术是儿童反映生活经验、表达思想情感的一种方式,是儿童对外部世界的感知、触摸和探索。晶晶的艺术与儿童的日常生活息息相关。晶晶以课程为载体开展艺术教育,生活中的一切事物如小小的种子、美丽的花儿、高高的大树、可爱的动物、有趣的昆虫、神奇的建筑……都是儿童在课程中探究的对象,同时成为儿童艺术创作的源泉,这也充分体现了车尔尼雪夫斯基在《艺术与现实的审美关系》中提出的"艺术来源于生活,却又高于生活"的观点。

最后,艺术还有其教育功能,"感受与欣赏、表现与创造"就是最好的体现。儿童在感知与体验生活的基础上,思考和认识周围世界,并运用身体、语言、物品、空间、音乐和景观等多种媒介,通过艺术形式表达自我,建构对世界的认识,培养创造力的同时获得各方面能力的发展与提高。

晶晶的艺术教育是一种综合性的艺术教育,所追求的不是艺术的专业化程度,而是综合运用各种艺术教育手段,培养儿童发现美、感受美、鉴赏美、表现美、创造美的能力,从而成为一个有审美意识和高尚情操、心智健全的人。

三、艺术教育与幼儿创造力的培养

(一)营造艺术环境,激发创新意识

《3-6岁儿童学习与发展指南》指出:"幼儿艺术领域学习的关键在于充分创造条件和机会,在大自然和社会文化生活中萌发幼儿对美的感受和体验,丰富其想象力和创造力,引导幼儿学会用心灵去感受美和发现美,用自己的方式去表现美和创造美。"幼儿每天的生活、游戏、学习都在幼儿园的环境中进行,环境对于幼儿创造力的培养非常重要。晶晶以课程为载体,在园所创设丰富多样而有创意的环境空间,为幼儿进行艺术表达和创作提供场地和材料支持,在潜移默化中培养幼儿的创新意识。

1.营造美的家园

有创意的环境能带给幼儿直观的视觉刺激,给幼儿以艺术的感染和熏陶,激发幼儿的创造愿望。经过近30年对儿童的研究,晶晶原创了一套适合幼儿身心发展的幼儿园环境体系,形成了多元化的设计风格,如简约风、英伦风和田园风等。通过风格多样的环境设计,给幼儿带来多维度的认知和感受,激发创新意识。幼儿园通过利用公共环境营造有创意的文化氛围,如利用原始的、自然的、生态的、环保的材料创造公共环境的墙面,走廊展示各种风格的艺术品、不同名家大师风格各异的作品等,让幼儿在美的环境中扩散思维,激发审美想象,从中获得启迪与感触。通过精心且有准备的环境设计,为幼儿营造出一个美的家园,让幼儿在优美整洁、充满童趣、自由宽松的环境中学习与生活、探索与创造。

2.开设各类场馆

各类场馆是全园幼儿进行艺术活动的专属空间,它能有效弥补班级区域空间的不足,为幼儿自由欣赏和创作提供更加适当的环境和条件。晶晶下属幼儿园根据园所场地大小,合理地设置创意美工室、陶泥室、木工坊、音乐室、刺绣馆、儿童剧场等不同功能的体验馆。根据场馆的功能及幼儿发展的需求提供不同的材料,幼儿可以充分运用各种材料,尽情发挥想象和创意,自由地表现和创造。如在儿童剧场,提供各类服装、道具,幼儿可以选择不同的角色,自由装扮;提供沙锤、铃鼓、小鼓、架子鼓、非洲鼓、风铃、木鱼等不同的音乐游戏材料,幼儿可以进行音乐创编,给舞蹈配乐;展示台上,幼儿可以互相配合,进行集体表演。各类场馆为幼儿创造美提供了足够的环境、空间和材料,让幼儿在与环境的相互作用中得到发展,尽情施展才能,享受创造游戏的乐趣,在不同的环境中获得不一样的感受与体验。

3.打造互动区角

班级区域是幼儿一日活动的主要场所,因此班级区域环境的创设要整体协调,富有创意。在色彩的选择上,单纯、干净、源于自然,这样易使幼儿产生共鸣、易于理解,便于欣赏、借鉴、表现,同时各个区域的材料投放应支持幼儿自主表现和创造。如美工区提供绘画材料、雕塑材料、剪裁工具、粘贴工具、废旧物品、自然材料等,再配置创作需要的画架、围裙、清洁工具等,以满足幼儿在区角里按照意愿和能力自主进行创造性活动。为满足幼儿好奇、勇于挑战自我的心理,晶晶不断地、有针对性地增添新颖的材料和工具,激发幼儿的创造欲望,支持幼儿在与材料的交互作用中实现创造力最大程度的发展。除此之外,晶晶还为幼儿提供展示作品的空间,创造同伴欣赏与学习的条件,帮助幼儿建立自信。另外,晶晶还结合主题,让幼儿通过材料大胆表现。如在"花的世界"主题中,幼儿动手制作各种各样的花,如折纸花、丝袜彩花、扎染纸花、撕贴花等展示在班级里,家长和孩子一起收集野花、野草、麦穗、芦苇、花枝、花叶等投放在区域中,当季的鲜花"生长"在教室里,一进入教室就能感受到鲜花满屋、百花盛开。浓郁的主题氛围,能够很好诱发幼儿创作的积极性,激发幼儿的创造潜能。

(二)拓展艺术手段,提升创新能力

创意艺术按作品的物化形式可分为动态艺术和静态艺术。动态艺术包括音乐、舞蹈、戏剧、主题剧、童话剧、故事表演、歌唱表演等,静态艺术包括绘画、书法、雕塑、泥塑、编织、剪纸等,无论是动态艺术还是静态艺术,都是幼儿表达对周围世界的认识和情感态度一种方式。形式多样的艺术手段,能够丰富幼儿的审美体验,使其感受不同形式的创造所带来的乐趣,提升创新能力。

1. 以课程为载体,让幼儿用多种方式表达创意

晶晶的课程以主题探究的形式开展,主题探究的过程就是幼儿经验获得的过程,幼儿在主题活动中的各种表现都是对生活情境的再现,是对日常生活中人、事、物的艺术化的演绎。当幼儿获得了丰富的主观感受后,会运用文字、绘画、建筑构造、皮影戏、戏剧、音乐等不同的艺术形式表现出来。如在"同住地球村"的主题中,幼儿了解到各国的建筑、服装、美食特色,会在建构区中搭建各国建筑,在创意工作坊进行服装、道具、场景的制作,在烹饪区制作各国美食,在表演区情境扮演、配乐演奏等,创作桑巴舞、印度舞、中国功夫等。在这个过程中,幼儿对生活会有更深的感悟,想象力、创新能力也得到了很好的锻炼。

2. 提供日常生活材料,提高幼儿创作能力

幼儿的创作活动是其生活经验的再现,为了引发、支持幼儿的自主创作活动,晶晶充分利用日常生活中常见的物品,作为幼儿创造的材料,因为生活中常见的物品是幼儿熟悉的。如大米、绿豆、玉米、蔬菜、果壳、纸巾筒、报纸、纸盒、吸管、塑料瓶、沙子、树枝、干草等,这些无固定玩法的材料,给了幼儿极大的创造空间,成为幼儿想象、创作的源泉,粘贴画、瓶子画、创意栅栏画、树枝作品、轻黏土作品、立体手工制作,幼儿创造性地运用材料,展现了丰富的想象力、创造力,也表现了幼儿对生活的热爱。

3. 走进大自然大社会,拓宽幼儿的创作视野

陈鹤琴说:"大自然、大社会,是我们的活教材。"大自然的花、草、树、泥土、石头、小河等都能让幼儿流连忘返。晶晶一直提倡"办没有围墙的幼儿园",将家庭、社区、自然的有效资源转化为幼儿园活动的资源,赋予幼儿更为多元的课程内容,拓宽幼儿的创作视野。

当幼儿的眼睛越过"围墙"后,获得的信息越丰富,进行艺术创作的空间就越大。如武汉市东湖景园晶晶幼儿园地处美丽的东湖之畔,园所充分利用了这一优势资源,带幼儿走出教室,走进大自然,欣赏大自然中的美景。幼儿在大自

然中收集竹、木、石、草等各类材料,用这些自然材料自由创作。他们利用手工木片小人、树枝及麻布等打造了"一百种语言,一百个世界"的美术创意室。彩绘废旧砖头、石块、树叶等自然物,使废旧的自然材料得以"再造重生"。在以"荷韵"为主题的绘画区,以竹子为主要材料,配以轮胎制作的池塘和手绘荷花,给人以身临东湖湖畔的感觉。在以"自然元素"为主题的手工区,大量利用树枝、木块和木片等材料,通过幼儿的创意,加上教师们的巧手匠心,重新组合,变成了一件件极富艺术品位的作品。在这个过程中,幼儿体验到艺术创造活动带来的乐趣,对美的欣赏与感受转化为兴趣,内化成对艺术活动的主动参与,提升了幼儿大胆进行艺术表现的能力。

（三）戏剧教育融合,培养创新品质

创造力的培养不仅包括创新意识和创新能力,还包括主动探索、大胆自信的个性品质,团结互助的合作意识以及专注、坚忍的意志。戏剧是一种横跨多学科的活动形式,是模拟真实生活和激发幼儿创造力的学习方式。通过故事情境、角色扮演和戏剧教学活动,可以为幼儿提供多样化的表达空间和机会,提高幼儿的社会互动意识,培养幼儿的创新品质。晶晶在已有艺术教育的基础上,深入开展戏剧教育,正是看到戏剧教育对于幼儿创新品质培养的重要作用。

1.利用戏剧游戏,激发幼儿主动探索

游戏是儿童的天性。晶晶开展的戏剧教育,以游戏的形式进行。在探究过程中,老师、幼儿紧紧围绕主题,以儿童发展为中心,从儿童发展的角度开展课程,打破了传统教育以"教师"为本位的窠臼,转向"幼儿为本体"的教育理念,通过主题建构戏剧经验,让幼儿学会运用自身的口语、肢体以及外部的物件与环境,进行戏剧的表达、沟通与创作。在戏剧创作的过程中,运用38种戏剧策略如旁述默剧、边说边演、定格画面、故事地图、建构空间、角色圈、角色扮演等,以游戏的形式激发幼儿有创意的表达与想象式的回应。如在主题"魔力种子"的探究活动中,幼儿关注种子怎样长大,经过一系列对种子的观察、比较、记录及种植活动后,幼儿知道了种子播种到土壤里,经过一段时间后会破土、发芽、长高、长大,于是运用旁述默剧、快慢动作的默剧、定格画面等方式,鼓励幼儿将"破土""发芽""长高""长大"的现象通过肢体语言创造性地表达出来。同时,还将戏剧游戏渗透到幼儿园一日生活中的各个环节,在学习活动、生活活动、体育活动、区域活动中开展戏剧游戏,如入园环节扮演不同国家的人物,用不同国家的语言打招呼;如厕环节用红绿灯游戏控制如厕的秩序;餐后散步用"走走停停"的游戏增加散步的趣味性;排队环节可以模仿不同的小动物去排队。幼儿在戏剧游戏的氛围下参与活动,在戏剧游戏中主动探索、主动行动,进而形成主动探索的精神。

2.重视戏剧过程,形成合作意识

戏剧表演是集体性的活动,是综合多种艺术形式的艺术教育,依靠个人的力量无法完成。晶晶的主题剧最终以集体性的表演活动呈现出来,因此需要幼儿综合运用多种能力,融合不同的艺术形式,创造性地表达。在主题剧活动初始,幼儿需要一起计划、脑力激荡、组织分工,确定不同的角色和内容。过程中,幼儿逐渐与同伴建立联系,形成集体归属感。在同一个戏剧游戏中,因同伴的经验与观点不同而产生冲突,为了维持活动的进行,幼儿必须学会站在不同的角度面对问题,并运用沟通等社会技巧解决冲突。在准备阶段,幼儿需要合作准备音乐、服装、道具等。舞台展演阶段,幼儿要与同伴配合,共同完成一场精彩的演绎。主题剧的创作过程让儿童有机会充分感受互助合作的力量,学会接纳不同的表达方式,通过相互之间的学习与合作,促进创新品质的生成。

3.呈现戏剧表演,培养专注与坚持

发明与创造不是一蹴而就的,而是要经过无数次的失败,反复的实验,不断总结经验,才能获得成功。因此,培养创造力必须重视专注、坚忍等意志品质的培养。主题剧统整主题课程经验,逐步导向舞台演出呈现,是一个漫长的过程,有时甚至需要一个学期之久,需要幼儿在日常生活中不断实践、探索、统整经验、组合优化,最终形成完整的主题剧。在"同一个世界"的主题中,幼儿通过戏剧游戏创意打招呼熟悉各国的语言,用肢体建构各国建筑,进行创意服装走秀,玩环游世界的接龙游戏,等等,最后将这些碎片化的经验统整,形成完整的主题剧《我要去环游世界》。这个主题活动长达两月之久,幼儿始终保持探究兴趣,坚持创意和想法,最终完成了主题剧的展演。其间,幼儿遇到很多困难,如角色分工,准备服装、道具、背景,分配站位,等等。面对困难时,幼儿可能会出现畏难心理,这要求他们学会分析问题、克服困难,找到解决问题的办法。在解决问题的过程中,幼儿独立自主、不怕困难,最终在舞台上呈现出精彩的戏剧表演,逐渐养成专注、坚忍的意志品质。

四、晶晶艺术教育的成果

晶晶以艺术教育为抓手,在生活、实践中培养幼儿的创造力,促进了幼儿的全面发展。晶晶收集、整理了幼儿的创造性表现,出版《幼儿玩美手工》《童艺创想》《当孩子遇见主题剧》。《幼儿玩美手工》《童艺创想》记录了幼儿在主题探究过程中的各种创意作品,《当孩子遇见主题剧》是晶晶在课程实施过程中初探戏剧的掠影,用不同的方式呈现了晶晶艺术教育的成果,彰显孩子的创造力。

这些物化的成果是晶晶人勇敢尝试艺术教育的印记,晶晶的艺术特色不止于此,晶晶拥有全国年龄最小、人数最多的艺术团,美术、音乐、童话剧、主题剧都是晶晶目前正在探索的课程,特别是近年来,晶晶原创了基于幼儿生活的主题剧 30 多个,家长戏剧多达 50 个。晶晶不断挖掘艺术教育的价值,通过多样化的形式促进孩子创造力的发展。

第二节

深圳市玉龙学校的生活力培养:专注生活力培养的新生活教育

深圳市龙华区玉龙学校(以下简称"玉龙学校")是"生活·实践"教育的实验学校和示范基地。该校创建于 2014 年 9 月,为深圳市龙华区"十二五"规划建设的九年一贯制公办学校,是深圳市大型保障性住房"五个一"工程——龙悦居的配套教育设施。目前有在校学生 2653 名。专职教师 165 人,平均年龄30.7岁,在职教师中毕业于"985"院校的教师有 47 人,毕业于"211"院校及以上的教师有 93 人,占教师总数的 56.3%,更有北大、清华顶尖院校学霸加盟。办学 7 年,共培养了 5 位校级领导、19 位中层干部、20 多位省级名师。

学校在"生活为源 发展为本"的办学思想引领下,以"人人当自立 人人当自强"为校训,以"新生活教育"为主要研究方向,培养学生生活力,打造具有"玉龙风、中国味、国际范"的校园文化。

一、通过新生活教育课程养成生活力

提出并践行新生活教育。十几年前,在带学生赴美参加夏令营的过程中,领队黄美芳目睹学生生活能力缺乏的状况,引其深思。2013年,黄美芳筹备玉龙学校时思考并确定关于提升学生生活力的教育理念——"新生活教育"理念。2014年7月,玉龙学校校长黄美芳率领团队对学区内适龄儿童进行"生活力"问卷调查,数据显示:在家洗衣和整理劳动的孩子占比为18%,做饭烧菜的孩子占比仅为0.86%……学生生活力堪忧。综合考虑学生现状、社区家长期待、学校发展方向以及政策法规等因素后,黄美芳以"生活为源 发展为本"为学校办学理念,构建新生活教育课程体系,通过德育、智育、美育、体育、劳育,即五育并举的形式,予以落实,培养有生活力的人。

通过新生活教育课程,逐步培养学生生活力。在办学理念的指导下,黄美芳将新生活教育分为衣、食、行、情四个方面,此为玉龙新生活教育课程的雏形。衣,穿衣叠被,这是每天起床必做的工作,整理课应运而生。食,民以食为天。用烘焙、烹饪课程培养孩子的生活力,除了吃的食物,精神食粮也很重要,阅读课程,书香校园建设提上日程。行,玉成君子,龙行天下,孩子最终要步入社会,与社会生活力培养相关的理财、科创等课程成为必备选择。情,孩子的健康成长离不开健康的心态,离不开愉悦的审美情趣,因此,培养学生艺术生活力的感统课、情绪管理课、茶艺课等生活课程成了美育的重要部分。

二、新生活教育课程体系[①]

新生活教育课程体系,通过立德和树人两大抓手,探索"一体两翼"立德树人育人模式,围绕"学会生活"的系列维度,以最贴切、最适宜的内容和方式,培

---

① 本部分内容以《中国教育报》的《开启新生活教育》,徐祥梓等的《立足生活 着眼成长》为主要参考文献。

养学生立足社会必备的生活素养,培育学生的生活力。图 8-1 为新生活教育课程体系图。

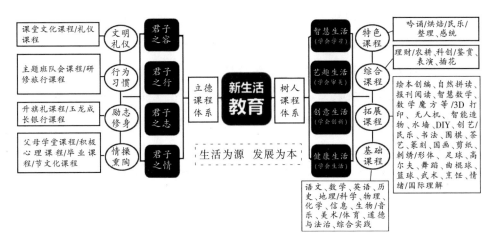

图 8-1　玉龙学校新生活教育课程体系

　　围绕生活离不开的"衣、食、行、情"四个字,玉龙学校在一至八年级分别开设了整理、乐器、剪纸、烹饪、烘焙、理财、情绪、鉴赏、茶道、插花等课程。随着生活创客大列车的建成,系列科创课程逐一落地:三、四年级开设 3D 打印与艺术设计,五年级开设无人机课程,六年级开设机器人与智能造物课程。学校开发出的新生活教育校本课程,经过省、市、区各级专家论证及 3 年的教育实践,已逐渐形成体系,其中《整理篇》《烘焙篇》《烹饪篇》《理财篇》《情绪篇》《低碳篇》《审美篇》和《安全篇》等教材都已出版。作为课外的补充,专业社团开展了剪纸、武术、醒狮、油画、书法、高尔夫、创客、国际象棋、平衡车、跆拳道、曲棍球、健美操、古筝、二胡、葫芦丝、横笛等活动。

　　通过整理课程学会 36 种整理技能。从刷牙洗脸到洗衣叠被,从用筷摆盘到收碗洗碗,从整理书包到时间管理,学生从小养成收拾整理的习惯,培养合理管理时间和安排学习的能力。通过烘焙和烹饪课程,了解饮食文化,锻炼意志,懂得关爱他人,在食物的色香味中品味和思考,发展审美情趣,提升解决问题的能力。开设人工智能课程,以生活课程为依托,开设"无人机社团""编程社团""机器人社团""创客大列车"等极富人工智能特点的专业社团,拓宽学生视野,启迪学生思考,让学生与未来生活接轨。

为新生活校本课程添彩增色的"校园七节",包括9月欢乐开学节、10月君子节、11月科技节、12月体艺节(班班大合唱、戏剧、武术、健美操、科技作品大赛)、3月社团节、4月国际文化节、5—6月生活节,为学生们的学习生活掀起一波接一波的小高潮。仅一个生活节,就有整理大赛、美食嘉年华、阅读会、国学朗诵比赛、写字大赛、礼仪大赛、辩论赛、理财大赛、玉龙吉尼斯大赛等内容;像叠衣服、系鞋带、收拾文具盒、整理书包这类原本常由大人"代理"的小事,由于有了激励机制而让每个孩子都走心做好。通过这些校设的节庆活动,不同年级的学生习得了不同的生活素养,新生活教育课程找到了落点。校门之外,还有配套的玉龙特色假期生活作业如《拜年有礼》《仲夏硕果》和假期社会实践活动手册,让学生全时回归生活、享受生活。

与玉龙学校"玉龙风、中国味、国际范"的现代校园环境相和谐对应的,是以生活主题打造的功能场所:140平方米整理空间、70平方米烘焙乐园、50平方米快乐厨房、90平方米剪纸天地、90平方米茶艺室、1000平方米的生活创客大列车以及开放性地理园、开放性图书角、艺术大连廊、蝴蝶博物馆等,近1000平方米的土培和水培农场,大大小小的桃、李、荔枝、芒果、龙眼等百果园,供全校师生一年四季开展劳动实践。每个清雅的空间让新生活教育诸课程都有专属阵地。

三、以生态种植课程为例,培养劳动生活力

近1000平方米的土培和水培农场以及大大小小的桃、李、荔枝、芒果、龙眼等百果园,为开展生态种植课程提供了条件。玉龙学校配备劳动教育专职教师,打造特色生态种植课程,培养学生劳动生活力。

(一)生态种植课程体系建构

1.课程目标

通过生态种植课程,让学生在观察植物、种植农作物、认识中草药、采摘果实、设计微生态园林等课程中获得基本种植劳动技能,了解农业生态结构,树立生态意识,培养科学种植和自主创新能力,成为新时代具"农夫身手"的生活达人。

2.课程体系

生态种植课程体系是构建集认知、实践、探究为一体的劳动课程体系,为学生从劳动技能到劳动素养的提升提供丰富的课程载体,培养学生正确的劳动价值观和良好的劳动品质,为学生终身发展奠定基础。(见图 8-2)

(1)利用空间区域,建设生态种植课程基地

玉龙学校劳动实践基地由三个区域组成:一是楼顶综合生态种植农场。小学教学楼约有 1500 平方米空地用以打造综合生态种植农场,包含土培区、水培区、中药园、沙漠绿植区,作为开展综合实践劳动课程的大型功能场所。二是楼层微生态种植区。走廊外侧安装种植箱,设置成小型种植区,学生在教室门口就可以参与种植劳动,近距离观察植物的生长和体验种植的快乐。三是微生态园林设计基地。校园内有不少种植园,分布在楼间、运动场和校道两侧,种了不同种类的花草、果树。依据园林的特点,将这些区域设置成园林设计课程实施基地,为学生的创意设计提供开阔的空间。

(2)围绕生态主线,构建立体种植课程体系

生态种植课程体系按照分区、分年段原则设计劳动课程,共分为三大类:楼层的微生态种植课程、楼顶生态实践基地的综合生态种植课程和校内各种园子的园林设计课程。依据课程内容的难易度,在不同的年级设置螺旋上升的主题活动,保证课程系统化实施。课程内容涵盖植物种植、植物观察、种植技术、创意设计等,构成了以"生态"为主线,融合生物、地理、化学、科学等学科知识的探究性课程。

240

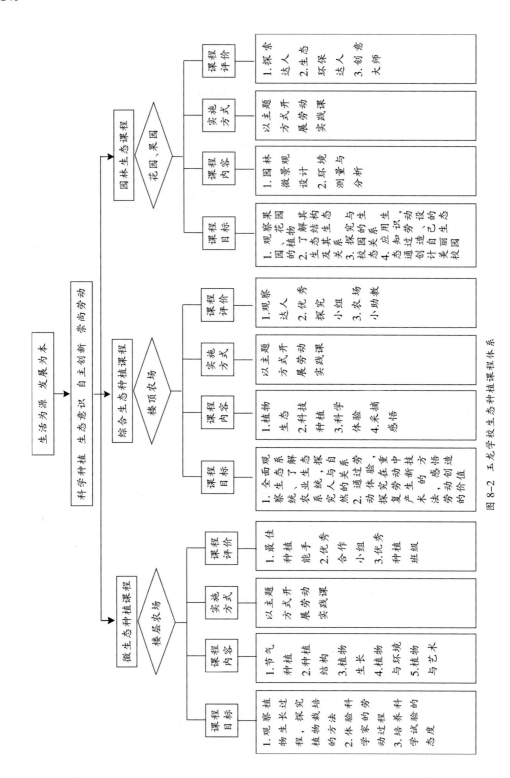

图 8-2 五龙学校生态种植课程体系

（3）依据学段特点，设置创新性种植课程

《关于全面加强新时代大中小学劳动教育的意见》提出"小学低年级要注重围绕劳动意识的启蒙""小学中高年级要注重围绕卫生、劳动习惯养成""初中要注重围绕增加劳动知识技能"三个层次的要求。依据不同年龄阶段的劳动教育特点，玉龙学校生态种植课程设置了层级递进的课程内容：

一至四年级开设植物种植微生态课程。一至四年级以楼层微种植箱为基地，一至三年级以认知植物为主题，分别从节气种植、植物生长、植物结构三个主题认识植物的基本种植方法，观察植物的结构，了解植物的生长过程；四年级以观察植物为主题，分别从植物与环境、植物与艺术两方面感受植物生态的微循环，培养丰富的兴趣爱好，体验成功的喜悦，体悟劳动的价值。

五年级开设中草药生态课程。五年级学生以楼顶中草药园为基地，开设中草药生态课程，课程内容包括药用植物种植、药用植物品鉴、药用植物自然笔记、药用植物标本制作，学生从种植到认识、品鉴中草药，可以将劳动教育向医学领域延伸融合，真正实现新劳动教育的功能性作用。

六年级开设园林生态课程。六年级以花园、果园为基地，以园林设计为主题，从园林设计、环境与测量方面，建立完整的生态思维。学生利用校园一角创造自己的园林作品，并将所学的生态知识应用到生活与学习中，为美化校园作出自己的贡献，从而培养学生的审美意识和全方位解决问题的能力。

七至九年级开设综合生态探究课程。综合生态种植农场是一个整合传统农业与现代农业、农业生产与传统文化的综合课程载体。七年级学生以农场植物生态链为主题，研究植物生长规律；八年级学生结合科技种植，研究水培技术和水培植物的生态循环；九年级以研学体验为主题，深入大自然，学习生态知识，感悟生态的复杂性、多样性和系统性，感受人与自然的息息相关，感悟理想的树立与劳动息息相关。

（二）生态种植课程实施

1.统筹安排实践，保证课程质量

生态种植课程设置专门的劳动实践课，配备劳动教育专业师资，以校本课程方式在全校实施。玉龙学校的劳动实践课是一个从单一到整合的实践创新过程，劳动实践课程以"生态种植"主题为坐标，分别从纵向体现劳动素养的连

续性培养,从横向融合科学课堂,深入探究生态主题,保证学生充分的劳动实践时间。(见表 8-1)

表 8-1 2019~2020 学年第二学期玉龙学校生态种植课程安排表

实施年级	课程主题	课程内容	课程形式	课时设置	成果形式
一至四年级	豆类种植	劳动多美好	活动课	1	《玉龙学校生态种植记录册》活动记录
		节气与种植	科学课	1	
		有趣的种子	科学课	1	
		彩色的豆类	科学课	1	
		我是小农夫	科学课	1	
		丰收大会	活动课	1	
五年级	中草药种植	鱼腥草的种植与认识	科学课	2	
六年级	收获喜悦	采摘芒果	活动课	2	
七年级	植物生长	寻觅植物朋友	生物课	4	研究报告
八年级	科技种植	水稻种植	活动课	2	
			生物课	2	
九年级	研学体验	收割水稻	班会课	2	

以年段纵向为轴,一至四年级开设"豆类种植"主题活动,学生通过种植感受劳动的乐趣;五年级开设中草药种植课,贯通劳动技能与医学知识,拓展知识领域;六年级开设"收获喜悦"主题活动,让学生在毕业季多感受收获的喜悦,领悟劳动的内涵;七至八年级则融合生物学科特点开设"植物生长""科技种植"主题活动,增强学生劳动价值体验感。九年级的研学体验课,意在通过劳动树立合理的价值观。

以学科横向拓展,在同一学段的学生中,充分利用活动课时间和科学课堂的特点深入开展劳动实践课堂。例如,一至四年级开设"豆类种植"主题课堂教学,该主题设计了"劳动多美好""收获喜悦多"两节种植活动课,学生运用班会课体验种植和收获的乐趣;此外利用科学课堂开展"节气与种植""有趣的种子""彩色的豆类""我是小农夫"四个主题教学,学生融合科学知识深入了解种植与植物的内在联系。学科的通融,既充分保证了劳动实践课的时间,又引导学生正确理解新劳动教育是从工具到存在的创新功能。

2.夯实课堂教学,探索实施路径

依据"植物种植""园林景观""生态探究"三个探究性课程设置特点,在不同年级开设主题教学,结合不同年龄阶段学生的认知特点,将学生的劳动认知、劳动习惯、劳动技能的培养贯穿一线,探索行之有效的实施路径。

玉龙学校生态种植课堂以"生活""生长""生成"为理念。生态课堂以"种植生活"为源泉,以学校三大种植区域为载体,将课堂情境还原到真实的生态情境中,使学生在劳动课堂具有动手实践的机会,真正落实"教育即生活"的理念。课堂围绕植物的生长开展系列教学,保证了学生在观察植物生长过程中,了解植物与生态的内在联系,突出了课堂向培养劳动素养"生长"的特点;学生在课堂教学中通过动手体验、观察研究、小组合作等环节真正落实劳动素养,实现全面发展。

(三)生态种植课程评价

玉龙学校从课程设计、课程实施、课程效果三个维度进行课程评价。课程设计方面主要通过专家论证、师生满意度调查、家长问卷调查方式进行评价。对课程实施具体评价,制定课堂观察综合评价量表,评价教师课程实施。对课程效果评价,以"促进学生发展"为目的,关注学生的发展需要,激发学生的内在发展动力,重点突出评价的激励与调控功能,将过程性评价与形成性评价相结合,形成多元评价方式,完善家、校、社区三方面的评价机制。

1.过程性评价

生态种植课程注重学生学习过程的评价。学校专门设计种植记录本,让学生记录植物生长过程和劳动体验,组织班级分享会。专职劳动教师指导实践活动,对学生的劳动进行综合评价,评价维度包含细致观察、合作探究、自主解决问题等方面。此外,定期开展与种植劳动相关的主题活动,如收获节分享活动、生活节展示种植才艺等,为学生提供创造展示的平台,记录学生成长的过程,促进综合发展。

2.形成性评价

生态种植课程改变了传统的学科终结性评价中以阶段性检测为主要手段

的评价方式,它是基于对学生学习种植全过程的持续观察、记录、反思而作出的形成性评价。它注重评价环节的情境性创设,让学生在真实的生活劳动环境中,运用所习得技能解决具体的操作问题。同时,新劳动教育生态种植课程还注重学生的学习迁移能力,在激发学习兴趣的前提下,重点评价学生解决实际问题的能力,明确课程推进中存在的问题和改进的方向,及时修改或调整课程计划,获得最佳效果。

四、实践成效与愿景

玉龙学校新生活教育实施 7 年来,形成特色鲜明、结构完备的课程体系,培养出一批又一批有生活力的玉龙学子,玉龙学校因此获得诸多荣誉。该校先后获评为"深圳市好课程体系优化项目""深圳市第二批科研基地学校""深圳市教育改革创新领跑学校""深圳市课程改革示范学校"。在国家质量数据检测中,玉龙学校的学生在节俭表现、责任担当等方面的数值均位列龙华区公办学校第一名,连续 5 年,中考成绩名列市、区前列,被评为"深圳市教学先进单位"。自课程实施以来,吸引了国家行政学院等国内外参观团 160 多个过万人次,《中国教育报》《南方都市报》等多家媒体相继采访报道。"玉龙学校把生活教育做得这么深入","这是一所不叫行知学校的行知学校"。目前,新生活教育课程在省内外 22 所学校推广实施,受益的师生群体近 5 万人,实现了优质教育资源的共建共享。

第三节

武汉市江岸区长春街小学"生活·实践"教育种子课程的探索与实践

武汉市江岸区长春街小学(以下简称"长春街小学")是"生活·实践"教育

的实验学校,创建于 1946 年,原名第一国民小学,有着 75 年办学历史。学校现有教学班 78 个,学生 4000 多人,教师 229 人,教师队伍整体素质精良,名师云集。

长春街小学校长杨红在"创造适合每一个孩子的教育"的办学思想引领下,秉承"尚德·博雅"的校训,从"适天性、适家国、适未来"三个维度努力践行"办现代化、个性化、国际化的卓越学校"的办学目标和"培养适应未来发展的学生"的育人目标。坚持教育实践与时代对话,同社会沟通,全面实施"生活·实践"教育,发挥生活、实践的育人价值。

一、开发"生活·实践"教育种子课程的背景

2014 年 3 月 30 日,教育部发布《关于全面深化课程改革落实立德树人根本任务的意见》,标志着基础教育课程改革进入深化阶段。为了适应新世纪的课程改革举措,促使课程向儿童经验和生活回归,追求课程的综合化,长春街小学基于其课题研究成果和周洪宇教授提出的"生活·实践"教育,开设校本课程:"生活·实践"教育种子课程。

二、"生活·实践"教育种子课程的开发历程

如何践行"生活·实践"教育,帮助学生萌发梦想的种子,长春街小学将目光聚焦于校本课程——"生活·实践"教育种子课程开发与建设,以下为具体研究历程。

1.课程启动阶段(2013 年 6 月～2014 年 9 月)

2013 年,长春街小学在落实国家实践课程和地方实践课程的过程中意识到:学生积极思考的次数变多了,动手解决问题的能力提高了,共情意识更强了。因此,本着学生参与、学生活动、学生操作、学生考察、学生调查、学生探究、学生表达、学生经历、学生体验等认识,结合地域、师资优势及其他特色优势,长春街小学在原有学科课程基础上增加四大特色校本课程:文化之旅、艺术之声、儿童太极和创想王国。

2.课程实践阶段(2014 年 9 月～2021 年 6 月)

经过几年精心建设,长春街小学以"国家课程校本化、地方课程特色化、校本课程个性化"为取向,构建了具有学校特色的"种子"课程总框架。按照"学校总体策划＋教师自主开发"的方式,构建"4＋N 种子课程",主要包括:四大特色课程和"N"项实践课程(拓展兴趣课程、体验课程、社会课程)。为了落实"种子"课程的目标,不断调整、丰富和完善实践课程,真正使实践课程促进学生全面发展,长春街小学根据不同的学习形式开展多元评价,形成了一套较为完整的评价体系。

3.课程总结阶段(2021 年 6 月～2021 年 9 月)

重构课程文化,开发、研究"生活·实践"教育种子课程,课堂内容变得更加丰富,课程形式更加多样化,学生有更多的选择空间、情感体验,教师的育人理念得到提升,校园焕发生命的活力。当"种子"课程在长春街小学的沃土上生根、发芽,开出梦想之花时,长春街小学的课程改革取得阶段性成果。学校开发的"生活·实践"教育校本教材《梦想开花》获武汉市优秀校本课程一等奖,此外,形成了一系列课程运行管理办法,开发了一套课程选课平台,完善了校本课程管理程序,初步形成了课程评价体系。

三、"生活·实践"教育种子课程的目标和内涵

"生活·实践"教育是"源于生活与实践的教育,是通过生活与实践来实施的教育,是为了生活与实践的教育"。在此基础上,长春街小学秉承"生活·实践"教育种子课程观,追求"教育即生活,生活即教育"的思想,努力培养"适天性、适家国、适未来"的社会主义接班人。

"生活·实践"教育种子课程具有五个特性:融合性、多样性、选择性、开放性、创新性。

课程内容的融合性:弥补国家课程、地方课程的不足,使国家课程、地方课程、校本课程相互融合、相互补充,以利于学生全面发展、自主发展和个性发展。

课程设置的多样性:四类校本课程具有较大的弹性、柔性,更加多元,在培养多样化人才、满足社会多样化需要方面,提供更大可能性。

课程实施的选择性:校本课程开发得越丰富,学生的选择余地越大,长春街小学设计了一套网上选课系统,使得选课更加合理、选课操作更加便捷。

课程形式的开放性:校本课程的组织形式开放,学生可以通过实践活动、走班、寻访、参观、主题活动、社团等形式完成课程学习。

课程价值取向的创新性:校本课程开发的价值取向是培养人的创新精神和创新能力。通过课程学习让学生的头脑闪现创造的火花,逐步成为具有创新思维的人。

四、"生活·实践"教育种子课程的具体做法

（一）以生活实际为主要课程内容,构建种子课程框架体系

从 2013 年起,长春街小学以生活实际为主要课程内容,重构学校课程体系,开发了一系列多样化种子课程。这些种子课程,为学生提供了多样化选择、满足了学生多样化需求,发展了学生多样化能力,为学生个性发展提供无限的可能。（见表 8-2）

表 8-2 "生活·实践"教育种子课程架

	类型	课程内容
"生活·实践"教育种子课程	儿童太极	一项健身技能课程,强健学生体质的儿童太极——八式儿童太极。
	艺术之声	一项艺术体验课程,提升学生人文素养的艺术之声——戏曲进校园。
	创想王国	一项动手活动课程,发展学生创新意识的创想王国——创意制作。
	文化之旅	一项社会实践课程,丰富学生实践经历的文化之旅。 一年级:校园文化; 二年级:红色文化; 三年级:科技文化。 四年级:博物文化; 五年级:艺术文化; 六年级:军营文化。

（四大特色课程）

（续表）

		类型	课程内容
「生活·实践」教育种子课程	N项实践课程	拓展兴趣课程 — 人文与艺术	工艺美术,撕纸艺术,书法之韵,国棋社,少儿民族舞,街舞秀,少儿芭蕾,合唱团,梨园戏曲:越剧社、京剧社,玩转器乐、民乐团:竹笛组、琵琶组、二胡组,古诗词赏析,寻访武汉古建筑,小小朗读者,书法小达人,音乐小达人,美术小达人,小小演说家。
		思维与创造	Scratch课程、3D打印课程、建模之家、纸飞机王国、科技王国、元智科学、极速赛车、玩转魔方、极速头脑风暴、小小讲师团、益智游戏主咖秀、小小工程师、小小编译师、小小科学家、小小生物学家。
		运动与健康	英式橄榄球、高尔夫俱乐部、武术入门、跆拳道、炫酷篮球、玩转足球、田径韵律、花样跳绳、攀岩、马术、击剑、游泳、体育小健将、文明如厕、体检课程、食育小讲师。
		国际理解	英语主咖秀、英语戏剧节、国际友好峰会、小小外交家、国际文化研学。
		体验课程 — 假期体验活动	假期体验课程,让学生体验生活、关注社会、提高动手能力和综合素养。开设了品读与积累、启智与思考、模仿与配音、艺术与健美、科学与探究、服务与成长。
		节日主题体验活动	结合这些节日(元宵节、端午节、中秋节、国庆节、建队日),开展做元宵、包粽子、陶艺龙舟等体验课程和情境测试、垃圾分类等主题活动。
		校园文化节体验活动	语文节、数学节、艺术节、科技节、英语节、体育节等校园文化节体验活动。
		校外体验活动	野外观鸟、自然笔记、保护江豚、探寻湿地、保护水资源等。
		孩子剧团红色实践活动	小小讲解员、重返延安、红色研学、孩子剧团宣讲队、孩子剧团儿童剧巡演。
		社会课程 — 家长讲堂	邀请有特长的家长走进学校、走进班级为学生讲授交通安全、卫生保健、航空知识、军旅生活、烘焙制作等特色课程。
		大师课堂	科学信息类、心理专题类、文学艺术类、语言文字类、朗诵表演类等。
		其他社会专题课程	院士进校园、理工大志愿服务队、消防演习、防灾演习、交通安全防护、防溺水教育、禁毒禁赌、绿色上网等。

（二）以生命价值为课程导向，浸润孩子的心灵

"生活·实践"教育种子课程本着对生命的尊重，以生命为源起，让每一个学生通过对校园生活、社会生活的实践体验，都能寻找到生命的意义和生活的价值，为追寻美好生活注入强大活力。

长春街小学以学校特色"孩子剧团"为实践活动阵地，重塑红色实践教育，根植爱国情怀，传承红色基因。"孩子剧团"初期受到陶行知教育思想的影响，在陶行知教育思想哺育下，"孩子剧团"积极参加公益劳动和文艺宣传活动，践行"教学做合一"。长春街小学自20世纪80年代成立孩子剧团以来，始终坚持开展孩子剧团红色实践活动，建成了全国唯一的校内孩子剧团陈列馆，该陈列馆被授牌武汉市爱国主义教育基地。

在长春街小学，人人都会讲述"孩子剧团"的故事，人人都会演唱"孩子剧团"的歌曲。长春街小学陆续开发了小小讲解员、重返延安、红色研学、"孩子剧团"宣讲队、"孩子剧团"儿童剧巡演等一系列红色实践活动课程。这类课程以生命价值为导向，让孩子在文化宣讲、研学实践、角色体验中产生共情，形成爱国主义情感，浸润孩子的心灵。

（三）以生存态度为课程宗旨，搭建和谐共生环境

生存态度，可以理解为个体对世界的根本看法，对人生的态度。它不仅是一种认知，还包括坚定的信念和积极的行动。长春街小学以生存态度为课程宗旨，搭建和谐共生环境。

学会与人和谐相处。长春街小学将"道德与法治""心理健康"等国家课程校本化，开展了一系列节日主题体验活动。重阳节给长辈送祝福、端午节包粽子等，让学生体验民俗的同时，感受人与人之间的和谐共处。通过校园英语节、科技节、语文节、艺术节等校园文化节体验活动，让学生学会交流，学会沟通，为学生提供展示才华和个性的舞台。

学会与社会和谐相处。长春街小学每年开展假期体验活动，让学生体验生活，关注社会，提高动手能力和综合素养。开设品读与积累、启智与思考、模仿与配音、艺术与健美、科学与探究、服务与成长等系列课程，让学生通过假期体验活动融入家庭，走进社会，参与实践，体验生活，逐渐学会责任担当。

学会与自然和谐相处。长春街小学拓展兴趣课程"思维与创造"版块中，引导学生争当小小工程师、小小科学家、小小生物学家，感悟人与自然的关系。与中国水生生物研究所合作，引进江豚课程，带领学生走进江豚馆，了解江豚的生活习性。通过绘画义卖活动，献爱心，将义卖的善款用于购买江豚的食物。开展垃圾减量、垃圾分类主题体验活动。学生通过现场考察、调研，确定校内垃圾主要有废旧文具、纸张、饮料瓶等，成立了垃圾分类小组，中午集中投放班级垃圾，统计各班垃圾种类，并分类称重记载。学校每月针对垃圾分类情况颁发"环保"勋章。学生在实践活动中学会了垃圾分类的知识，培养了自觉维护生态环境的意识。

（四）以世界为课堂场所，拓宽种子课程的体验空间

学校倡导"不要让书本成为孩子们的世界，而让世界成为孩子们的书本"教育观，以世界为课堂场所，拓宽种子课程的体验空间。

从书本到校园生活，从家庭到社会，从国内到国际，种子课程不断拓宽体验空间。"小小外交家"国际文化研学课程让学生触摸世界，拓宽视野，感受多彩文化。学校组织学生前往澳大利亚、英国、日本、法国等国家，开展国际文化研学活动。学生走进当地的博物馆、科技馆、学校，与当地学生一起上课，一同学习艺术、语言、科学、运动、餐饮等课程。每位学生都有当地同学作为学习伙伴，共同学习、生活。感受异国文化的同时，学生积极宣扬中华优秀传统文化。在英国伦敦，学生用流利的英语向市长介绍美丽的武汉及军人运动会；在法国安纳西州文化剧院，学生表演民族乐器、书法、剪纸、京剧等节目，传播中国文化。"小小外交家"国际文化研学课程，为学生打开一扇通往世界的窗户，培养国际化思维，传播与传承民族文化，向世界展示新时代中国少年的精神风貌。

（五）以实践体验为课程实施方式，落实种子课程育人目标

实施种子课程过程中，长春街小学提倡的不是概念化了的"自主、合作、探究"，而是实践、沉浸、对话、互动、参与、体验。重视直接经验的获得，让学生沉浸生活，亲近自然，走进社会。通过系列实践活动，形成并逐步提升对自然、社会和自我的整体认识，具有价值体认、责任担当、问题解决、创意物化等方面的意识和能力。

"我参与 我设计 我认同 我践行"——"我是长春小主人"自主体验拓展兴趣课程中,长春街小学将校园文化建设进行开放式设计,分项目整合成课程,推出征集令:以征集中英文语音播报为主线的"上放学文明劝导"自主体验活动;以征集动漫、绘画、文明劝导语为主线的"文明如厕文创宣传"自主体验活动;以"舌尖上的长春街小学"食育文化小讲师为主线的"食育文化 VLOG"自主体验活动;等等。学生在项目式探究学习中,增长知识,丰富生活经验,提高探究能力和解决现实问题的能力。

以"舌尖上的长春街小学"食育文化小讲师自主体验活动为例。2020 年学校开发的校本食育文化特色课程,在假期面向全校征集"食育文化 VLOG",通过微信公众平台发布体验课程要求:"食事求是"要求食育文化小讲师带领大家走进食物的殿堂,认识食物;"食全食美"要求小讲师介绍营养知识、营养搭配及如何打造健康营养膳食;"食礼飘香"要求食育文化小讲师帮助学生理解饮食文明、民俗、文化,掌握餐桌礼仪。学生在假期自主选择栏目参与,通过查阅资料,制作脚本,动手操作,拍摄制作成微课,在新学期每周一的学校微信公众平台推出微课,供全校学生在午餐时段学习。长春街小学以学生喜欢的方式,帮助他们爱上食物,爱上营养,爱上食育文化!

(六)创新学科活动的实施方式,激活终身学习的潜能

长春街小学尝试学科横向整合,把相近学科、相近内容以专题或主题的形式整合,释放更多时间、空间。学科内部纵向整合,在相应的学段、时段之内,从学科整体出发,梳理明晰核心概念,知识点、重难点归纳、整合。将讲故事、诵经典和小小朗读者活动整合,读书笔记、书法练习相结合,培养语文能力。将科学实践活动与语文撰写调查报告相结合,引导学生关注社会,关注人与自然的关系,了解预防常识,撰写调查报告,开展圆桌论坛等。把数学引进生活,寻找生活中的数学,写数学日记,开展数学益智玩具比赛,在数学游戏和生活实践中掌握数学技能。英语进行趣配音及 3 分钟课前主咖秀展示等,让学生在自我展示中爱上英语、学习英语。科学学科开展垃圾分类、保护江豚、观鸟、了解湿地等活动,走进社会,关注生活,关心生态发展。

尤其是全校开展的"小小演说家"的演讲活动,涉及学科包括语文、数学、英

语、科学、音乐。学生联系生活实际,选择话题进行 3 分钟演讲:语文课前讲生活中的语文,数学课前争当数学小讲师,英语课前进行口语演讲,科学课前演讲科学研究报告,音乐课前展示特长。学生在家长和小组同学的帮助下制作PPT,着正装演讲,语言流畅,表现力强。"小小演说家"活动丰富学生知识,拓宽视野,提高创新能力,激发学习内驱力,促进综合素养发展,培养了一批有自信、有勇气、会表达的小小演说家。在融入生活的学科活动中提高学生动手、动脑能力和创造力,提升学生的核心素养。

五、"生活·实践"教育种子课程的成效及影响

长春街小学把"生活·实践"教育种子课程视为践行"适合教育"的育人模式的重要途径,在践行过程中取得了突出的成绩和效果。

(一)坚守教育初心,教育成果丰硕

长春街小学近年来分别承办"全国戏曲进校园"现场会、"国务院妇儿工委办公室关于素质教育工作"现场会、"全国人大预工委关于学校文化建设工作"现场会,承办湖北省文明办、教育厅组织的"经典咏流传·文明伴我行"现场会。

2017 年,《长江日报》报道长春街小学为义务教育优质均衡发展背景下的武汉样本,学校被评为中小学走进爱国主义教育基地教育实践活动示范学校。全国首创学校育人有声线上栏目《春天讲堂》开播,至今 200 余期,累计收听达 35 万人次,收到留言近 10 万条,《中国教育报》《长江日报》、武汉教育电视台等多家媒体曾报道。2018 年,《中国教育报》刊登长春街小学"以大学精神办小学教育"的经验与做法。2019 年,"抗战奇花"孩子剧团陈列馆作为全国首个也是唯一的校园内孩子剧团陈列馆,被评为武汉市爱国主义教育基地,先后接待中宣部领导,英国、澳大利亚等国家的师生及其他团体 4 万余人次,成为市民的爱国主义教育大课堂。2019 年 10 月,长春街小学 100 余人的小学生团队登上第七届世界军人运动会的开闭幕式舞台。2020 年,长春街小学获得武汉市首届基础教育教学成果奖评选中唯一的小学特等奖。2021 年,全国首部由小学生本色出演,学校承担制作的青少年党史教育大型原创儿童剧《孩子剧团》连续三天在武汉琴台大剧院上演,得到了社会各界人士的好评。

（二）种子课程浸润，教学成效显著

在丰富多样的种子课程浸润下，调查显示，94.4%的学生觉得学习兴趣提高了，85.2%的学生认为提升了成绩，87.8%的学生认为提高了自主学习素养，89.6%的学生认为提升了合作学习的自觉性。

在最近连续三年的江岸区学业质量调研监测中，长春街小学综合排名在同类学校中稳居首位。在近五年"武汉国际楚才作文"竞赛中，全校学生500多人获奖：特等奖4人，一等奖42人，二等奖143人，三等奖362人。46人在武汉市读书知识大赛中获奖：一等奖9人，二等奖17人，三等奖20人。256人在全国、省、市、区各类数学竞赛中获奖（这是2016、2017年的数据，这几年已取消了各级各类数学竞赛）。在2020～2021年，江岸区组织的数学"风采小讲师"（1～3季）活动中，长春街小学共28人次获"风采小讲师"称号，占比在全区名列前茅。

近五年，在"小小外交家"英语比赛，市、区艺术小人才比赛，全国NOC信息技术创新大赛，湖北省中小学电脑制作大赛，各级各类科技制作比赛（车模、航模、建模、STEAM等）中，有近600人次获奖：一等奖105人，二等奖238人，三等奖255人。学校交响乐团、合唱团先后获得全国中小学文艺汇演小学组金奖、第五届中国少年儿童合唱节"小云雀杯"金奖、湖北省黄鹤美育节九年三届一等奖等。2018、2019年获武汉市体育传统项目学校田径比赛优秀组织奖，2019年度获武汉市体育传统项目学校田径运动会小学组团体亚军。篮球社团2019年获江岸区小学生篮球比赛第三名，2020年获江岸区小学生篮球比赛第一名，2021年获湖北省青少年篮球赛第四名。2021年，合唱团获第十六届全国合唱节银奖；交响乐团、民乐团获武汉市第四届学生器乐比赛两个一等奖；交响乐团、舞蹈团、合唱团获武汉市第十三届艺术节器乐专场、舞蹈专场、合唱专场三个一等奖。舞蹈团2次应邀参加央视春晚演出，2次参加央视少儿频道"六一"晚会节目录制。

在2019年武汉举行的"第七届世界军人运动会"开闭幕式上，"孩子剧团"230多名小团员站上了世界的舞台。在武汉市2021年庆祝建党100周年系列活动中，学校交响乐、民乐、合唱、舞蹈、戏曲、书法、美术社团等300多名小团员积极参与，为中国共产党百年华诞献礼。

长春街小学努力引导青少年扣好人生第一粒扣子,让每一颗富有独特生命力的种子,在生活、实践的土壤里生根、发芽、开花,感受"生活即学习"的美好!

第四节

武汉市光谷实验中学的实践力培养

武汉市光谷实验中学(以下简称"光谷实验中学")是"生活·实践"教育的实验学校。该校创建于 2008 年,校园面积约 130 亩,现有 76 个教学班,302 名教师,3900 余名学生。光谷实验中学是武汉东湖高新区的一所初中窗口学校,是全国"校园足球基地学校"、武汉市首届"群众满意中小学"学校、武汉市素质教育特色学校、武汉市现代化学校、华师一附中优质生源基地学校。

2014 年,光谷实验中学校长马国新提出"帮教育",认为"教育是一种因爱而生、为成长而来的帮助",并构建了以"帮学课堂""互助德育""自救教师"和"弘帮课程"为支点的"帮教育"理论体系。2018 年,该校践行"生活·实践"教育,强调"教育要走向生活""让教育看得见",立足五育并举,通过"弘帮课程"(即"帮教育"实践力课程),推进学生实践力的培养,促进应试教育的转型和核心素养的落地,从而营造出"问道、弘帮"的校风,形成了"有教无类、教学相长"的教风和"温故知新、笃学敏行"的学风。

一、"生活·实践"教育下的"帮教育"

2014 年,光谷实验中学提出"帮教育"理念,认为"教育是一种帮助",强调"教育是帮的艺术"。当"帮"是一个名词,代表一种能量或能力,"帮"指向教育本质和目的,教育是为了让人得到"帮"和积蓄"帮",再到释放"帮"的能量;当"帮"是一个动词,代表一种行动,"帮"指向教育的过程和方法。"帮教育"强调

"教育的目的是为了让人获得帮的能力,拥有帮的精神,成为一个被需要的人"。

2018 年,学校提出"帮教育"是一种走向生活和看得见的教育,强调"教育要走向生活"和"让教育看得见",并以"陶"为抓手,让"生活化"与"看得见"两个理念落地,在"生活·实践"教育下开展"帮教育"。该校构建了以"帮学课堂""互助德育""自救教师""弘帮课程"为支点的"帮教育"理论体系,进而形成"帮教育"文化,图示如图 8-3。

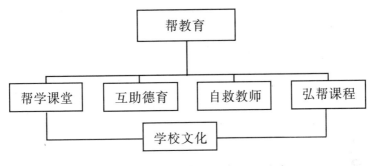

图 8-3 光谷实验中学"帮教育"理论体系

二、构建"弘帮课程",培养实践力

立足"五育"并举,践行"生活·实践"教育,构建"弘帮课程"。"弘帮课程"即"帮教育"实践力课程,实践力,就是实践能力。习近平总书记特别强调"实践育人",注重在社会实践中培养、锻炼人的各种能力。"弘帮课程"的核心是实践即教学,实践即教学有三层含义:其一,除了学校的认知性教学以外,还有社会性的实践教育,实践也是教学的途径和方式,在"帮教育"理论体系中,实践教学的地位尤为突出;其二,教学要注重以实践为形式、手段和途径;其三,辩证看待实践性教学和认知性教学之间的关系,两者不是对立的,而是互补的。"弘帮课程"包括"德美系列""学美系列""体艺系列""创美系列""劳美系列"五个项目,旨在通过各种实践活动培养学生德智体美劳方面的能力,落实学生核心素养,让教育通过生活与实践创造美好人生。

"弘帮课程"是一套内容丰富的实践课程体系,具体内容如表 8-3。

表 8-3 光谷实验中学"弘帮课程"一览表

课程类别	课程描述	课程名称
德美系列	1.依托德育活动,构建符合"互助德育"理念的全学段德育活动课程; 2.依托研学旅行构建特色研学项目课程。	1.小初衔接课程:断奶工程、断炊计划; 2.典礼仪式课程:开学典礼、国旗下成长、百日誓师、我们的节日、"告别六月"毕业季; 3.研学旅行课程:天亮就出发、穿越华科大、走进华一、我在清北等你、汉港两地行、相约姊妹校等。
学美系列	依托各学科活动,适应学生学科特质发展需求,构建语文、数学、英语和理化等学科的延展课程。	文科社团课程:"少年中国说"演讲社、"栖苑"话剧社、"乌桕园"文学社、经典诵读(路队放学)、英语"小小外交家"、趣味历史、行走地理; 理科社团课程:小小数学家、生物农场、趣味化学等。
体艺系列	1.依托体艺社团,形成体育、音乐和美术等精品社团活动课程; 2.依托"陶",开展项目化学习,构建跨学科综合实践课程。	1.体育:足球、篮球、网球、乒乓球、武术、瑜伽、啦啦操等; 2.音乐:管弦乐、合唱、舞蹈、戏曲; 3.美术:素描、色彩、手作、版画、书法、国画、彩陶画展; 4.动物来了、植物园地、校园园艺博览会等。
创美系列	依托信息技术,开展创客、STEAM活动实践,打造人文、数理、生化等与信息技术深度融合的科技创新课程。	开源硬件、3D打印、Scratch编程、人工智能、STEAM课程等。
劳美系列	依托职业体验的延展课程。	"花田陶梦"维护、班级小花园维护、职业体验劳动日等活动。

"弘帮课程"系统示意图如图 8-4。

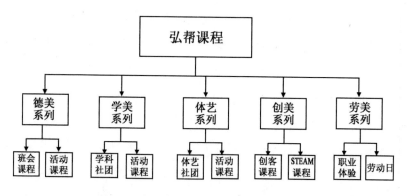

图 8-4 光谷实验中学"弘帮课程"体系图

在光谷实验中学,五个系列的"弘帮课程"内容,从五个方面培养学生的实践力,并呈现出与"五育"的对应关系:"德美系列"对应德育,培养学生的道德品质和良好行为习惯,通过班会课程、德育活动课程和研学旅行课程,落实知行合一,回应"互助德育"理念,即德育是"自省＋互助"的;"学美系列"和"创美系列"对应智育,体现"教学做合一"思想,注重动手实践、实战演练,课内学习与学科活动课程、创客课程、STEAM 课程等课外延展课程有效衔接,回应"帮学课堂"理念,即课堂是"自主＋帮学"的状态;"体艺系列"对应体育和美育,通过学科教室建设和体育、音乐、美术社团活动课程与"陶"系列课程,搭建教育与生活的桥梁,健身心,塑人格,审美启智;"劳美系列"对应劳育,通过职业体验课程和"劳动日"活动,引导学生崇尚劳动、尊重劳动。

三、培养实践力纪实——以"德美系列""创美系列""体艺系列"为例

"弘帮课程"是一套内容丰富的实践课程体系,包括"德美系列""学美系列""体艺系列""创美系列"和"劳美系列"五类课程。下面以"德美系列""创美系列""体艺系列"为例,介绍光谷实验中学如何通过课程,培养实践力。

(一)德美系列

1.推进德育活动课程化

校园之星评选、经典诵读、"少年光谷说"学生讲坛、文明餐桌等养成教育活动,美德少年、汉港交流、"用心交往·爱助成长"心理健康节等情感教育活动,完美教室、主题运动会、阳光大课间等集体教育活动,开学典礼、"走向华一"励志行、合唱节、20 年相约毕业典礼等理想教育活动,不断创新,时时影响学生。城市主题、历史主题运动会开幕展演及跳蚤市场、英语"嘉年华"、网球进校园等学生喜爱的校园文化活动成为学生成长的记忆。活动即实践,活动即体验,活动即教育。活动紧密联系生活,关联社会,指向未来。德育活动课程化,让学生在体验德育幸福的同时,倡导德育留痕,追求润物无声。

2.德育本身就是一种生活德育

2018 年,光谷实验中学倡导"走向生活,看见教育","互助德育"焕发新的生机,项目式学习(PBL)在光谷实验中学落地生根。"擦亮一间教室"彩陶画

展,师生互助,以美育人,表达创造;"天亮就出发""穿越一座城""对话园博园"研学旅行、首届校园园艺博览会的举办,携绿色出行,与生命对话,在生活中寻找教育;打造"空中牧场""校园彩绘周"等系列活动,职业劳动体验,相逢田园诗意,让学生认识生命、尊重生命、珍惜生命、热爱生命,提高生存技能和生命质量,促进学生生理、心理等全面均衡发展,扩展学生的幸福维度,培养学生的社会实践能力。

3.重视"阳光大课间"

"阳光大课间"是光谷实验中学最重要的一堂课。这不仅是一堂体育课,也是一堂锻炼学生自控能力和意志品质的心育课。全场音乐统一号令,音乐不停、动作不停,是一堂音乐课。队伍整齐划一,队形变换美观,是一堂美育课。"运动场是一面道德的镜子",这还是一堂德育课。"阳光大课间"这堂综合课,展现光谷实验中学学生的精气神,反映青年学生的梦想与追求,体现学校的品质和品位。

4.推进班会课程系列化

班会课是德育的主阵地,是培养学生实践力的有力抓手。以班会课程为重点,以班会研究为抓手,在主题集中的情况下,追求主题的系列化、模块化,力求达到主题深度循序渐进,从七年级到九年级,整个系列主题由浅到深,有梯度,有深度、有难度,避免了不同年级主题的重叠交叉。编写不同年级、不同学段的班会教材,实现班会课程的梯次系列开发,进而也实现了对学生的系统教育。以 2020 年七年级的班会课程(见表 8-4)为例:

表 8-4 光谷实验中学 2020 年七年级班会课程一览表

月份	周次			
	第一周	第二周	第三周	第四周
3 月	做文明学生,创优秀班级	学习雷锋好榜样	成长为一棵树	互帮互助话成长
4 月	缅怀烈士,发奋读书	我与我的家族	青春的模样	知法守法——青春期系列
5 月	细节决定人生——养成习惯	学习有方法	劳动最光荣	知亲情,懂感恩

（续表）

月份	周次			
	第一周	第二周	第三周	第四周
6月	安全从我做起	端午节主题班会	美是什么	别让过程留下遗憾 ——期末复习
暑假				
9月	抗战胜利75周年 （功德从小事做起）	老师，您好	走成一条线，汇成一条河	国庆演讲
10月		中国梦，我的梦	祖国在我心中	法纪伴我行
11月	温故而知新 ——持之以恒	同桌的你	理性分析，善待成绩	直面挫折，笑傲成功
12月	把握声音的刻度 ——静的文化	阅读分享	自救自护安全教育	迎新主题班会 ——明年是哪年

系列化的班会课程，师生根据学情商定系列主题，学生担任策划、编剧、导演、演员、主持人、评委、家校联络员，在培育学生品德的同时，从各方面锻炼了学生的策划、统筹、表演、主持、评价、沟通交际等实践能力。

（二）创美系列

创客是一群人，是每个人都可以成为的一类人。为了让创客成为一个人人都能加入的群体，该校运用开源软件，尽可能降低难度，让创客们尽可能关注有创意的想法并将其物化实现。

1.创客元年——从零到一

该校自2015年9月开始探索尝试创客类课程教学，起初以校企合作方式开展，企业提供课程，开展课程，培训教师。最初选取了七年级部分班级的30名学生开展了Scratch创意编程的课程。这款软件起源于麻省理工学院媒体实验室，以其操作的简易性和作品的趣味性深受学生喜爱，课程内容难度不大，学生作品创意无限，学习积极性相当高。

2.课程内容逐渐丰富——3D技术和机器人来了

为丰富学生的创客学习内容，该校和企业从多方面找资源，拓宽学生视野，让学生见识最新技术。2016 年 9 月开始,以社团课的形式开展创客教育,学生报名踊跃。创客社团教师先后给学生展示 Alpha 机器人和无人机,还给学生带来 VR 眼镜,让学生在学习基础技能的同时也知道技术的应用领域及其无限的可能性。

在课程内容上,新增加了 3D 技术的学习,七年级学生上学期学习 3D 打印笔的使用,初步接触立体结构的建构,下学期后期开始学习 3D One 软件的设计。从最初使用 3D 打印笔参照平面图形绘制平面结构,到绘制多个平面结构再拼接成立体图形,到直接绘制立体图形,学生通过一支小小的打印笔开始感知体验空间结构的设计。

3.软硬件结合,多项课程同步开展

2017 年 9 月,该校创客教育内容更加丰富,重新规划了七、八年级课程,七年级选取 6 个班级利用信息技术课开展 Scratch 创意编程学习,七年级创客社团学习 123D Design 软件,八年级创客社团学习 Mixly 开源硬件编程。

Scratch 创意编程是积木式的模块化编程,学生不需记忆各种复杂的指令,只要捋清自己要表达的内容,就可找到对应模块让指定角色完成某一动作或计算。通过学习,学生能够完成一个有整体性的动画、小游戏或者电子贺卡。

3D 设计课,利用 123D Design 软件进行三维设计,实现有创意的个性化造物。通过学习,学生可以改造漱口杯,方便放牙刷,也可以设计有独特标志的爱心盒子、笔筒、灯罩等,还可以加上传感器制作出更有趣的作品。

Mixly 开源硬件编程类似于 Scratch 的模块化编程,教师从第一节课教学生尝试连接一个按钮、一个 LED 灯,设计指令实现按键控制灯的亮灭,再到闪烁灯的设计,以及接入超声波传感器、光敏传感器、温湿度传感器、数码管等,学生渐渐可制作室内温湿度计、声音分贝测试仪、倒车雷达、超声波测距仪等。

“创美系列”课程的学习,大大激发了学生对高新科学技术的兴趣,拓展想象力,开发智商、意商,锻炼了动手实践能力和创造能力。

(三)体艺系列

1.启动体艺社团课程

“体艺系列”课程以学生社团的形式实施,通过社团课程培养学生的实践能

力。以七年级的体艺社团课程为例,见表8-5:

表8-5 光谷实验中学七年级体艺社团课程一览表

类属	社团名称	课程简介	成果展示形式
体育类	"雀之灵"舞蹈队	学习形体舞蹈、瑜伽、健美操等,丰富学习、生活,培养美感	参加竞赛
	"飞翔"篮球队	提升篮球技术水平,将选拔出来的队员融入校梯队建设中	参加竞赛
	"卓越"足球队	训练球员在长方形的草地球场上对抗、进攻,提高足球运动水平	参加竞赛
	"卓越"武术班	以"发扬中华武术精神,强身健体"为宗旨,主要由七、八年级武术爱好者组成	汇报表演
音乐类	"蜗牛"吉他社	系统地教授吉他弹唱的理论与技巧,除用文字、谱例详细讲述课程内容外,编配大量适合吉他弹唱的爵士、布鲁斯、摇滚和现代流行歌曲	汇报表演
	"精灵"合唱团	合唱艺术分为有伴奏与无伴奏两种,演唱过程能陶冶情操、提高艺术修养	汇报表演
美术类	黑白木刻版画社	课程分为创作稿子、雕刻制版,拓印成品三阶段进行版画制作的系统学习	校级作品展
	"妙笔"国画社	通过水墨画教学活动,培养动手能力,在水墨游戏中激发自己潜在的创造力	校级作品展
工艺类	"古韵"彩陶社	寻陶,画陶,品陶,写陶,制陶	校级作品展
书法类	"兰亭"书法社	临摹书法名家作品,掌握书法要领,提高书法欣赏水平和书写水平	校级作品展

"体艺系列"课程的学习,丰富了学生的学习生活,寓教于乐,润物无声,"雀之灵"舞蹈队、"古韵"彩陶社、"兰亭"书法社、"妙笔"国画社等课程还能够跨学科培养学生艺术素养,健身心、塑人格、振精神,更培养了学生的体育运动能力、艺术审美能力和创造美的能力。

2.以"陶"为抓手,推进项目式学习

项目式学习是一种动态的学习方法,通过项目式学习,学生主动地探索现实世界的问题和挑战,在过程中,领会到更深刻的知识和技能。项目式学习是一种以学生为中心的教学方法,教师提供关键素材,构建情境,学生组建团队,在情境中解决一些开放式问题,在经历中学习。它强调学生在试图解决问题的过程中发展出来的技巧和能力。

基于开设陶艺课程的需要,该校把视线聚焦在陶身上,陶是曾经的生活,是一种正在消失的文明,无论从生活的角度,还是从文明传承的角度,学校都有责任将其保存、传承下去。陶,可以成为连接教育与生活的桥。开设陶艺课程,让旧陶为陶艺课程营造环境,绿化教室、办公室等场所。去掉曾经的绿植塑料盆,用陶来代替塑料花盆,还是一种环保行为。学生在旧陶上作画,这样陶与教育会联系起来,而且更容易看得见陶。除了生活的味道,陶本身也是一种中国文化,这些足以让教育在陶上发生。光谷实验中学以"陶"为抓手,推进项目式学习,培养学生的综合实践能力。以"花田陶梦"项目为例,展示具体做法。

(1)寻梦——项目选题

①介绍背景,激发兴趣。

2019年中国北京世界园艺博览会盛大举办。为了加深学生对这个项目的理解,光谷实验中学开展了"天亮就出发""相遇园博园""心中有花园"等一系列活动。作了充分的准备后,教师引导学生思考:可以从哪些方面开展此次校园园艺博览会活动?怎样执行这个项目?这样设计的意义是什么?提出这些问题不仅能让学生有代入感,而且会有开放式的回答,引发有价值的思考。

②收集整理,了解选题。

学生根据兴趣,自由组建小组,以小组为单位根据项目选题收集、整理资料和信息,并将小组计划写成文、画成图。很多小组的选题令人耳目一新,比如"花草盆器选择指引"——分类研究塑料花盆、陶盆、瓷盆、紫砂盆的利弊、成本、使用期限等;还有的课题是"室外蕨类植物养殖办法",还有小组从中西园林风格的异同方面来选题。各班负责人把小组的选题创意收集上交教师,教师就此了解学生对项目的理解程度,了解学生的兴趣和需求。

③锁定问题,明确主题。

各班负责人将学生的设计方案整理分类后,再一次引导学生提出有意义、有挑战性的问题,一一解决后,将主题定为:以环保为前提,建设一个集陶罐、绿色、诗意、花香于一体的小园。

(2)耕梦——项目规划

锁定主题后,教师通过启发式提问帮助学生理解做这个项目的目的和内在逻辑,学生在教师的帮助下厘清整个项目中的重点所在。比如引导学生思考园址选在哪里、需要哪些工具、成本需要多少、后期怎样维护等问题,进一步要求学生运用各学科知识,主动与老师探究交流,不断完善项目计划。

(3)筑梦——项目执行

这是项目式学习中时间最长的部分,在这个阶段,教师引导学生设置、安排集体或个人任务,以帮助学生在项目实施过程中获得进步、取得成功。基于所要解决的问题和所承担的工作,学生会主动探究相关问题,互相交流,教师也通过多种提问,引导帮助学生顺利推进项目。以班级为单位将学生分成五大组:

①物资筹备组,负责筹备建园所需的花草、桌椅、篱笆、陶罐、木架等。(16班、17班)

②技术支持组,搭建篱笆、拱门,抬水缸,固定伞撑,抬木架子等。(14班、15班)

③创意策划组,制定一张项目进度表、统筹园子的风格、色彩的搭配等。(20班)

④园林维护组,后期园子的维护、花草的护理、卫生维护等。(18班)

⑤广告宣传组,拍照、布置相片展、作品展,设计植物的护理标语、园子的标语及警示牌等。(19班)

班与班的大组之间有分工、有合作,小组内也有分工与合作,比如物资筹备组,需要有人记账、有人买东西、有人管理并分类已有的陶罐花木等。每个组都不是独立行动,组与组之间要随时沟通,比如说物资筹备组买篱笆,需要事先和创意策划组沟通,再去购买。

废旧自行车、木箱子都是学生在家里找来的一些废旧资源,藤椅和桌子解决不了,便向教师求助。17班有一个家长发现小区有人丢弃了两把藤椅,赶紧捡了送到学校;屏风是一位老师友情赞助的。整个园子的参与面很广,除了教师、学生和家长,校长也亲自示范指导如何给盆栽植物浇水:要把盆子浸到水里,泡透了就不会干得那么快。指导教师群体内部形成了有意义且富于支持性的文化氛围,包括学生在内的、更广泛的项目式学生社群由此受益,促进师生以及家校的双向对话、反思。

在建园和维护的过程中,学生基于自我需求,在真实的情境中运用已有经验,通过探究和反思形成更好的经验。比如说有个周末特别热,天气干燥,因无人护理,花草都干枯了,学生会想:怎么办?宣传组的同学制作了提示牌,提醒参观的居民可酌情浇水(作为一所社区学校,很多居民会前来参观)。解决这个问题的过程提高了学生收集信息、解决问题、探究反思的能力。

大家欣赏到的"花田陶梦"经历了很多次的反馈与修正,反馈来源于教师和学生的评价,比如,最初在篱笆上放了17班运动会剩下的花环,有的同学反馈,像是放了花圈,会引起心理不适。不断反馈信息,创意策划组和技术支持组的学生不断反思、修正,老师不断给予指导和帮助,才有了最终的"花田陶梦"。

(4)绽梦——项目展示与评价

展示项目环节,备受关注,这是学生展示学习所得的机会。此时学生积累的经验、合作的默契度、对园子的风格认知较之前有了很大提高,该校特意给了所有学生一天的时间互相参观彼此的展区,展示成果的方式除了互相参观项目、口头汇报、设计图纸、发布美篇及录制的视频,还有诗歌、散文的创作。

教师不是唯一的评估者,其他同学、家长、社区成员等都可以是评估者,不同角度的反馈,对学生的学习更加有效。学生有自己的审美标准,有学生认为"花田陶梦"颜色单调,没有其他展区那么绚丽,有学生认为走的就是"田园风"。年级组也邀请专业人士一起参加,八年级美术组花了一节课的时间,评估项目的完成质量,从布局到色彩搭配,对每一项目进行打分点评、讨论,尽管项目式评估的效果很难用分数来衡量,但这并不代表不能评估。学校管理人员或者其他班级的老师都成了"特约观察员",对项目进行考察和点评,学生们也更加重视,并投入更多精力加以改进。

(5)思梦——项目式学习反思

①从实用的角度看,"花田陶梦"为学生减压,给课业压力大的学生提供休憩场所,让疲惫的心有片刻回归自然,过别样的生活。学生每天三点一线在水泥森林里穿梭,和自然脱节,感性和理性脱节,有时候就像学习、考试的工具,成为物化的存在和机械的印刷机,用王夫之的话来说,就是"仰视天而不知其高,俯视地而不知其厚,虽觉如梦,虽视如盲,虽勤动其四体而心不灵"。"花田陶梦"无疑为学生的心灵提供了一片诗意栖居的场所,在这里休息,在这里读书,在这里与伙伴交流,这里充满了温情和希望,是能留下回忆的地方,是放飞梦想的地方。

②"花田陶梦"培养学生的实践能力。

"花田陶梦"项目实现了学科知识与实践探究的深度融合。

生物:通过观察、记录,识别并描述植物生命周期的不同阶段,解释并推断环境因素如何影响植物的生长地点和生长时间。

语文:把感悟、思考用口头或文学创作的方式表达出来,展示对生命和生活的理解,提升学生的写作能力。(学生"写陶"习作见附录)

数学:学以致用,用到了很多统计的知识点,如把数据绘制成柱形图;用到了数学计算,比如长方形的花园,篱笆要买多少米等,验证了数学与生活的紧密关系,在生活中学习数学。

"花田陶梦"项目式学习充分体现了"人"的参与,从设计、执行,到后期的维护与展示,都充分发挥了学生的自主能动性和实践性。在传统的教学方式下,学生较少有机会发展领导力、表达能力和举一反三运用知识的能力。"花田陶梦"项目通过一系列紧密衔接的流程,不仅让学生留意观察所生活的环境,还让学生学会运用知识,发现并解决实际问题,有效提高沟通合作和展示等综合素养,让学生成为终身学习者,收获成就感的同时,培养综合实践能力。

附录："花田陶梦"项目式学习之主题征文优秀作品

陶植物语

武汉市光谷实验中学 八(17)班 裴佳莹

草木私言,瓦陶传语,春好且听花田梦;古新相织,刚柔并济,年盛还须志高远。

网罗法物供品藻,五千年内分纵横

厚重内敛的色泽、光滑清脆的质地,陶瓦走过盛世残景、穿越千年历史,如沉静温婉的古国女子,无声地展现着时光的古朴。

陶起于新石器时代,是人类文明的里程碑,是千年历史的见证者。遥想千万年前,先人茹毛饮血、食骨啖肉,而陶器的出现,开启了人类生活的新纪元。潺潺溪边,娇俏少女引罐汲水,瓦罐中荡漾着清洁的饮水;飒飒沙场,将领士卒以罐而炊,陶钵里翻滚着烹香的牛肉。百态的造型和沉静的色彩带来岁月的印证与历史的厚重。陶罐仰面朝天,无声地诉说着往事尘烟。

细腻神秘的纹路、流畅匀称的造型,瓦陶投身熊熊烈火、经受炙烤淬炼,如涅槃重生的火之精灵,骄傲地展示着生命的刚强。

陶源于土,以黏土和于水,干燥后置于窑内高温烧制而成。一抔寻常黄土,如何能成那姿态万千的古陶?是烈火中的痛楚,是痛楚过后新生的坚强。陶不如塑料那般通透明艳,但它自有动人之处。握土掬水,描摹成型,投诸烈火,方得陶之精魂。它是火中的精灵,是生命中内在刚强的外在表现,它将生命的强度外化于形,无法不令人肃然起敬。

草长莺飞二月天,拂堤杨柳醉春烟

明快鲜亮的色调、生动奔放的模样,草木度过春华秋败、经历酷暑严寒,如干练直爽的时尚先锋,张扬地展示着生命的新潮。

"碧玉妆成一树高,万条垂下绿丝绦""天街小雨润如酥,草色遥看近却无""乱花渐欲迷人眼,浅草才能没马蹄"。熬过萧索深秋,历尽风寒冻雪,新草冒土、杨柳抽枝,春日已临。所谓春日,便是万物复苏、生机勃勃,万事万物的新生,就从春天开始。春花新草,带来生命的新意。

婀娜柔美的姿态、流风回雪的风骨,草木生得娉娉婷婷、舞于拂面微风,如绰约多姿的江南少女，生动地展示着自然的柔美。

"长安白日照春空，绿杨结烟垂袅风""西城杨柳弄春柔""昔我往矣，杨柳依依"。浅草垂柳是春天特有的娇媚，清风徐来，柔嫩的腰肢随之摇曳。轻歌曼舞，洒下满地情思。

瓦陶之古朴刚强，绿植之新潮柔美。当瓦陶遇见绿植，当绿植邂逅瓦陶——是古与新的碰撞，是刚与柔的交织，是朴与潮的映衬，是强与美的结合——是绿与陶的倾世绝恋，是陶与植的密物私语。

花红柳绿，古陶沾香。我们在实中校园里倾仰草木、静听陶语。陶植之中有历史与创造，有刚强与柔韧，更有莘莘学子对成长的理解和对未来的展望。

（指导老师：毛以斌）

陶染故土香　罐藏实中情
武汉市光谷实验中学　九(15)班　宋佳文

花红柳绿，草长莺飞，实中的四月天除了盎然生机，还多了一份古朴——那些掩映在枝繁叶茂间、栖落在拙朴木架上的陶罐，充满了历史的气息，予人以岁月的宁静。

这些陈年陶器是全校师生春节前后从村庄中、院角里寻觅到的历史印记。伸手轻抚博古架上的陶罐，那份浑然天成的古朴与粗糙让人分外亲切。故乡的温度由陶罐缓缓传向手心，心中挥之不去的是那一段乡愁、一线牵挂。

犹记得在淳朴的故乡，家家户户都有陶罐。这些看似不起眼的普通器皿，却是故乡人最看重的东西。各式各样的陶罐里面，或装满谷物，或盛放泡菜。奶奶是南方人，她的陶罐里藏着的是经过腌腊、风干、糟醉、烟熏的腊味；姥姥是朝鲜族人，她的陶罐里藏着的是拌有辣椒、苹果、白梨、鱼露和虾仁等调料的泡菜。虽然南北气候和水土不同，但是她们对于故乡滋味的迷恋是相同的。老人们将食材细细摆放，最后将瓦盖郑重地封好。苍老的手虔诚地覆上罐身，细密的皱纹映着陶罐的细纹，慈爱的眼里满是期待。岁月愈久，味道愈浓；离乡愈久，愈觉这种被腌制出来的滋味好像比新鲜味道还要诱人。逢年过节，这些陶罐才会上桌，开封开盖，奶奶和姥姥给归家的游子盛上一大碗腌菜或者泡菜，用故乡的味道为他们接风洗尘，那迷人的清香之味顿时弥漫了整个屋子。

的确，陶于故乡来说太重要了。它那饱满的罐身里装满过冬的粮食，装满家常的小菜，更装满了游子的相思。纵使岁月流转，时代变迁，往事被历史的浪潮打翻，但陶却无法被人们忘怀。因为在这火与土的交融背后，是悠远难忘的故乡。陶染故土香，无论身处多么繁华的都市，记忆里的那些老味道一朝一夕皆是我们不变的眷恋。

如今，我们站在实中的校园里与陶相互凝视，仿佛与岁月深情晤谈。这些陶里，也许有盐的味道，有山的味道，抑或是风的味道，云的味道，更多的是时间的味道，人情的味道。轻嗅历史留在它身上的沧桑，触摸它生命的温度，聆听它灵魂的诉说。在漫长的时光中，每一个人都经历了太多喜悦和痛苦，但是国人会将苦涩藏于心里，将幸福、故土、乡亲、人情都珍藏在这一个个陶中，心中那份情愫化为实中学子的守护之心——我们用守护与创造向传统致敬。

陶，是历史感与空间感的产物，是充满生命活力的精灵。为表敬意，学校举办了第一季师生彩陶大赛，鼓励学生以画为介，勾勒出陶罐中的一方世界。抬眼望去，点点翠枝下，经过学生巧手重新绘制的七彩陶罐惊艳亮相：这是粗口陶罐，以玄墨为底，绘上赤色祥云纹饰，再配以朱白点缀，极富楚汉元素；这是宽符陶罐，展现了一簇霜花在浅蓝天幕中娉婷而开、尽态极妍的意境；这是细颈陶罐，吟诵着"大团锦绣向阳开，五方鸟雀为香来"；这是双耳陶罐，呈现着由暖橙渐变到深紫的晚霞盛景图……实中学子丰富的想象力和精湛的画技赢得了参观者的一致好评，也让陶文化成为实验中学的又一张名片。陶罐深藏实中情，一笔一画皆是我们难掩的真心。

陶，联通历史与现代，走向教育与生活。我们用心灵讲述着陶的故事，我们用画笔记录陶的记忆，我们用色彩展示陶的魅力。火与土、色彩与线条、传统与现代，深深浅浅，丝丝缕缕。校园里的这些陶，永远牵绊着记忆深处的故乡。无论是这些陶来自哪里，去向何方，好比起点和终点，归根到底都是家所在的地方，这是中国人秉持千年的信仰，朴素，但有力量。

陶染故土香，罐藏实中情。陶中有历史与乡土，有诗意与禅心，更有青春与创造。

（指导老师：张利琼）

第五节

武汉市第二十五中学的阳光新人培养

武汉市第二十五中学(以下简称"二十五中")始创于1874年,是武汉市乃至全国最早的新式学堂之一。1952年由省教育厅接管,更名为"湖北省立第三女子中学",1954年划归武汉市教育局,改名为"武汉市第二十五中学"至今。1962年定为湖北省重点中学,1978年定为武汉市重点中学。2001年根据武昌区政府有关文件精神,与原十五中初中部合并,成为一所单设初中。现为首批"武昌名校""武汉市标准化建设学校""武汉市初中素质教育特色校""武汉市义务教育现代化学校"。二十五中办学历史悠久,文化底蕴深厚。在近150年的历史中,传承"求真、致善、集美、力行"的办学宗旨,培养了无数中华栋梁。

2001年,二十五中开展"阳光教育"实践,2003年,上升为"以阳光之心,育阳光之人"办学理念,经过20余年的探索,二十五中培养的阳光新人,具有阳光人格、坚毅品格。二十五中成为"生活·实践"教育中"意商"培养的示范校。

何为意商? 人的认知包含知、情、意,此处的"知"指的是人的智力商数;"情"指的是人的情感商数;"意"则指的是人的意志商数,又简称"意商",它重点指的是人的意志力、抗挫力的培养。

二十五中从"赋权·增能"的阳光德育实践、"智慧·个性"相融合的混合式学习方式、"科学·人文"并重的校本课程开发、"多元·温情"的阳光少年评价研究等四种基本途径培养阳光新人,帮助学生增强自主管理意识和能力,提高自我效能感和学业坚毅,提升认识世界的辨识力、免疫力,促进阳光人格的形成,为长远的发展奠基。

一、"赋权·增能"的阳光德育实践

(一)以"四自"为支点,采取"赋权·增能"的方式,增强自主管理意识,强化

阳光人格的内核

我国古代的教育家历来重视自我修养。孔子的"志于道""内自省",《大学》中"慎其独",孟子"自得"等,无不强调在人的成长过程中需要不断地进行自我反思、自我完善,才能形成正确的世界观、人生观和价值观。而《中国儿童发展纲要(2011—2020年)》强调:要"畅通儿童参与和表达渠道,增加儿童社会实践机会,鼓励儿童参与力所能及的社会事务和社会公益活动,提高儿童的社会参与能力"。为加强学生自我修养,改变学校管理者在实际教育过程中普遍存在的越俎代庖现象,学校的阳光德育采取了"赋权·增能"的方式,在引导学生"自省"的基础上,将"自省"进一步丰富为"四自",即自我服务、自我管理、自我教育、自我提升,并以"四自"为支点,适时创设条件提供平台,赋予他们原本应该享有的参与权、管理权、监督权、评议权、决策权等权利,帮助学生逐步学会、正确掌握行使权利的方法和途径。积极引导学生真正、主动参与班级和学校的管理中来,在一种民主、平等的体验和实践中,增强他们的民主、法治、人权意识,提升他们的主观能动性,学会自我服务、自我管理、自我教育,从而达到增长"学习力""自治力""领导力""审美力""创造力"等能力的目的,最终实现道德水准及综合能力的自我提升,让这些处于被动的被管理者成为学校的真正主人。

1.通过培训,更新观念,增强自我服务意识和自我约束意识

初中生的自我意识正处于不稳定的加速发展阶段,参与意识有待加强,管理能力更是有待提高。为此,学校开展多种层面的学生及学生干部培训,提升学生自我意识发展速度。

自我管理培训。在新学期之初,学校对每一位刚刚进入中学校园的学生进行了校史培训,使之了解学校悠久的历史,明了自己和学校的关系,树立校兴我荣的荣誉感;组织参观校园,对每一处文化景点进行内涵解读,引导学生热爱有韵味的校园风貌,形成对学校的初步印象;学习《阳光教育手册》,充分了解"一日常规"等校纪校规,明确中学生的行为规范,为自我管理提供有力的依据;学习"阳光少年"申报、评选及"违纪处分条例"等奖惩制度,形成正面评价和反面警戒的氛围,为自我提升提供有力的支撑。

自我服务培训。在每年9月份开学后,学校都要进行学生会干部换届改

选,并及时对新一届学生会干部进行培训,定期召开会议,组织学生会干部参与讨论、制订、修改《武汉市第二十五中学班级量化管理评分方案》,确定学生干部自己认同的评价项目及评价标准,并就如何公平、公正、合理地对各班进行评价而进行各抒己见的讨论和发言。这个过程中,学校德育干部充分听取学生干部自己的意见,尊重他们对学生、对班级的评判标准,只做引导而不武断地作决定。

自我提升培训。为了提升学生的做事能力,保证学校的各项工作落实到位,学校各部门对各班干部进行定期或不定期培训。比如:学校国旗班在政教处老师的组织下于每年 9 月份进行换新,之后的训练任务就交给老一届国旗班的成员。从体能训练,到队伍队形,再到步幅步频,包括升旗、降旗全过程,全部由老队员带新队员。政教处老师需要做的就是定期去验收训练成果,直到新老国旗班正式完成交接。在此过程中,老国旗班队员有一种光荣的使命感和责任感,不用老师督促,他们就会积极主动地用他们认为行之有效的方法完成训练。如果政教处老师认为训练情况不理想,老队员会认为是他们训练不到位。这种主人翁意识在一届又一届的老新国旗班成员中传承。又如:由学校保健室校医负责各年级各班卫生委员培训,内容涉及眼保健操组织管理、各班清洁卫生检查标准等,每周五中午的大扫除由年级卫生委员按照标准进行检查。政教处在每学期开学第一周第一天对各班班长进行班务管理及《班务日志》填写培训;教导处一般在开学第一周对各班班长、学习委员、语文科代表、英语科代表进行如何组织学生早读、如何迅速收取家庭作业、如何向教师反馈学生学习情况等学风培训;政教处和总务处共同培训安全委员,就校园或班级安全隐患发现与排查、班级学生考勤记载与反馈、险情制止与报告、安全常识、如何协助班主任老师开展安全教育工作等内容进行培训;由专职心理健康教师负责心理委员培训,培训内容主要包括:学生心理异常情况发现与排查、班级心理状况晴雨表的记载、心理健康常识等;由政教处、体育组、艺术组根据学校工作需要对宣传委员、体育委员、文娱委员、劳动委员进行培训等。通过各种类型的培训,更新学生的观念,增强学生的自我服务意识和自我约束意识。

2.通过实践,开辟途径,创造机会,加强指导,提升自治力、领导力、社会适应力等多种能力虽然通过培训学习间接知识、形成自我服务的意识很有必要,但只有将所学知识运用到客观实际中,并反复演练,不断总结修正,才能熟练掌握这些适应社会的技能技巧,加深理解,提高认识,形成自身的能力。由于初中生的发展特点,相关管理经验积累得不足,学校在提供各种实践平台,赋予学生参与权与管理权的同时,还不断关注他们的工作过程,悉心指导,工作中出现问题,老师及时指出,具体指导,从思想方法到工作方法,学会独立制订计划、独立完成任务、自我反思、评价,学会课堂上学不到的知识和技能,正确处理各种关系,增强心理承受能力和社会适应能力,为将来适应社会、担当责任作准备。

在班级中推行值日班长制,每天一位值日班长负责班级常规事务。在班级中设立岗位责任制,把班级管理的权利交给学生,让学生在班级角色的扮演过程中找到属于自己的位置。每天晚上放学后,值日班长把值班笔记发到班级群里,班主任就对学生表现情况及值日班长值日情况进行点评及指导,并告知他们改进的办法。通过轮值,让每一个学生都有参与管理的机会,提高竞争合作意识、自我评价能力、自我控制能力。

在学校内推行值周干部竞选制,将团委、学生会各方面的管理干部职位根据各项工作需要进行分解,然后在全校范围内公示,学生通过推荐、竞选等方式参与。既锻炼了他们口头表达能力和沟通能力,也增强了他们的主人翁意识。同时,政教处对各部门司职尽责情况及时进行检查与反馈。一旦发现哪个部门、哪位干部工作不到位、不尽责,政教处老师就及时跟进,指出问题,督其改正。例如,学生会和国旗班都建有 QQ 群,有些消息、通知及工作状况,就在群中及时通报反馈,督促相关人员落实到位。有些工作情况,不需要老师反馈,学生干部自己也会发现问题,主动反馈,主动改进。例如,有干部检查眼保健操不及时,同组的学生干部就会提醒、督促。经过一段时间的磨合、培养,绝大部分学生干部已经掌握了一定的工作方法,具备了一定的工作能力,可以说自身修养、自身能力都有显著提升。

提供校园活动管理机会,设立"语言文字规范督导员""校史讲解员""行为规范督查员""清洁卫生督查员"等,让学生主动参与学校活动管理,发挥主观能动性,在积极的体验和实践中不断摸索有效的管理方法。例如:每年的春秋季运动会上,设立安全保障组、稿件宣传组、文明督查组、医疗服务组、裁判协助组等,全部由学生组成。凡是学生能做的都尽量让学生去做,而教师负责指导帮助,宏观调控,不束缚学生的手脚,让他们在生活实践中充分展示自己的才华,给他们创造自我实现、自我发展、自我评价的空间。学生在活动中不断尝试、体验,并不断地改进工作方法,从而增强了学生的心理承受能力,培养了学生自立自治精神、组织管理能力,提升了自我教育的效能,实现了自我价值,提高了学生的社会适应能力。

(二)以"心理资本"优化、"性格优势"培养为动力,采取主题班会的形式,提高自我效能感和学业坚毅,促进认知、自我调节能力发展

美国著名学者路桑斯教授创造性提出的"心理资本"理论,是将积极心理学的思想延展到人力资源管理与组织行为学领域的成果,它关注人的积极方面和优点,关注个人在面对未来逆境中的自我管理能力,它能够使人因地制宜地将知识和技能发挥到最大限度,增长学业自我效能感;能够促进学生的学业坚毅,承受巨大的挑战和变革,最终促进个人成长,具有竞争优势。并且它是可以通过训练有意识地去获得、保持和提升的,成为"贮藏在我们心灵深处的一股永不衰竭的力量,是实现人生可持续发展的原动力"。

基于心理资本理论,学校选择了自信、乐观、希望和坚韧四项具体的积极人格特质,针对初一年级学生开发了专门的干预课程,该课程具备科学的理论依据、详细的操作方案、积极的体验活动,立足初中生的现实学习与生活,学生能及时发现自己的性格优势,并通过小组合作、集体分享、情感体验等方式不断强化,增加处理生活中的人情世故及应对各种矛盾问题的心理资本。经过六次随机对照干预实验,综合实验数据的前后测对比、实验组与对照组的对比以及相关分析的结果,发现:提高心理资本能促进学业坚毅与自我效能感,干预课程有效地提高了初一年级学生包括希望、乐观、自信等在内的心理资本和学业坚毅,对初一年级学生顺利度过小升初的过渡期,适应新的学校生活具有较高的现实意义。

基于习近平总书记关于教育的论述,学校结合积极心理学理论通过"性格优势"培养课程将把性格优势与社会主义核心价值观、道德观及习近平教育观

进行有机整合,运用多种干预方式培养学生的私德、公德与大德,学会自我调节,做事审慎,具有批判性思维,有毅力且好学;完善学生的领导力,拥有公平和合作精神,诚实且善良;培养爱国情怀,拥有创新精神和全球意识。

（三）以"传统文化"探究为助力,提升人文底蕴,促进阳光人格的形成

中华传统文化对健全学生阳光人格,提升学生阳光学力具有积极的推动作用。它潜移默化地影响着学生个体的思想言行,效果显著地提高了学生的学习能力。

第一,开发传统文化的课程资源,为学生阳光人格的形成提供丰厚的理性和感性素材。

中华优秀传统文化中蕴含着"仁义""和合""和平""均等"等思想,承载着"大道之行也,天下为公"的社会理想,"天下兴亡,匹夫有责"的爱国理念,"以和为贵,和而不同"的处世哲学,"天人合一,道法自然"的生命境界,"革故鼎新,与时俱进"的改革精神,"己所不欲,勿施于人"的道德规范,"天行健,君子以自强不息"的奋进精神,"言必信,行必果"的行为规范,"正心诚意,修齐治平"的心性修养……在统编版教材中都有丰富的体现,这些积极的内容为学生阳光人格的塑造提供了坚实的基础。在传统文化的学习中,学生向贤哲看齐,不断提高自己的思想觉悟、道德水平、文明素养,提升了自己的人文情怀,培养了自己健康、纯正的审美情趣。学生们以先贤为榜样,学习他们的精神品质,逐渐形成了乐观、友爱、宽容、灵性、毅力、勇气等积极的人格特质,为他们拥有健康积极的心理素质奠定了良好的基础,帮助学生把传统文化中的诸多正能量主动地转化为自己的价值观和行为准则,在潜移默化中塑造自己的阳光人格。

第二,开展传统文化的实践探究,为学生阳光人格的形成提供积极的体验。

面对激烈变化的竞争形势,初中生往往迷茫不知所措。但是中国传统理想人格模式、积极的入世精神、务实的实用理性精神、乐观的文化精神等都可以通过踏实有效的对传统文化的实践探究,帮助学生正确处理现实的矛盾和冲突,逐步树立正确崇高的志向,明确自我目标,并用坚忍不拔的意志去实现目标。各种学生喜闻乐见的传统文化学习活动带给了学生积极的体验,还可以锻炼学生各方面的能力。在活动探究中,学生的交往技巧、工作能力、感受力、创造力、

天赋、灵性、自我决定等人格特质得以发展，学生获得成功的体验，感受自我超越的喜悦感，体会到传统文化对他们的巨大作用，阳光人格得以健全。

第三，创新传统文化课程实施的教学手段和方法，有帮助培养学生的自主学习态度和深度学习的能力。

对"预习"和"阅读提示"部分的传统文化知识，采用"给出提示，自主搜集"的处理方式；在课后练习部分，引导学生利用教材给出的知识解决问题，深入探究。让这些知识更多地扮演着学习"助手""支架"的角色，将相关内容的学习引向自主和深入。教学中经常直接引述权威学者的论断，提示阅读文本的重点，提供思考问题的线索，引导学生自主理解、欣赏课文，解决比较复杂的问题，从而加深学习的深度。对于文言语法知识，基本不作系统讲解而是重视让学生从对语言现象的自主学习中，自然理解这些知识，形成属于自己的知识习得方式，建构起个性化的传统文化知识体系，为深度学习、终身学习打下基础。同时通过教学手段和策略的创新，激发学生对传统文化学习的热情；通过多种教学资源的整合，多种教学手段的引入，让学生产生积极情绪，让他们主动、愉悦、入迷地投入传统文化的学习、消除与经典的隔阂。这些教学方式的转变，帮助学生从情感的认知提升到理性的思维，从被动的接受转变为主动的探究，并且由课堂迁移到生活，由知识转换为思维方式。

第四，实施丰富多彩的中华优秀传统文化教育的活动，帮助学生阳光学力的形成。

通过开展各类主题班会、民俗体验、小报制作、节日诗会、综合实践、专题讲座等活动，中国传统文化自然融入学生的学习与生活的方方面面，给学生提供了更多的自主学习时间与空间。在丰富多样的学习形式中，学生认识了节日等传统文化的丰厚价值，感受了传统文化的丰厚意蕴，激发了学习、传承传统文化的主动性，加深了探究传统文化的精神内核的深度，以及终身学习热爱传统文化的热情。学生在种种体验与参与中，通过合作互助，在探究中得到锻炼，提升终身学习必备的学习能力、人际交往能力和文化表达能力。

（四）以"缩微的思政课"为净化器，纯洁思想空间，净化精神世界，提升认识世界的辨识力和免疫力世界观、人生观和价值观是决定人生追求和人生道路的总开关,它决定着人的理想信念,影响着人的思想境界,指导着人的行为选择,关系着人的价值判断。《中小学德育工作规程》把引导学生逐步树立正确的世界观、人生观和价值观作为新时代对学校德育工作提出的更高要求之一。

苏霍姆林斯基说:"学生周围的世界是生动的思想的源泉,取之不竭、用之不尽的宝库。"在校园中,学校根据各年级学生特点,开发"缩微的思政课",净化学生的思想,营造一种健康阳光的成长氛围。利用每周一升旗仪式、国旗下讲话,每周五主题班队会,少年团校,每月志愿者服务以及演讲比赛、阅读交流等形式开展"党润童心"等系列主题教育活动,通过诵读红色经典、讲述红色故事、制作红色展板、观看红色影片、撰写心得体会,参观红色基地、咏唱红色歌曲,讲解《平"语"近人》,讲述国史,解读社会主义核心价值观,参加党史知识竞赛等活动形式,把党的知识、党的十九大精神、社会主义核心价值观、习近平总书记用典、英雄人物的事迹等内容融入其中,把培养学生"两心"(关爱心、进取心)、"两实"(做人诚实、做事踏实)、"三感"(幽默感、正义感、责任感)、"三力"(有效沟通能力、自我管理能力、终身学习能力)等必备品质与关键能力贯穿阳光教育培育学生核心素养的全过程。引导学生认真学习党的系列知识,了解党的光辉历史,学习党的先进人物事迹,明确自己的责任和义务,努力学好科学文化知识,自觉追求真善美,不断净化自己的精神世界,争做理想远大、信念坚定、道德高尚、知识丰富、勤奋刻苦的"阳光少年"。

二、"智慧·个性"相融合的混合式学习方式

课堂是育人的主渠道。二十五中立足教学实际需要,在探索"合育大课堂"实验的基础上进一步转变学生的学习方式,以翻转课堂为载体,选取实验班和实验学科,开展持续性的教学实验与记录。同时,应用信息技术辅助教学管理,应用教学 App 辅助教学,大力推进武汉市教育云空间的使用,推介如乐乐课堂、洋葱数学等网络教师平台,引导教师们借助武汉市教学助手、家校帮等信息化软件提升教学效率。

（一）探索出翻转课堂教学"课前同学、课中研学"的操作方案

翻转课堂的教学模式颠覆了传统课堂教学模式，将以前课堂上教师纯知识性的讲解，如识记理解的内容放到了课前学生个人的学习空间，学生学习的自由性更广泛，宝贵的课堂时间则用于进行较高层次的学习活动，教学设计容量会更大，对文本或知识的拓展面会更广阔，学习也将更深入。

学生个人空间的学习就是"课前同学"环节，包括两个步骤：微课学习、网上分析。教师根据教学内容录制10分钟左右的教学视频，通过教学平台发放给学生。学生可以在家观看，根据个人能力和需求，自定进度进行学习；也可以根据自己的学习情况反复观看，做笔记或者相关批注。有时根据学习情况，也可以在教师的组织下在课堂上观看学习。学生完成微课学习后，通过家校帮等网络平台或者纸质课前任务单，进行预习检测。客观题可以通过学习平台及时评判反馈（所有的检测题后都有答案详解，学生可以对错误的地方进行自我修订），主观题则由学生拍照上传至学习平台。教师通过软件平台了解学生的学习情况和存在的困惑，并有针对性地制定教学进度和难度，增强课堂教学的实效性。

"课中研学"的关键点在于将课前所学的知识点同学生已有知识进行整合，以项目学习为主，采取合作、探究的方式组织学习。"课中研学"的效度可以检验学生课前的学习是否有效，思考是否积极主动，是否借助教师的教学在有效深入地学习。基于此，"课中研学"包括三个步骤：自学反馈、合作探究、进阶演练。

自学反馈：根据学习平台上反馈的学生自学信息，教师将学生在自学中的疑难点重新整理，进行当堂反馈。这样，一方面检查学生是否进行了自我修正以及修正的有效性，另一方面也是对疑难知识点的再巩固。这个环节或者是基础知识的在线检测，或者是知识结构图的交流补充，力求夯实识记内容。

合作探究：在对文本的分析、知识的运用环节中，学生往往会存在难点。这时，教师并不是进行传统的讲解，而是引导学生先独立思考，然后在小组间、班级间、师生间的合作讨论中逐步梳理，在交流探究中促进思维的深入。此时教师的角色不是传统意义上的讲授者，而是为学生提供一个有更多思考空间的话题，在学生交流探讨的过程中把握思维的方向，在课堂进程中发现学生个性化

的学习问题和需要,给予学生个性化的辅导,做学生思考力的扶持者或者是问题的激发者,引导学生更深入地思考,通过人人参与、交流分享、相互碰撞,激起学生学习的热情和求知的欲望。

进阶演练:在学生完成知识重难点的探究后,完成进阶练习,以检测知识点的学习情况,并能够在小组内自主纠错,巩固所学知识。这一环节不是前面学习内容的简单重复,而是它的深化与拓展,是知识的实际应用,是更高层次的练习。

(二)培养学生在信息时代自主学习、合作探究的能力

在"课前同学"的环节中,学生自主学习能力的五个维度中以下三个维度体现尤为突出:

第一,组织学习能力。翻转课堂教学模式下的"微课学习"环节,课前教师通过教育平台将微课发放给学生,学生可以在家观看,根据个人能力和需求,自定进度进行学习。这种方式一方面照顾到了学生学习的差异性,另一方面也是对学生组织学习能力的锻炼培养。学生要根据自己的具体情况调整学习节奏,对学习的计划有效安排才能更好地完成学习任务。当学生能够按照自己的节奏,掌握时间进行学习,学习的自由性更广泛,学习内容富有个性化,学生组织学习能力也就增强。

第二,元认知监控能力。元认知监控能力指学生对正在进行的学习活动进行监测与评价的能力。元认知监控能力的高低反映了学生对自己学习过程和学习结果的准确的认识程度,也决定了学习效率的高低。在"网上分析"这一环节中,学生的学习进度可以在网上呈现,学生的学习情况能够直观地再现,哪些同学完成了任务,完成到了哪一步,大数据都给学生直接的反馈,能够让他们对学习活动有效监测。同时,客观题后面附有答题解析,学生可以根据详解进行自我评价与修正,小组同学之间也能够对彼此的学习成果进行点评,在激发学习兴趣的同时也提高了彼此的评价能力。

第三,多渠道学习能力。"互联网十"打破了权威对知识的垄断,在开放的大背景下,全球性的知识库正在加速形成,优质教育资源正得到极大程度的充实和丰富,这些资源通过互联网连接在一起,使得学生随时、随事、随地都可以

获取他们想要的学习资源。学生不仅仅根据教师提供的学习资源学习,还可以根据学习内容进行拓展,利用互联网,利用身边资源,多方位、多角度、多层面、多渠道地学习,学生获取知识的途径增多,获取知识的效率大幅提高,自主学习能力自然增强。

"课中研学"是学生深度学习能力的延展。

翻转课堂的研学活动,就是学生在教学视频的支持下,组成学习小组,在教师的促进下不仅完成对知识的个性化学习,甚至通过写作探究、展示交流、意义建构,完成自己对知识的拓展和创新,发展批判性思维和创造能力,实现深度学习。此环节中深度学习能力具体体现在以下几个方面。

第一,理解概念的内涵,构建自己的知识体系。在"合作探究"环节中,学生并不是像传统课堂那样依赖教师细致入微的讲解和指导,被动地去接收知识,背诵概念,而是主动参与到学习活动中,尝试自己的新方法,哪怕出错误,也能够从中汲取经验,举一反三,找到恰当的适合自己的学习活动,通过自己对知识点的理解来建构个性化的知识体系。

第二,进行知识的迁移与运用,解决问题。"实践—理论—实践",学生构建的知识体系要在具体的操作中去验证,去完善,去巩固。"进阶演练"环节则是在实际应用中帮助学生深入理解知识点,完成深度学习。

翻转课堂教学模式,迎合了时代的要求,有利于满足学生主动吸取知识的要求和愿望,使他们能将知识的学习付诸日常生活实践。这种"智慧·个性"相融合的混合式学习方式的重大变革,让学生能够独立自主学习,自我组织、制订并实施学习计划,调控学习过程,能对学习结果进行自我评估,对学生自主学习的能力、深度学习的思维和终身学习的意识有深远影响。

三、"科学·人文"并重的校本课程开发

课程问题是学校的核心问题。在新的教育发展形势下,学校拥有了更多的课程自主权,但是如果没有切合实际、独具特色的课程体系,那么学校就会失去核心竞争力。因此,二十五中以"科学·人文"并重的"阳光少年"校本课程体系建设为突破口,按课程来设计,系统地、规范地考虑其目标、内容、组织实施以及

评价等要素,通过挖掘各种资源来丰富课程内容,通过学生的社团活动、集体的体育运动、综合实践活动等方式,培养学生自立、自信、乐观、积极的阳光人格,促进学生个性化的发展,使其成为展示学校特色、打破课程发展瓶颈的重要路径。

（一）挖掘校史资源,开设史馆课程,培养学生阳光自信的品格

百年老校积聚了丰富的校史资源。学校修建了校史馆,将学校悠久的历史、厚重的文化、杰出的校友人才、辉煌的成绩、成功的经验等独有的文化资源与信息资源进行挖掘、整理、研究,用图片、文字、实物等形式展示出来,使其成为学生学习的蓝本,为史馆课程的开设提供物质支持。同时,学校还积极利用社区资源为课程服务,让学生从社会生活中获得教育。

学校把参观校史馆作为每年新生入学前的必修课,聘请辛亥革命武昌起义纪念馆的金牌讲解员培训学生讲解员,让学生来宣传解说学校的光荣,使学生参与其中,融入其中;把历史课堂引进校史馆,将学校开办之初正值汉口开埠,西方文化被引入中国的特殊阶段历史同武汉地方文化发展和变迁结合起来,让学生认识到,学校的发展离不开国家的发展;带领学生走访校友,整理校友事迹,让学生懂得学校的发展和每一位学子密切相关,从而形成以校为荣、为校添彩的自豪感和责任感,增强学子们的爱校情怀,培养学生阳光自信的品格;把学生带到附近的博物馆、纪念馆、烈士祠、烈士陵园开展区内游学,让场馆文化浸润学生的心灵;邀请专职讲解员送教进校进班,将革命历史、地方风俗、英雄人物事迹等融入史馆课程,丰富课程内容。

（二）利用校本资源,开发社团活动课程,促进学生人格健全发展

学校利用有特长爱好的教师资源,按照课程的标准明确课程目标、制定课程计划、拿出切实可行的实施方案,有针对性地设计课程。邀请专家按照阳光少年个性品格核心素养要求的四个维度对原有的零散活动进行科学整合,划分了五大类32门课程,并调查收集整理学生意愿,结合社团的特点给社团命名。

每学期开学初,学生可以根据自己的兴趣、爱好,在社团课程超市中自主地进行选择,报名参加,成为社员,自荐或推荐社团负责人,在指导教师的带领下,社团负责人制定社团章程,并组织社员学习,在制定和学习章程的过程中,将其

内化为每一个社员的行为准则。学校为社团活动创造一切有利于社团发展的条件,定期对社团干部和指导教师进行培训,为社团提供固定的活动时间和场所。每周一、周三下午第八节课时间在特定地点自主开展社团活动,或讨论活动方案,或学习相关技能,或观看相关视频,或演练比赛。

语文团队致力于寻找百年老校丰厚的文化底蕴与现代优质教育的结合点,在课程实践中加大人文教育课程内容的比重,以传统文化为核心,把经典诵读、名著阅读、课本剧表演、民俗体验、节日文化等多个科目集结成校本课程系统,编写了相关校本教材,经常开展内容丰富、形式多样的社团活动,形成学校独有的"快乐阅读"校本课程。

美术教师开设的中国画社团有声有色,旨在引导学生认识中国画这一优秀传统艺术,培养学生对国画的兴趣和爱好,领悟中国画笔墨技法知识及在造型中表现的艺术情趣,培养学生对国画的欣赏和创作能力,并将中国画融入诗、书、画、印,提高学生的艺术情操与审美创造能力,为将来进入国画殿堂奠定基础。同时中国画是心画,培养学生静心作画、坚持作画,学生得到心灵的滋养、情感的培养和满满的自信,艺术修养不断得到提高。学生在市区小人才比赛中常常收获满满。

像这样的教师资源学校还有很多,编"中国结"、手绘美术字、硬笔书法、剪纸、手工课、中国鼓乐课都是极富特色的社团课程。

精彩纷呈的学生社团活动,不仅丰富了学生的课余生活,愉悦了学生的身心,还锻炼了学生的实践能力,提高了学生的综合素养,促进了学生自主全面发展。

(三)挖掘活动资源,开设项目式综合拓展课程,打破学科界限

学校适时挖掘活动资源开设项目式综合拓展课程。例如:作为武昌区中小学运动会开幕式大型团体操表演承办校,学校三个年级同时投入了篮球操表演训练中。学校组织语文教研组整合语文课堂,在各个年级布置听说读写的丰富实践活动,有的撰写活动策划案,有的给活动中涌现的感人细节写通讯报道,有的给优秀班级、个人写颁奖词,有的参与活动前动员,有的进行活动中每日训练小结,还有的担任小记者,围绕篮球操的目的、意义、设计、训练等一系列环节,

采访篮球操课程的设计者、组织者、管理者和参与者,加深对篮球操的理解及其对细节的回顾;有的记录训练要求,整理采访记录……

春季实践教育活动中,除设计挑战"90秒"、爬毕业墙等一系列惊心动魄的锻炼体能的体验活动外,语文组的教师们及时指导,布置故事类、感悟类、诗歌创作类等系列活动,引导学生用心感受生活经历,用心体悟活动给人带来的冲击和变化,引导学生懂得团队的重要和信任的力量,懂得坚持不放弃就能取得最后胜利的道理,让活动更有实效。

总之,让活动不再是孤立的、单一的,而是将它同国家课程有机地整合,打破学科与学科之间的界限,推开活动与学科课程的隔断,巧妙地使之融合。学生不仅可以掌握篮球技能,锻炼身体,而且还可以提高口头表达能力和写作能力,更是可以从中体会到团队的魅力,受到思想的熏陶。

四、"多元·温情"的阳光少年评价研究

客观公正的评价能够帮助学生正确认识自我特长,激励和鼓舞学生树立自信,持续保持学习兴趣和热情,逐步形成独具个性特征的素质和能力,为将来走向社会、服务大众奠定坚实的基础。学校依据党和国家教育方针和阳光教育的理论,在注重评价内容、评价方法、评价时段的多元化的综合性素质评价的基础上,按照时代新人的内涵标准,进一步改变评价方式,将学生评价活动化、系列化。让学生在参与活动过程中能及时看到自己的成绩和进步,这样就能最大限度地调动每一位学生的内在驱动力,有利于学生各种兴趣的持续增长,有利于学生巩固有效的方法,甚至还有利于学生改进和提高。比如:用"走红毯"这种活动对学生进行及时评价。二十五中开设了"文明礼仪教育月"校本课程活动后,举行盛大的表彰仪式,全校师生、家长齐聚一堂,表现积极、文明有礼等获奖学生及其家长一起走上红地毯,踏上领奖台,让学生们感受到这是一种至高无上的荣耀。从领奖者脸上显现出的那种兴奋、自豪的神情和台下其他同学羡慕、期盼的表情可以看到教育的显著效果。这种"走红毯"表彰,就是一种活动化评价,它既可以让获奖者更有自信地继续做"领头羊",也让其他同学看到了学习的榜样和进步的标杆。这种评价让教师坚信:他们会继续完善自己,使自

己做得更好。长期坚持下来,良好的品格不也就逐步形成了吗?再如:每年的期中、期末,在个人申报、小组评议、教师推荐等的基础上从文明守纪、乐学善思等几十个方面评选阳光之星,并颁发荣誉贺卡,力争让每一个孩子在贺卡上可以找到自己的名字,形成规律,让学生们可以看到自己阶段性的改进成果。

当然,还有诸如集体展示、班级表彰等形式多样的评价方式,帮助学生及时发现和肯定身上的闪光点,尊重和扶持学生的兴趣爱好,发展学生的个性特长。也可以帮助学生找到自己同他人的差距,及时调整、修正自己的行为和处事方式,甚至改变自己的生活和学习态度。

另外,利用每周一升旗仪式这种带有仪式感的场合进行每周学校工作阳光点评,学校班子面对全体师生,对上周工作进行回顾总结,重点点评上周校园内的重大事件或某个细节。每次点评,透过现象看本质,由事及人见精神,引导师生树立正思维,凝聚正能量,这也是一种很好的评价方式。由阳光少年评价逐步扩展到阳光教师评价、阳光班级评价、阳光活动评价、阳光校园生活评价,不断丰富了评价的内容。

总之,二十五中力求在每一项活动中时时营造出肯定、表扬、鼓励、信任的氛围,这样,就可在每一间教室里时时能听到生命拔节的声音,在校园的每一个角落处处能感受到生命成长的气息。

五、成效与反响

第一,"阳光少年"申报评选制度被全国各地广泛借鉴。从阳光少年的必备素养开始,到开发相应的课程,再到学习方式的变革,最后到评价方式的改革,这样一个思路清晰、目标明确、方法得当的教育思路在现实中得到了实现。"阳光少年"的"自我申报制"和"新三好学生"标准得到武汉市教育局的充分肯定,被吸纳到《未成年人思想道德考核标准》中在全市推广,并延伸到湖北省乃至全国各地。2004 年以此为核心内容的《阳光教育理论与实践研究》获得了武汉市科学技术进步二等奖,2010 年获得了湖北省科学技术进步三等奖。

第二,研究专著《教育大变革——全体、全面、全程的阳光教育》《教育大创新——阳光教育实践行》《阳光教育对话录》《文化寻根——湖北非物质文化遗产传习读本》已正式出版。其中《阳光教育对话录》获武汉市教育科学"十一五"规划中期优秀成果一等奖、武汉市第十二届教育科研优秀成果一等奖,并获全国学习科学研究会成果评比一等奖。

第三,制定的《学生自省册》以及推行的"阳光评语"等举措,得到了专家学者的肯定和赞许,得到了教育决策部门的认可和推广,《人民日报》《光明日报》《中国青年报》和中央电视台等国内新闻媒体相继报道,并在全国产生了极大的影响。2016年阳光评价的成果《阳光语丝》由武汉出版社正式出版。

第四,制作的《打造魅力课堂,师生共同精彩》专题片在安徽省合肥市召开的全国教育学会年会上参展并被评为该年度参展科研项目全国一等奖。电视专题片《播种阳光的人》《打造魅力课堂,师生共同精彩》先后被中央教育科学研究所评为"十一五"规划教育部重点课题优秀成果一等奖。

第五,"合育"与"成长共同体"的培养方式被社会广泛认可。它解决了当前社会中普遍存在的独生子女孤立学习生活的社会困惑,不仅在本校学生及家长中得到极大的反响,而且得到了社会的高度认同。《长江日报》、《武汉晚报》、《楚天都市报》、武汉教育电视台等媒体相继对本校的"成长共同体"进行了报道。

第六,翻转课堂教学模式受到师生的好评。它借鉴翻转课堂教与学的理念重构课堂教学的结构,融合信息化教学手段,采取以自学为前提的自主、合作、探究的学习方式,借助开发的微课,多维度为学生提供学习资源,实现学生主体学习地位的突显。20多位教师运用该模式在全国"一师一优课"活动中获奖,有60%的教师论文在市级或以上刊物获奖或发表。

第七,全国各级各类课题均以优秀等级圆满结题。

第八,连续八年主导策划并成功组织了每年一次的全国阳光教育年会暨主题论坛活动。作为全国阳光教育联盟牵头校之一及中国陶行知研究会"生活·实践"教育研究分会秘书长学校,每次都在大会上作经验交流,影响遍及全国各地。在社会、家长和联盟学校中认可度高,学校所获的集体荣誉285项,学校素质教育特色在区级以上新闻媒体报道500多次,省级以上媒体报道近百次。

第九,得到了教育行政部门的关注及领导专家的好评。教育部原副部长陈小娅亲临学校视察工作,对阳光教育给予高度评价:"阳光教育实验是素质教育的新探索。"国家总督学顾问、中国教育学会副会长陶西平,中国教育学会副秘书长马建华等为阳光教育题词;中国教育学会会长、著名教育家顾明远先生说:"我对武汉市第二十五中学等学校开展阳光教育,十分赞成。把学校办成阳光乐园,让每个学生都成为阳光少年,这才是真正的教育。"省、市、区教育局领导均亲临学校考察并出席阳光教育研讨会。

第六节

湖北省武昌实验中学的创造力培养①

湖北省武昌实验中学(以下简称"省实验中学")创建于 1920 年,属全国首批重点中学,是一所具有悠久办学历史和厚重文化底蕴的名校,也是"生活·实践"教育的实验学校。校名"湖北省武昌实验中学"系毛泽东亲笔所书,校门和牌楼上端镌刻着曾国藩题写的"惟楚有材"和"辟门吁俊"。省实验中学以"忠毅勤朴"为校训,以"高质量、有特色、现代化"为办学目标,实施学生成长导师制,关注每一个学生的全面发展,关注学生的个性化需求。遵循"改革、规范、特色、发展"的办学方针和"多样化办学,多元化发展、多渠道成才"的办学思路,完善内部管理机制,规范办学行为,发展学校特色,提升核心竞争力。

践行创新教育,培养学生创造力是该校的一大亮点。省实验中学校长汪拥军大力推进创新教育,研究形成了包括创造力的结构与发展、创新教育的教学原则、教学方法、教学结构、教学过程和教育评价在内的创新教育理论系统,用以在办学的具体过程中规范教育、教学行为。

---

① 注:本部分内容以《创新教育的方法与评价操作概要》为主要参考。

一、省实验中学创新教育的内涵

在省实验中学,创新教育普遍遵循以下几个原则。

主体性原则。创新教育不同于以往的教育,它更强调学生在教育中的主体地位,因此学生在教学中应该成为探索问题、发现新知的主体,而教师只是学生主体活动的组织者、指导者,教师与学生要由传统的"说书人"与"听众"、"传教士"与"教徒"的关系转变为"导演"与"演员"的关系。学生的主体性越突出,独立探索的机会越多,创造性情感越强,其创新精神与实践能力越有可能得以培养。强调重视学生的主体性的同时,也决不能忽视教师的主导性。只有将主体性活动与主导性活动有机结合,才能使学生的创造性成为学习过程中最鲜明的特色。为了实现主体性与主导性有机结合,省实验中学制定了课堂教学规范,彻底废除"填鸭式""满堂灌"的课堂教学模式,让每一种教育教学活动都充分以学生作为发现问题、探索问题和解决问题的行为主体。

置疑性原则。有质疑,才会有创新。省实验中学要求教师在教学中不照本宣科、不面面俱到,也不脱离学生和教材实际搞"高""精""尖""偏",而是根据教育教学内容和学生身心状态设计出有一定探索性意义的思维操作作业和技能操作作业,让学生思维处于一定的疑惑状态,使其在欲进不能、欲罢不忍的矛盾困惑过程中磨炼意志,在教师的指点下相互讨论或独立思考,达到"山重水复疑无路,柳暗花明又一村"的境界。教师在设计问题时,应具有连贯性、递进式的特点。

发展性原则。在教学中,教师必须注重全体学生创造力的发展,不能把目光只投向少数尖子生、专长生;要注重学生的全面发展,即要让学生在德、智、体、美、劳等各方面都得到协调发展,不能只突出一方面而偏废其他方面;要注重全体发展与全面发展前提下的个别发展,既要保护学生兴趣、特长,积极引导学生向个性方向发展,又要针对某些学生的某些缺陷与不足,通过相应的教育手段使其实现补充和发展;要注重促进非智力因素在创新能力的形成、发展过程中的作用。

创造性原则。省实验中学认为,创造性具有两个层次的含义:一方面,教育、教学和管理的各种手段、各个环节和整个过程应该充分体现创造性,要形成无时不创造、无事不创造、无人不创造的生动活泼的大环境,这是培养创造性学生的外部因素。另一方面,要着眼于激发学生的创造情感,培养学生的创造思维,传给学生基本的创造技法。激发创造情感是实施创新教育的前提和基础。中学生是处于形成与准备阶段的人,对于他们而言,创造才能主要是指能够运用已有的知识和智能在探索、发展和掌握尚未知晓的知识和技能的能力。因此,教师在教学中要注重根据学生身心和智能水平选取创造性内容,从而确立创造性原则的操作要求。

二、省实验中学创新教育的具体做法

(一)探索创新教育的主要教学方法

创新教育的教学方法,既有各学科各自的特点,又有普遍共存的规律。省实验中学着眼于培养学生的创造精神、创造思维能力和实践能力,不断探索创新教育教学方法的优化与组合。

辐射式教学法。指以某一个教学内容为轴心,全方位多角度地辐射扩散,展开式地探讨内容的各种要素的性质、种类、范围等,探讨要素之间的相互联系,甚至探讨这一内容各要素与其他相关内容的要素的联系,从而找出解决问题的思路,确定解决问题的方法。如数学课在学习立体几何"异面直线距离和角"这一课时,引导学生通过正方体的体对角线、面对角线和棱的关系去考察它们之间的距离和所成角,由此辐射扩散,学生分析的情况多种多样,答案也不尽相同,一节课在学生饶有兴味的探索中,上得兴趣益然,回味无穷。

重组类教学法。即按照问题的特点,或根据材料内容,通过学生自己的思考,重新整理、筛选、组合,明确解决问题所需的基本知识与技能,归纳总结其纲要和特点,以获得解决问题的思路与方法,或获得对问题整体的概括性认识,或验证已有的结论。如语文课中的选材思路教学,通常可以运用这种办法,数学、物理、化学中综合性较强的问题通常也可用这种办法,其好处是化大题为小题,化繁为简,将自己的见解与原材料设置者的见解相参照,概括性、分析性很强。

分解式教学法。将问题分阶段进行,提高学生创造性解题能力。这个过程以学生为主体,将思维的发散与聚合相结合,活跃了课堂气氛,提高了效率,学生会在轻松自如中留下深刻印象,达到举一反三、触类旁通的良好效果。如物

理单元评讲课,将整个过程分解为提出讨论—启发引导—归纳总结的不同阶段,每一阶段的内容、重点、方法不一样,综合起来又是统一的联合体。生物课将每个专题内容分为观察感知—阅读认知—分析获知—练习熟知四阶段,有层次变化,由具体到抽象,由感性到理性,由探索到运用,具有很强的创新性。

研究型教学法。即在教学中让学生先发现,再明确,最后提出未知问题;启发学生将要解决的问题与已经掌握的知识、技能建立一定的联系,甚至与主观情感、生活实际建立联系,大胆地展开联想与想象,实现相关信息与未知问题的联通;教师再准确地点出问题的关键所在,使学生设计出创造性地解决问题的方案并加以验证。发现法、讨论法及实验法等属于研究型教学法。语文写作教学中,设计一系列"假想性"命题,由学生自由发挥。用问题的提出激起学生的探索愿望和创造欲,培养学生的创造思维能力。科普艺术课中,以校址命名的主题"凤凰山——楚才街的遐想",让学生展开想象作画,结果学生画出了戴博士帽的"凤凰",楚才街上"小居里夫人""小爱因斯坦"的实验室等优秀作品。在理科课程的课堂教学中,研究型教学法的教学功能尤其突出。

比较式教学法。传统的比较法,是教师将比较的对象、比较的范围(角度或标准)、比较的结论条分缕析地灌输给学生,学生获得的只是结果,虽然参与了比较思维的过程,但也只是被动地倾听与接受。创新教育的比较法,教师一般只提示启发,学生根据材料和现有的知识能力自己去分析确定,参与性、探索性很强。比较法有同一事物的历时比较,不同事物的共时比较,个别事物与普遍规则的比较等。如化学中,"电解"与"电离"比较,由学生根据教材与实验,从过程、性质、结构、反应、条件、结果等方面自己进行,教师适当规范。语文课《林黛玉进贾府》中王熙凤与林黛玉见面连续数问,教师启发学生思考一般的"聊家常"的对话规则(相互交流、有问有答等)与王熙凤的只问不听作比较,让学生体会到王熙凤虚情假意、好表现自己、盛气凌人的性格特点。

(二)实行创新教育的评价机制

教育评价是检验教育效果及教育改革方向正确与否的重要手段,是使创新教育的教育思想、教育机制、教育内容、教育方法得以改进与完善的有力措施。通过评价对学校的创新教育行为进行导向、激励、制约和调整,从而有效地促进学校教育教学质量的提高,这有利于教育规划与教育决策,也有利于师生群体创新素质的提高。通过实践,省实验中学认为,创新教育评价标准的设计要有方向性、可行性、先进性。评价标准应该符合创新教育提出的要求,应该把评价学生是否有创新精神和创新能力放在首位,使所培养出来的学生能运用所学书本知识解决实际问题。创新教育评价标准的设计,应考虑促进学生的全面发展。此外,还要考评教师的创新素质。创新教育的评价系统内容十分广泛,包括职责评价、素质能力评价、过程效率评价、目标效果评价;评价的对象可以是个体也可以是集体。简单地说,教育过程中,一切人与事都可以进行评价。目前,省实验中学只设定了创新教育中对教师与学生的评价内容,建立了创造性教师与创造性学生的评价内容系统。限于篇幅,作为创新型教师评价内容系统的分解,这里仅以课堂教学的评价量化表(表 8-6)为例。

表 8-6 省实验中学创新教育课堂教学评价量化表

指标特征与权重分布		得分等级				评分
A 级指标	B 级指标	优	良	中	差	
A1 教学内容 (0,3)	B1. 目的明确,重点突出,抓住关键,突破难点,消除疑点。	9~10	7~8	5~6	0~4	
	B2. 符合实际,面向多数,难易得当,容量适度,密度合理。	9~10	7~8	5~6	0~4	
	B3. 优选创新,联系实践,渗透学科,使个性、知识、技能、智力、创造力落实具体。	9~10	7~8	5~6	0~4	
A2 教学方法 (0,4)	B4. 激发兴趣,启发思维,指导学法,学生主体,鼓励质疑,偶发问题,剖析及时。	9~10	7~8	5~6	0~4	
	B5. 结构过程设计合理,条理清楚,层次分明,循序渐进,深入浅出。	9~10	7~8	5~6	0~4	
	B6. 方法多样,组合优化,精讲精练,详略得当,现代化教学手段运用充分。	9~10	7~8	5~6	0~4	
	B7. 个性、知识、技能、智力、创造力的开发、激活、转化、形成方式自然。	9~10	7~8	5~6	0~4	
A3 教学技能 (0,1)	B8. 仪表端庄大方,教态自然亲切。	5	4	3	0~2	
	B9. 语言清晰、准确、简练、生动、逻辑严谨。	9~10	7~8	5~6	0~4	
	B10. 板书工整迅速,操作规范熟练,绘画标准。	5	4	3	0~2	

（续表）

指标特征与权重分布		得分等级				评分
A级指标	B级指标	优	良	中	差	
A4 教学效果 (0,1)	B11. 个性、知识、技能、智力、创造力各有所得，反馈性检验效果好。	5	4	3	0～2	
	B12. 教学情绪和谐饱满，学生学得主动、活跃。	4	4	3	0～2	
定性结果	优(80～100) 良(70～79) 中(60～69) 差(0～59)	量化总分				

三、省实验中学实施创新教育的成效

省实验中学以创造教育为主线，着力打造特色教育。该校是市级田径、乒乓球、篮球培养体育后备人才试点学校，是市级桥牌特色学校，面向全市招收体育特长生。该校先后被授予"武昌名校""武汉市特色教育学校""武汉市教科研实验基地""创新素质实践行市级先进单位""武汉市文明单位""全省五四团委标兵""湖北省教改名校""湖北省绿色学校""湖北省教育科研强校""湖北省课题研究先进学校""湖北省青少年红十字工作先进单位""教育部重点课题研究学校""教育部与国际合作项目研究实验学校""全国模范职工小家""全国心理辅导特色学校""全国科技教育先进集体"等称号。

省实验中学教学质量居武汉市前列，近年来有超过70%的学生上重点大学，先后创造了普通班全班上重点线，科技实验班平均分过624分的纪录。近年重点大学录取率稳步提升，每年提升十多个百分点。在数学、物理、化学、生物、信息技术、英语等学科竞赛和"青少年科技创新大赛""国际科学与工程大赛""明天小小科学家"等大赛中，每年有300余人次获得国家及省级以上奖励。2012年，被授予国家级"地理奥林匹克竞赛培训基地"，省实验中学一流的教育质量得到国内外名校的青睐，与多所高校建立了良好的合作关系，获得了新加坡国立大学、南洋大学，中国香港大学、清华大学、北京大学、复旦大学、浙江大学、中国科技大学、武汉大学、华中科技大学等国内外顶级名牌大学的自主招生推荐资格。近年来省实验中学高考成绩连创新高，连年获得市、区教学质量一等奖。

第九章

"生活·实践"教育案例分析

——从幼儿园至高职院校的全学段实践探索(下)

南京晓庄学院附属小学的"生活·实践"教育课程、宜昌天问教育集团的自主力培养,荆门市海慧中学的合作力培养以及杭州科技职业技术学院在"生活·实践"教育中育高素质人才,不同地域,不同学段,却在"生活·实践"教育里各美其美,美美与共!

第一节

南京晓庄学院附属小学的"生活·实践"教育课程

南京晓庄学院附属小学（以下简称"晓庄附小"）前身为晓庄师范学校小学部，由陶行知于 1927 年创办。地处南京市栖霞区，占地 9338 平方米，校舍面积 9092 平方米。现有 25 个教学班，学生 1089 人，教职工 69 人。学校有江苏省特级教师 1 名，江苏省师德先进个人 1 名，市优秀青年教师 10 名，市优秀教育工作者 4 名，区学科带头人 8 名，区优秀青年教师 16 名，区教坛新秀 3 名，区特色教师 4 名。现任校长鲁照斌。

晓庄附小先后荣获全国青少年校园篮球特色学校、国际技术与工程实验学校、中国教育学会班主任专业化实验学校、江苏省实验小学、江苏省教学成果二等奖、江苏省陶研会实验学校、江苏省平安校园、南京市教学改革前瞻性项目学校、南京市基础教育教学成果培育重点项目学校、南京市小学特色文化示范校、南京市数字化校园示范校、南京市园林式校园、南京市科研先进集体等多项荣誉称号。

在不断地探索与实践中，晓庄附小独具学校特色的"生活·实践"教育课程值得推介。

一、课程理念：让教育通过生活和实践创造美好人生

1．"亲"生活，顺应儿童发展

"生活·实践"教育课程建立在学生现实生活的基础上，将学习内容、学习方法、评价方式等与生活紧密相连，让学生在生活中学习、感悟、发展，从而达至"发展人性、培养人格、改善人生"的教育目标。

2．"活"教育，适应社会需要

陶行知认为："文化进步，是没有止境的；世界环境和物质的变化，也是没有一定的。活的教育，就是要与时俱进。我们讲活的教育，就要随时随地的拿些活的东西去教那活的学生，养成活的人材。""生活·实践"教育课程既要保证全体学生的全面发展，又要促进学生主体性、选择性、个性化发展；既要充分考虑课程间的内联关系、各自特质，又要充分考虑学校的文化背景和人文环境，考虑学校的人力资源、物质资源、社会资源等方面，努力构建既尊重传统又遵循现代社会发展形势的课程谱系。

3. "真"学习，探究"教学做合一"

"千教万教教人求真，千学万学学做真人。""生活·实践"教育课程以"教学做合一"理论为指导，主张学生在生活与社会中学习真知识，练就真本领，知行合一，并用所学知识与能力，去创造生活，服务社会。鼓励学生经历探究性学习过程，求得真知，练得真能。以学生经历探究性研究学习过程为最重要的学习方式，教师在课堂教学中引导学生主动探究，亲历科学探究学习的过程，激发学生学习科学的主动性，培养学生探究学习的真能力。

二、课程目标

以"四力"（见图 9-1）为关键要素和目标，培育真善美合一的时代"真人"。其中，生活力为基础力，生活是人生存发展的核心场域，是生命增值的幸福根本所在，旨在引导学生回归生活、在生活实践中追求美好的人生；以"自治力、学习力、创造力"为行动支架，贯穿学生小学六年的全部生活，乃至逐渐培育起影响一生的关键能力和必备品格。

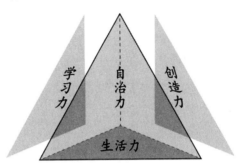

图 9-1 "生活·实践"教育"四力"要素模型

生活力就是一种生活的能力,这种能力包含了与他人交往的能力、自我生长发展的能力以及改造社会的能力。具体来看,生活力可以划分为两个部分:一为知识与技能,包括自主学习、生产劳动、创造发明、自我管理等生存技能;二是态度与品格,其核心是自立、坚强、高雅、担当。

学习力是自主的、探究的学习能力,包括好奇心、想象力、批判性思维等,是一个人学习的动力、毅力、能力的综合体现。培养学生的学习力,就是要调动学生的内驱力,磨炼学习的意志,提升学生分析问题和解决问题的能力。

教育是"培根、铸魂、启智、润心"的活动,推进学生自治,可以提高学生的自觉性、能动性、责任性和探究性,自治力的培养从行为习惯上能做到自觉、自律、自醒、自约,能开展自我管理、自我教育,有一定的自治能力。遵守纪律,和善待人,自觉觉人,争做最美"陶娃"。

创造力是陶行知重视,也是当下强调的核心素养之一。晓庄附小提出的创造力是指学生在生活、科学、艺术、思想等方面所彰显出来的创造意识、创造精神、创造思维和创造能力。

基于"基础类、拓展类、综合类"三级课程的"四力"课程构建,旨在平衡国家课程基础和学生个性发展之间的关系,为儿童的个性化发展提供多样化学习选择。课程实施中,依托"四力"维度,从低、中、高三个学段,分别设计对应的三类课程内容(见表9-1)。

表 9-1　"四力"课程资源建构

维度	年段	目标	课程内容		
			基础类	拓展类	综合类
生活力	低	热爱生活、养成习惯	国家课程	安全教育	口语交际Ⅰ、活力篮球Ⅰ	自能德育活动
	中	快乐生活、陶冶情操			口语交际Ⅱ、活力篮球Ⅱ	体育节
	高	规划生活、自信乐观			口语交际Ⅲ、活力篮球Ⅲ	艺术节
自治力	低	自我管理、主动做事	国家课程	心理教育	金陵文化、生活实践坊	陶娃互助社
	中	自主管理、合作共事			公祭读本、陶艺石头画	小先生讲坛
	高	自动管理、担当大事			禁毒教育、茶艺	晓小工学团

（续表）

维度	年段	目标	课程内容		
			基础类	拓展类	综合类
学习力	低	联系生活、适应学习	国家课程	阳光阅读	数学游戏、陶子合唱Ⅰ → 行知亲子学堂
	中	融会贯通、能动学习			数学生活Ⅰ、陶子合唱Ⅱ → 汉字文化节、科技节
	高	跨界思维、精准学习			数学生活Ⅱ、陶子合唱Ⅲ → 数学思维节
创造力	低	勤于动手、富于想象	国家课程	实践活动	校园劳动服务Ⅰ、班队活动、物联种植Ⅰ → 陶娃梦想秀
	中	熟练操作、勤思善学			农业基地Ⅰ、社区志愿者Ⅰ、物联种植Ⅱ、创客 → 学生AI峰会
	高	社会参与、乐于创造			农业基地Ⅱ、社区志愿者Ⅱ、物联种植Ⅲ、机器人 → 陶子户外游学

三、课程体系

"生活·实践"教育课程图谱（图9-2）关注了育人的生活性与实践性，建构涵盖"基础类、拓展类、综合类"的"四力"课程群，分别指向学生的"生活力、自治力、学习力、创造力"素养的提升，同时积极构建指向"自动共长、自主学习、自主生活、自主实践"的课程评价体系，并以"课堂教学、资源建设、机制保障、评价指南"为课程支撑，关注教育与生活、实践的结合，学校与社会、家庭的协同，通过纵向和横向的课程衔接，为儿童提供个性化、多样化的课程选择，彰显实践育人、课程育人、综合育人特质，为基础教育育人模式改革提供样板。

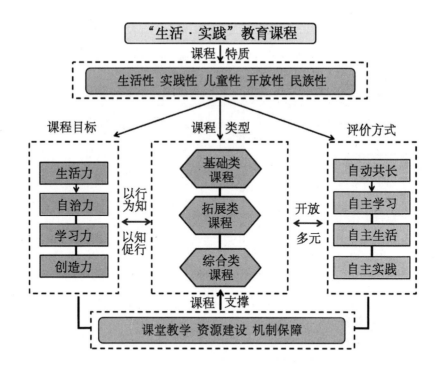

图 9-2 "生活·实践"教育课程图谱

四、课程实施

（一）构建"生活·实践"教育的校本课程体系

1.国家课程校本化，提升课程教育品质

在国家课程实施过程中，结合学校优势，将国家课程中的某一项内容深挖细掘，使国家课程校本化、特色化，提升课程品质。例如，将数理类别的国家课程"数学""科学"与生活紧密相连，增设"数学与生活""科学与生活"特色校本课程。双语类别的"语文"和"英语"分别向广泛阅读与语言表达方面提出更高要求。艺体类的"音乐""美术""体育与健康"分别确定了"合唱""陶艺""篮球"特色发展。实施的方法是在国家课程安排的课时中，拿出一定的课时，进行校本化课程的专项教学，学校再结合主题活动等方式，推动特色化的发展。

案例：陶艺课程的宗旨与目标

（一）课程宗旨

陶艺是一门集思想性、知识性和艺术性于一体，且具劳动的实践性和创造性综合实践课程。通过陶艺作品的制作,锻炼学生的动手实践能力,丰富学生的想象力,提高学生的艺术素养和审美情趣,渗透中华传统文化。

(二)课程目标

1.课程总目标

通过陶艺的制作与学习,提高学生的兴趣,激发学生的想象力和创造力,了解国家的灿烂文化,培养学生热爱本民族的美好情感。

2.课程阶段目标

第一阶段:通过欣赏、讲解、演示,学生对陶艺有基本了解,提高学生的兴趣。

第二阶段:让学生亲自感受泥性,逐步掌握各种工具的用法,并能开始动手制作。

第三阶段:运用基本成型方法——盘泥条、敲泥片、手工涅塑等,开展趣味性的临摹制作,培养动手能力,锻炼学生手眼协调能力,进行釉上彩绘制。

第四阶段:能独立进行创作,能表现所见所闻、所感所想的事物,激发学生丰富的想象力与创造愿望。

为配合陶艺校本课程的开发,学校专设了"王成陶艺工作室",并建设了陶艺馆,以调动教师和学生的热情与兴趣,激发自信心与成就感。

2.整编有效资源,激活隐形教育课程

跳出活动看活动,跳出项目看项目,立足课程发展,激活隐性课程,从目标、内容、组织、路径、评价等方面重新架构与整编,形成体系,使特色活动与项目课程化,开拓新局面。

案例1:一项卖报活动衍生出自能德育实践活动课程

2009年,六年级(1)班同学利用一张旧课桌,在校园一角摆放了无人售报处,学生自行取报,主动投币,每天10份报纸。一项小活动掀起了一场大的思想风暴:会出现取报纸不给钱的现象吗? 会出现少给钱的现象吗? 学生诚信度有多高? 应该培养出什么样的学生? 当下学校应帮助学生树立怎样的核心价值观? 用什么样的方法能够实现这样的目标呢? ……经过广泛的调研、论证、实验,2010年晓庄附小提出了师生发展的核心价值观——诚信、责任、友善,并依据陶行知生活教育思想,建构了自能德育实践活动课程。学校从"行为愿景"

"品德教学""课堂学习""德育平台""主题教育活动"五个维度进行系统整合,初步开发出自能德育实践活动课程。

案例2:"生活与数学"课程群

"生活与数学"课程主要是培养学生学习和实践能力,打通数学与生活的壁垒,让孩子学得快乐,学得自在。

在"生活与数学"课程内容的选择上,基于师生特点和学校特色,开展以下活动:开展数学微课程,丰富师生的课余生活;每年冬季组织"数学活动月",激发学生对数学的热爱和探索欲望;开展综合实践活动,提高学生综合运用知识解决问题的能力。几年来,学校有6位教师申报数学微课程,教师在课前做好翔实计划,如"传统游戏"介绍传统数学玩具如七巧板、魔方、九连环、火柴等的玩法,让学生领略数学文化的博大精深和数学的美妙有趣。学生在课堂上观察、操作、猜想、验证,学习兴趣浓郁。学校有4位数学教师设计了"数学与游戏"课程,将数学的特性、规律、原理融入游戏之中,学生通过玩游戏,懂得一些数学的奥秘,明白一些道理。由合作游戏公司开发的《星际王者》《智兽》等游戏受到孩子们的青睐。三至六年级的数学教师将一些数学趣题、难题编入数学故事,取名"数学趣解课程",使学生体会做数学难题的乐趣,喜欢钻研难题,勇于探究学问。与此同时,学校在三至六年级开发明源俱乐部课程,在本年级挑选对数学特别有兴趣的学生参加,每周开展一次活动。每学期初制订活动计划,按计划开展活动,每次活动做好记录,学期末对本学期活动的开展情况作总结。

3.适性而学,打造个性教育课程

校本活动性课程内容的架构以"双向选择、分层设计、发展特色"为宗旨,以培养学生的创新精神和实践能力为重点,扩大学生的学习领域,满足学生的学习权利,培养学生的交往能力与合作精神。学校社团活动提供多样的学习渠道,力求成效,以促进每一位学生富有个性的发展为最终目标。

为满足学生的需求和家长的期望,每学年在确定校本活动性课程内容之前,学校会组织相关的问卷调查,从校本课程开设的内容、课程学习的方式、每周上课的频度、每次课时的上课时间、课程学业的评价方式等方面对学生进行问卷调查。在问卷调查的基础上,结合学校实际,制定详细的校本课程实施方案。2013年开设的活动性课程"魔方""十字绣""陶笛"等,都是在问卷调查掌握信息后,组织相关人员开设的校本课程,很受学生与家长的欢迎。

案例:南京晓庄学院附属小学活动性生本课程需求调查问卷

1.如果学校开设活动性课程,你的态度是(　　　)

A.很喜欢　　　　B.较喜欢　　　　C.一般　　　　D.不喜欢

2.你觉得学校开展活动性课程的时间,除周三外,最好是(　　　)

A.周一下午　　　B.周二下午　　　C.周四下午

3.你觉得每次活动性课程学习时间是(　　　)

A.40分钟　　　B.60分钟　　　C.90分钟

4.你希望通过活动性课程的学习达到什么目的?(多选)(　　　)

A.对今后的学习和生活有帮助

B.对提高文化课分数有帮助

C.提高自己的素质

D.随便玩玩

E.其他,如_____

5.你对哪些学科或门类知识、信息感兴趣?(多选)(　　　)

A.文学知识　　　B.科普知识　　　C.文化历史

D.体育游戏　　　E.乡土知识　　　F.其他

6.你认为还应该开设哪些课程?

7.如果你选择了活动性生本课程学习,你希望学校采取什么方式对你所学的课程进行检测?

8.学校诚挚邀请家长参与学校生本课程的开发,共同进行课程建设,你的父母能担任的活动性生本课程是什么?

9.你的父母单位或周围,有一技之长的同事或朋友吗?愿意推荐的人员及从事的课程教学的内容是什么?

4.发挥教研作用,开发微型单元群课程

教师以学生知识学习与能力提升的需要为出发点,结合自身兴趣、知识与能力水平、学科特点等方面综合考虑,设计开发一些师本的微型单元课程,以帮助学生拓宽视野,形成能力。例如,语文老师开发的汉字艺术单元课程、成语单元课程、小古文微型课程;数学老师开发的数学与游戏单元课程、数学家的故事单元课程；英语老师开发的外国绘本单元课程；品德与社会老师开发的南京明城墙单元课程；等等。有的从教材文本出发进行延伸，有的从乡土文化进行延伸，有的从学科特点进行延伸，等等。通过小主题、小内容、小活动、小研究的方式，将这些单元课程渗透于课堂教学与学校活动中，不仅激发了学生学习兴趣，拓宽了学生视野，提高了学生能力，而且让教师进一步钻研教材、研究学生，形成风格，获得了教育教学的成就感与自豪感。

5.打造"魅力班级"，形成班级特色教育课程

一至二年级每周四下午还设置一课时，开设"班级特色活动课"。三至六年级充分利用午会、班队会、活动课等，不定期开展班级特色课程的教学活动。

案例：行知思想浸润班级文化，《班级周报》记录童年生活

滔滔江水，绵绵流长；巍巍劳山，旭日东升。伟大的人民教育家陶行知1927年在劳山脚下创办了晓庄小学。悠悠岁月，九十风华，现在已经是南京晓庄学院附属小学，在这里有这样一个班：这是一个快乐、奋进、团结、民主的集体，自己的干部自己选，自己的班会自己办，班级的口号自己想。在这里，每一位同学都在用自己的智慧与汗水谱写着属于自己的乐章。

这就是南京市晓庄学院附属小学阳光班——三年级(3)班，班级里的同学们，团结友爱，奋发向上，朝气蓬勃，共同创造了这个具有强大凝聚力、生命力、创造力的集体。在这个温馨的班级大家庭里，有45名可爱的孩子，每个人不断发掘潜能，提高素质，为这个集体增光添彩。虽然年少，但充满自信；虽然稚嫩，但敢于拼搏。

短短半年时间，教师带领学生走进生活，在生活的大海中踏浪，利用《班级周报》让孩子们记录他们在这一系列活动中的所见所闻、所思所想，让生活来教育孩子，在生活中孩子们不断成长！《班级周报》这一平台呈现学生在生活中的思考、成长、收获。

6.利用学校优势，建立实践性教育课程

阳光阅读课程。阅读课程实施过程中，除了国家编制的课本内容精读，以及学校确定的必读书本和选读书本这类泛读之外，学校还组织教师根据学生阅读能力发展的需要，编制了一至六年级的《阳光阅读》教材，每周安排一个课时，开设了"阅读课"。

行知实践基地课程。晓庄附小在栖霞区的江中小岛八卦洲,租用了 70 亩地,建立了"行知实践基地",让学生接触自然,展示技能,陶冶情操。

行知亲子课程。行知亲子学堂是由学校和燕子矶街道社区教育中心共同主办的家校共育公益项目。由专家学者、一线教师、家长代表和专业团队等 30多人组成讲师团队,先后推出"家庭教育的细节课""熊孩子唐尼的故事""科学创想家""每周一信""线条编织的美丽"等精品课程。线下举办了"家庭公益书橱亲子阅读课程""家庭教育社区公益行课程""一年级行为习惯养成课程"等特色课程,以及"科学体验日""表达性艺术夏令营""周末公益讲堂"等精彩活动。

数字化学习课程。现代社会是信息化、网络化、数字化的时代,课程的设计结合时代特征,充分应用数字化校园的优势,促进信息技术与学科课程的整合,逐步实现教学内容的呈现方式、学生的学习方式、教师的教学方式和师生互动方式的变革,发展学校教育的第二时空,为学生的学习和发展提供丰富多彩的教育环境和有力的学习工具,以促进学生主体性发展。

研学旅行课程。研学旅行是研究性学习和旅行体验相结合的校外教育活动,是社会实践活动的主要形式。研学旅行的目标是拓宽学生视野,培养学生的生活技能、集体观念、创新精神、合作与实践能力。

(二)探索"生活·实践"教育的教学范式

适性教育是一种健康、完整的教育,注重挖掘每个人的不同资质,给予不同方式的培养,以促使他们最大限度地发挥出个体的优势。课堂是育人的实践载体,基于"生活·实践"教育理念,学校以国家课程为主要内容,探索了"教学做合一"的课堂教学范式,指向学生发展的"四力",强调小学生学习的"儿童性、生活性、实践性、开放性、民族性"五大特质,逐渐形成了"一中心、三主张、四特性、五环节"的课堂教学模式。一个中心:教学做合一。三个主张:教学生学、做中学、共同学。四个特性:儿童性、生活性、实践性、互动性。五个环节:导学—互学—展学—促学—延学。同时要求教师课堂操作过程中要考量七个量度,即"学习目标的准确度、自学指导的明晰度、合作学习的参与度、展示提升的精彩度、练习促学的有效度、拓展延伸的适量度、评定学业的达成度"(见图9-3)。

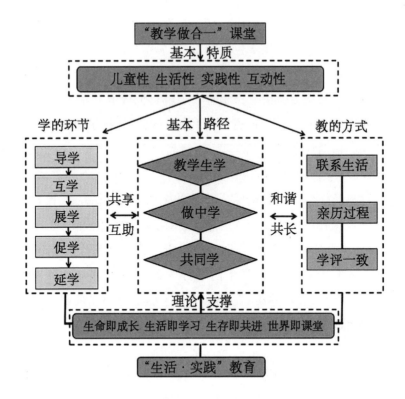

图 9-3 "教学做合一"课堂教学流程

"教学做合一"的课堂以儿童的生命成长为基点,以学会学习为核心,强调"联系生活、亲历过程、学评一致"的教的方式,注重课堂教学中的生活化实践,让学生共享互助,和谐共长。例如,数学学科尝试提出"教学案"课堂,强调提供看得懂的学材,允许学生呈现不同思维表征让学生经历再学习的过程。科学学科提出"工学团式项目学习","工"意指"工作",引申为科技创新中的"探索、操作、实践",是培育"工匠精神"的基础;"学"意指"学习",引申为科技创新中的"问题发现、问题研究、问题解决";"团"意指"团体组织",引申为科技创新活动中的"学习共同体",强化实践与学习中的团队合作精神,等等。

(三)构建"生活·实践"教育的多元评价体系

1. 学生多元评价

最好的教育要精致化、个性化,适合学生的才是最好的,适性教育强调多几把尺子衡量学生。学校坚持目标导向,加强过程性评价,以"四力"目标制定分类分级分层的评价指标项目,构建"品德养成、学业发展、身心发展、潜能发展"

四大评价系统（见图9-4）。

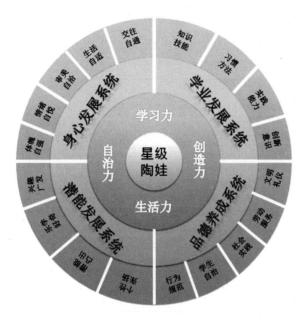

图 9-4 "生活·实践"教育评价体系

四大系统下又分为若干评价点，每一个点设置若干评价指标，并综合运用多种评价方式。具体见表9-2、表9-3、表9-4、表9-5。

表 9-2 "品德养成系统"评价指标

评价内容	关键指标	指标考查要点	评价主要方式
品德养成系统	行为规范	围绕"走好路、归好队、上好课、做好操、吃好饭"等，培养"五好陶娃"	魅力班级考核积分/星级陶娃等过程性评价
	劳动服务	围绕"个人内务、班务劳动、校务劳动、家务劳动、社会服务"等劳动服务系统，培养热爱生活，热爱集体，热爱劳动的陶娃	
	文化礼仪	围绕"八礼四仪"学习：毕业礼、入队礼；课堂常规礼仪等校园文明礼仪系统，培养文明有礼、文质彬彬的陶娃	
	学生自治	围绕"个体自理、班级自治小先生、校园自治小先生"等，培养学生自我管理、自我服务、自我教育	
	社会实践	围绕"雏鹰假日小队、社会实践、研学旅行"活动，使学生在生活中体验，在体验中感悟，在感悟中提高	

表 9-3 "学业发展系统"评价指标

评价内容	关键指标	指标考查要点	评价主要方式
学业发展系统	知识技能	学生对各学科课程标准要求的基础知识,基本技能的理解和掌握情况	纸笔测试/陶娃梦想秀等过程展示性评价
	习惯方法	对各学科学习的习惯养成和方法习得情况	
	实践能力	学生在生活实践中,发现问题、分析问题、探究问题、解决问题、互助共享等方面的情况	
	创新意识	学生独立思考、批判质疑、钻研研究,解决问题的思路、方式方法等方面的情况	

表 9-4 "身心发展系统"评价指标

评价内容	关键指标	指标考查要点	评价主要方式
身心发展系统	体魄自强	学生身高、体重、肺活量和身体运动能力等达到《国家学生体质健康标准》要求的情况以及视力状况等	综合素养测试/健康陶娃等过程性评价
	情绪自悦	学生对自己情绪的觉察与排解、对行为的自我约束情况,同时能够自我悦纳,学会调适	
	审美自治	学生在审美情趣、艺术修养等方面能够寻找到恰当的表达方法和形式	
	生活自适	学生对生活、健康、卫生等行为有自适应的能力,积极参加课外文娱活动的情况	
	交往自通	师生关系、同伴关系、亲子关系等方面的情况	

表 9-5　"潜能发展系统"评价指标

评价内容	关键指标	指标考查要点	评价主要方式
潜能发展系统	乐学好奇	学生对某些知识、事物和现象的乐学、专注、思考和探求情况	纸笔测试/小先生讲坛、思维陶娃等过程性评价
	兴趣广泛	学生课余生活的丰富性,在文学、科学、体育、艺术等领域表现出的喜好、付出的努力和表现的结果	
	潜能凸出	学生在某些方面表现出的突出素质和进一步发展的能力	
	个性张扬	学生在班级、校园、社会等不同场合,张扬自己的个性,展现自己的才能,贡献自己的智慧	

评价系统的设计体现的是以多元评价、过程评价、全员评价、努力取向评价为主要特点的激励性评价方案,通过积分制、星卡制、小先生讲坛、陶娃梦想秀等,构建立体式多元评价方式,对学生"四力"培养的达成和发展作出评价。同时,从确定评价标准、制定评价方法、规范评价程序、举行颁发仪式等环节,鼓励学生从学习生活的具体环节入手,为自己确立目标—发现潜能—看到进步—证明成功——确立新目标,形成良性循环。

（1）星级队员

星级队员是自能德育课程的主要评价方式。首先,各个班级组织学生讨论班级公约,然后针对公约内容每天进行自我评价和同伴评价。每周五周小结会上,每位同学将积分兑换成"一星卡",得到星卡后,学生再根据换算规定,用 4 张"一星卡"兑换 1 张"二星卡",用 4 张"二星卡"兑换 1 张"三星卡",用 4 张"三星卡"兑换 1 张"四星卡",获得"四星卡"的同学就具备了评选优秀少先队员的资质。如果获得 4 张"四星卡",可以兑换 1 张"五星卡",领取时由校长在全校大会上颁发。星级队员的评价是一种过程性、激励性的评价,对促进学生的全面发展起了积极作用。

（2）陶娃梦想秀

陶娃梦想秀是学生个性展示的舞台。学校定期举办陶娃梦想秀活动,学生根据自己所练就的一技之长,在舞台上进行展示,成绩优秀者由学校颁发"陶娃梦想秀"证书。

(3)在线测试

利用网络平台,组织学生进行在线测试,并根据测试情况进行课程学习状况的评定。目前在线测试应用的范围在"阳光阅读""数学与生活""科学与生活"等校本课程领域。

2.课程适性评估

学校除了通过对课程目标、课程内容、课程实施、课程学业测试、课程教学过程的案例等方面进行评估外,学校还建立了一些特有的课程评估方式。

(1)AI峰会

AI(欣赏式探究)峰会,即每一个阶段,由一个项目组将本项目组实施课程的情况进行小结并反思,再由其他的教师、家长、专家对实施情况进行点评,以促进课程的稳步推进。

(2)行知讲坛

当课程的某一项目组在实施过程中,有了一些材料、故事、经验、案例,可以让项目组教师或者学生在不同的场合开坛设讲,一方面便于课程实施情况的整理,另一方面可以让教师和学生产生价值感。

(四)强化"生活·实践"教育的办学特色

1.让课程成为行知文化的核心

课程是学校办学思想的外在体现。多年来,晓庄附小坚持以生活教育理论作为办学指导思想,以"求真教育"为特色品牌,丰厚行知文化内涵,追求真实的素质教育。在课程的框架结构上,既追求国家课程的"品质化",又强调校本课程的"个性化"开发。在课程的内容与实施策略上,倡导陶行知先生的六大解放思想,主张"教育与生活相连""教育与社会相连",强调"自主能动的体验式教育"。在课程评价上,更多采用的欣赏式和过程性的评价,不主张"最好",只追求"更好"的目标。从而培养出"知行合一"的现代公民,真正做到让课程成为行知文化的核心。

2.让课程成为陶娃素质发展的动力源泉

学校的"生活·实践"教育课程是依据学校确立的学生素质发展目标而制定的,既有核心价值观和全面素质发展的架构,又有学生素质发展的特质愿景或理想的教育成果。它是学生素质发展的动力源泉,坚持长期有效的实施,一定能够培养出"有独立人格尊严,有道德守秩序,有爱心知责任,有宽容能合作,有理想善创新"的民族与国家之未来公民。

3.让课程成为教师专业成长的平台

课程实施的主体在教师,可以说教师的观念与思想认识是课程得以贯彻执行,以及执行状况与效度的关键。因此,一方面,更新教师课程理念,主张"我教儿童,不教学科",即不仅关注学生的学习与技能的发展,更重要的是关注学生人格、需要、情感和风格等非智力因素的发展。另一方面,组织教师认真研读国家课程标准,了解课程理念、目标、内容、组织、评价等,提高教师把握国家课程实施的能力。同时,指导教师结合自我兴趣与特长,从学生发展需要出发,拓展国家课程实施的领域,深化国家课程实施的内容,从广度与深度两个维度进行单元课程和主题课程的设计与开发,切实提升国家课程的实施水平,促进教师专业化成长。

践行"生活·实践"教育的成果:

促进学生的全面均衡发展。学校全面实施"生活·实践"教育,以生命增值为核心,关注儿童当下与未来的幸福成长,在实践过程中,致力于从课程架构、课堂教学、资源保障、评价体系等维度促进学生全面均衡发展。近年来,在省学业水平测试中,远高于省平均水平,是远近闻名的轻负高效学校。学生在体育、科技、美术等综合素质比赛中,近1500人次获奖,涌现出江苏省百名美德少年张良丞等优秀学子。

促进教师的多元多栖发展。"生活·实践"教育强调生活化与实践性。为此,学校创新性地提出基于"欣赏性探究"的教师项目化发展培养模式,营造教师人人有项目、人人练特长的氛围,涌现出江苏省特级教师金立义、全国优秀陶研工作者鲁照斌、全国优秀教育工作者沈从众、全国知名画家王成、全国青少年校园篮球特色学校主持人周昱忠、国家高级科技辅导员王振强、国家级心理咨询师李媚等一大批特色教师,为学生的个性化、多元化发展需求提供匹配师资。

同时,联合高校资源,建立博士工作室 2 个、区级名师工作室 1 个、校级名师工作室 4 个,整体、高位、全面推进教师专业发展。

建成区域性的生活教育思想实践推广基地。通过多元方式、多样路径的推广,发挥区域示范和辐射引领作用。在栖霞区内,形成了南京晓庄学院附属小学本部、晓庄小学、晓庄第二小学、下坝小学、八卦洲行知农业实践基地等四校一基地集团化办学体系,引领并辐射栖霞区小学西片教育共同体。2015 年以来,与下坝小学合作办学,将一所濒临撤并的农村外来务工人员子女学校,打造为南京市师德先进集体、栖霞区特色学校,师生、家长、社会赞誉的乡村小学典型样本。江苏省内,与阜宁施庄中心小学等 5 所苏北地区实验学校合作,不断扩大、推广生活教育思想。

成为全国性的生活教育思想示范实验学校。2013 年主导成立全国"行知思想实验学校联盟",目前成员校已近 30 所,涵盖美国、日本等国家,中国四川、新疆、海南、黑龙江、上海、台湾等地区。2015 年发起成立的"宁台行知教育论坛"活动,成为市级对台交流工作项目,引起广泛社会影响。2018 年成为全国"生活·实践"教育实验学校联盟首批成员学校,2021 年举办全国"生活·实践"教育研讨会,展示了学校"生活·实践"教育的成果,引起广泛关注。近年来,到校参观学习、交流访问的教育代表团有近 3000 人次。

发表颇具影响力的教学研究成果。近年来,出版著作 3 部,获得市级以上各级各类论文、教学奖 269 项,在《教学与管理》《上海教育科研》等刊物上发表论文 160 篇,多篇论文被人大复印资料、中国社会科学网等转载。《陶行知"生活教育"思想的新时代创新实践》获南京市基础教育前瞻性教学改革实验项目,"数学与生活""行知亲子学堂"等一大批特色课程获奖,《中国教育报》《中国教师报》等媒体多次报道学校办学成果。

第二节

宜昌天问教育集团的自主力培养

宜昌天问教育集团(以下简称"天问")创办于 2004 年,现辖四个校区十个学部,涵盖幼儿园、小学、初中、高中、国际高中,是"生活·实践"教育在自主教育领域的典型。天问教育集团总校长高正华于 2008 年正式实施"两自教育",经过四年探索与实践,2012 年将"两自教育"确立为"自主教育"。天问的自主教育以人人自觉发奋、人人自由发挥和人人自主发展为价值观,以自主管理和自主学习为主要方式,以基础课程、拓展课程和特色课程为教育内容,通过教师的引导,学生在支持和鼓励的良好氛围中,不断认识自己,逐渐做到在自觉发奋前提下自由发挥自身特长,做到学会学习,最终成为自主发展的人。天问的自主教育培养目标是新时代自主发展的人,能主动、积极地参与社会生活,并为社会的发展与进步作贡献,同时也能有主见地创造人生,享受美好生活。

一、自主教育的有关概念界定

1.自主教育

天问自主教育由相应的课程设置、恰当的教育方式、必要的师生组织、生成的学校文化等因素构成。学生在教师支持和鼓励的氛围中,不断认识自己、挑战自己并独立自主地尝试各种各样的学习任务,勤于思考与自主反思,逐渐做到在自觉发奋的前提下,自由发挥自身的特长,做到主动学习,主动发展,最终成为一个自主发展的人。由此可以说,天问自主教育的目的是促进学生自主发展,其培养目标是造就自主发展的人。

2.自主发展

天问在教育实践中逐步认识到,自主发展的人分三个层次,低层次是自主管理和自主学习;中等层次是自我规划和自我调节;高层次是自由发挥、自主发展。

学生自主发展就是学生个体依靠其自主性,在学习、生活与社会实践中依靠内在自觉进行自主管理,主动促进自身发展的过程。学生自主发展具体包括自主学习、自主生活和自主实践(见图 9-5)。自主发展的过程包括实现或设置自己的活动目标、调节或控制活动过程,评价自己的活动结果。

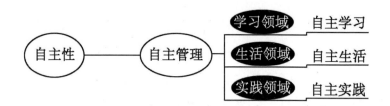

图 9-5　学生自主发展

天问将"六力"(生活力、自主力、学习力、合作力、实践力、创造力)目标整合到学生自主发展的概念框架中,形成天问教育集团学生自主发展的"六力"目标(见图 9-6)。

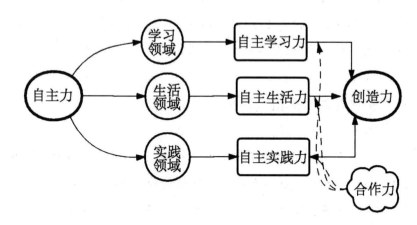

图 9-6　天问教育集团学生自主发展的"六力"目标

图 9-6 说明了学生自主发展"六力"目标及其之间的关系:自主力是基础,自主力在学习、生活和实践等三个领域的发展就形成了自主学习力、自主生活力和自主实践力。合作力也是一种基础能力,其主要的作用是协调、协同学习、生活和实践等三个领域的能力,形成合力,进而生成创造力,共同促进个体实现

自主发展。

二、实施自主教育的实践探索

天问教育集团自主教育以马克思主义哲学为基本理论支撑,借鉴陶行知的生活教育理论和周洪宇教授的"生活·实践"教育理念开展教育改革。自主教育的目标是培养自主发展的人,自主发展的人应该具备六种能力,即生活力、学习力、实践力、自主力、合作力和创造力。自主教育通过三种途径培养自主发展的人:学习、生活和实践。学生成为自主发展的人要经历从低到高的阶段,从自我调节走向自我导向(见图 9-7)。

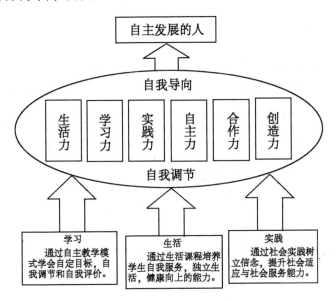

图 9-7　天问教育集团学生自主发展模式

天问的自主教育实践从课程开发、教育教学过程、组织机构、学校文化等方面展开。

（一）自主教育的课程开发

在课程设置方面,天问把国家课程、地方课程、校本课程再细分,体现自主教育要求,建立基础课程、拓展课程和特色课程三大课程体系。第一,基础课程。基础课程以教育部设置的基础学科课程为主。第二,拓展课程。拓展课程和特色课程则依据学生个性化自主发展产生的多元、多层次需求,设置丰富多彩的活动课程。第三,特色课程。特色课程包括教师自主开发的国学教育、国际教育的特色课程。拓展课程和特色课程为天问的校本课程,如表9-6所示:

表9-6　各学段校本课程研发

教育与生活融合	我会刷牙 我会洗手 我会叠被子 ……	逢时过节 茶文化初体验 整理书包 ……	建立家庭收支细目表 茶道初步体验 中国饮食文化 ……	家常菜 西餐 减压瑜伽 ……
学校与社会融合	走进超市 走进动物园 走进养老院 ……	走进乡村 学唱戏曲 劳动小调查 ……	水资源调查 礼仪文化 我为家乡做宣传 ……	民间故事 乡村支教 走进社区 ……
教学与实践融合	柑橘香又甜 磨豆浆 养仓鼠 ……	陶艺 飞机设计师 农场劳动 ……	小小手工 走马灯制作 英语电影配音 ……	绿茶制作 快乐义工 模拟法庭 ……

由表9-6可知,天问的课程设置既考虑到国家统一要求的基础课程,也考虑到地方特色课程;既划分了不同年龄阶段的学生发展特征与认知水平,又考虑到不同学生的兴趣与特长。丰富多彩的课程设置,带给学生自由学习、全面发展的机会,并且众多课程与生活、社会、实践联系十分紧密,让学生在学习中体验到实践生活的乐趣,充分调动他们的好奇心,并培养其自主解决问题的能力。

除了学校校级层面的校本课程外,还有班级及年级的校本课程。教师们意识到了课程(包括班级课程和年级课程)的自主开发与选择对学生自主发展的意义。教师们这样描述班级、年级的校本课程:"首先是班级课程。每年到了招生季都有人来参观。为了不影响正常教学,我们把课程拍成视频,做成二维码,让家长知道可以这样辅导孩子。老师做的视频主要是关于学习方法的。学生和家长做的是行为习惯的视频,比如卫生视频。""第二是年级课程。一年级叫童话里的童年,与学科相结合,每月一个主题,比如3月是'读童话',回家30分钟打卡阅读,读了讲出来。4月是'种童话',与科学相结合;5月是'演童话',英语老师牵头;6月是'绘童话',美术老师牵头,出书。一年级的孩子活泼好动,在课程中促进孩子的发展。""社团课程有很多:体音美,科技、击剑等。有特长的教师可以教,或者请专业教练。小学和初中打通。每个教室里都有一台钢琴,下课或晚上能弹。"

（二）自主教育的过程与方法

当问到如何培养自主发展的人,教师们的回答有的落到自主学习上,有的落在自主发展上,两个概念混用。下面从过程、课程与教学、班级管理和家校合作四个方面加以梳理、总结。

1.自主学习的过程

第一,自主学习是一个由内至外的过程。有的教师意识到自主学习是一个由内至外、注重方法指导的过程。比如一位八年级的数学教师指出:"自主学习的过程应该按照阶段性的发展。首先作为教师,应该培养学生的兴趣,在兴趣过后进行方法的指导培养,包括上课的、班级管理的。然后就是落实,即这个方法是否掌握。最后是自主评价的过程,是不是一个自主发展的人。"

第二,自主发展应体现年龄特征。有的教师认为自主发展应体现年龄阶段:"从一年级接手过来,自主在小学跨度太大了,从幼儿园家长照顾到小学,实在没有自主管理的能力。一年级自己会生活,二年级自己会学习,三年级自己定目标。"

第三,自主发展是一个以目标为核心的过程。自主发展的核心是实现个体的目标,如果没有实现目标就要反思。可以个体独立反思,也可以通过同伴互评的方式反思。即使目标没有达成,个体也收获了自我意识。"自己哪方面比较薄弱,可以找一个同学作为目标。如果你不能达到你的目标任务,就要反思。我们可以通过组员互评的方式进行反思。目标不一定非要达到,但是要形成自我意识。"

2.学科自主学习

不同学科的教师从自己的学科出发讲述了教学如何促进自主学习,下面分别介绍语文、数学和英语的自主学习。对教师访谈的分析基于自主学习的三个阶段和四个维度。

自主支持的语文教学。在访谈对象中,有五位是语文教师。表9-7的内容皆来自这五位教师的讲述。

表 9-7　语文自主学习教育的天问经验

阶段	维度			
	认知	情感	行为	环境
筹划阶段	打开格局："为什么学习?""为谁学习?"文化引领,形成正确的价值观。	设计各种小活动激发学习兴趣。	开班会学习成功人士。班会、晨会学习传统文化。	张贴学生的手抄报,设置班级英雄榜。
执行阶段	"六会":会思考,会批注,会合作,会倾听,会质疑,会反思,会反馈。	压力与动力并存。温暖感与存在感。	鼓励学生表达完整。在学校尽量把作业做完,回家阅读。早自习学生播放音频领读。利用喜马拉雅 App,学生把朗读音频放在群里分享。	奖励与惩罚并行。七个课代表和八个小组长。小组合作,捆绑学习和评价。"小老师"制。等级评价(星星、积分、阅读基金等)。家长培养习惯。每天向家长反馈学习情况。有凝聚力的班级。良好的班风。
反思阶段			一写完作业就发到群里,争先完成作业。	优秀家长分享育儿经验。

自主支持的数学教学。本次访谈对象中有四位数学教师,分别任教于三年级、六年级、七年级、八年级。基于他们的访谈,初步整理天问自主支持的数学教学经验(表 9-8)。

表 9-8　数学自主学习教育的天问经验

阶段	维度			
	认知	情感	行为	环境
筹划阶段	设置目标。	培养兴趣。	以同学为参照设置目标。	

（续表）

阶段	维度			
	认知	情感	行为	环境
执行阶段	从感知的预习到理解的预习。 说出基本概念和知识点。 在教师的引导下学会归纳和拓展。 掌握学习方法。	克服盲目自信。 预习中不依赖他人。	学会预习（内容、方法、程度）。 "六步预习法"。 培养思维"我们做什么？怎么做？为什么这么做？" 小组合作学习，相互帮助。 展示解题过程。	教师提醒学生哪些是课堂上的重点。 情境创设，问题引导，用问题串联知识点。 针对学生展示中暴露出来的问题进行指导。 没有完成作业扣掉班币。 对长期不能完成作业的同学酌情减少作业。 组内同学提醒完成作业。
反思阶段	反思：为什么达不到目标？	自主状态。	小组自主评价。 单元测试之后学生自己签字并写错题反思。	夕会，学生互评帮助反思。

英语自主学习。英语教师有两位，分别任教于五年级和七年级。根据两位教师的谈话内容，整理出英语教学的经验（表9-9）。

表 9-9　英语自主学习教育的天问经验

阶段	维度			
	认知	情感	行为	环境
筹划阶段		培养兴趣		自主学案
执行阶段	一个单词要掌握拼写、词性、用法。		预习。 倾听的习惯。 展示（个人、组内、组际）。 小组分工。 记单词的习惯。 用三色笔做笔记。 使用思维导图。	自主课堂模式。 教师提供语言模板。 班级阅读角。 班干部管理好行为与秩序。 晚自习自主学习时间。
反思阶段				

由于英语教师过少，因此此表未能较为全面地反映英语自主学习教学的经验。

3.班级自主管理

第一，自主班级的内涵。教师理解的自主班级基本是"人人有事做，事事有人为"，"每个人都能在班级里找到自己的价值"，并最终达到自动运行的状态。

在小学"事事有人为"，班上每一片区域，都有人负责。在初中，则通过岗位设置来实现事事有人为，包括行政性岗位和事务性岗位。"有的学生可能不适合管理别人，但是适合做一件事，比如浇花，这是一个自我认同的过程。通过岗位，每个人找到自己的位置。我们没有比较行政岗位和事务岗位，改变管理的导向，只要你做好了，都是很棒的。""我不在教室一切都能正常运行，不会出什么大的问题。如果出现紧急的大事，班干部能站出来履行班干部的职责。遇到大型的活动，班主任可以不插手了。"

第二，自主班级管理的内容。班级自主管理涉及学习、纪律和生活。比如纪律，"七年级不闹不正常，但是行为习惯管理很严格。后来不需要班主任，班干部就可以把他们管理好了"。比如学习，"每天早自习有班干部打开音频去朗读。虽然孩子才二年级，但是老师都在慢慢放手，让孩子们学会自主管理"。比如组织生活，"每个班每天都有晨会时间，是学生自己开，即使总结一些问题，也有一套流程，先教再形成规则"。

第三，自主班级的建设。关于自主班级的建设，教师们主要谈到了班级文化、规章制度、班级评价、干部培养四个方面。一是班级文化。"班级文化的每一个细节都是经讨论产生，是集体的智慧结晶。我们班叫向日葵班，班级吉祥物、班级口号、班级发展方向，都是圆桌会议讨论形成的。每一面墙都会说话，都是孩子的作品和智慧。"二是规章制度，包括班级公约和各种规则。"一年级的公约，比如喝水，先加冷水，后加热水，温水宝宝最宜肠胃。""扫地也是，应该是从前往后，再以小组为单位检查，桌角的接缝最容易掉垃圾。《小学生守则》他们理解不了。"三是班级评价。"说到自主评价，每个班有不同的评价方式，根据孩子的特点，有多元的方式。比如指向性的评价，情感，学习、习惯，定出一些目标和约定，如果达到了得到奖励，如果没有达到，会有一定的方法措施帮助你。班级管理有奖励卡、班级币，也可以跟家长联合起来。比如达到 1000 个班币，奖励什么与学生商量，不是老师把握评价的权利。"四是干部培养。"我们班七个课代表，他们不是收作业，而是代表这个学科的最高水平。各司其职，语文作业抢着做，带动大家的气氛。还有八个小组长，有一半是语文好的人。课代表七个人是抱团的，他们记录听写的情况非常详细，每天在家长群里都有反馈，没完成的学生就有压力。我会让孩子们压力和动力并存，孩子的学习动力最充足，成绩也是年级最好的。"

4. 自主课堂

自主教育体现在课堂上，就叫自主课堂。自主课堂不是学校的教育目的，而是手段、方式和途径，目的在于提高学生的自主学习能力。自主课堂需要一个操作基本模型，这是由人类的认知规律决定的。

认知过程中最原始的一个环节是感知。课堂教学上应该遵循这一自然规律，契合学生认知发展阶段的特点，由浅入深、循序渐进地展开教学。第二步就是问题。在传统课堂中，一般都是教师直接提出问题，这不利于学生主动学习并发现问题。问题应该由学生在感知的过程中自然产生，从而主动提出，这是课堂环节中的重点。第三步是探究。问题提出之后，就是探究。探究包括学生的独立思考、学生的小组合作等多种方式。探究就是为了让学生主动解决提出的问题。第四步是分享。在探究的基础上把个人、小组的思想结晶在全班做交流。交流的过程,也是思维、认知不断提升的过程,这个过程也叫分享。第五步是反思。自主课堂的最后一个环节就是反思。比如学生是如何感知的,怎么提出问题的,自己学习提出问题的能力和探究解决问题的能力到底提升了多少都属于反思的内容。

天问自主课堂结构可概括为:感知(认知规律)—问题(关键能力)—探究(研究方式)—分享(学习动力)—反思(效果提升)。这一系列过程,均以学生在"前台"自主的活动为主,教师完全在"后台"策划、引导、组织。

5.促进学生自主发展的策略

结合天问教育集团提供的资料和访谈调查数据,集团学校主要从以下三个方面促进学生的自主发展。

一是注重科学的规划和培养教育,以期实现学生自主发展的效果。学校将学生自主发展的理念融入学校的自主文化、自主课堂、自主课程、自主实践、自主发展等方面。

二是推动教师之间的互助分享,通过榜样引领、分享会、观摩展示、班主任培训会等形式,发挥优秀教师对其他教师的启发、带动作用。据统计,天问获得优课竞赛奖项最多的年度有 54 人(2018 年)。天问设立了独有的职业发展荣誉制度,通过"准名师—名师—首席教师制度"梯队培养教师队伍。通过自荐、学部推荐,公正公开评审,层层考核,学校评选出准名师、名师、首席教师,每年对其进行考核。这些优秀教师在享受各项权利的同时,担负起相应的培养青年教师的义务和责任,既稳定了骨干教师队伍,又激励了青年教师的成长和发展,保证了人才梯队建设。青年教师成长的动力来源于自主发展的员工激励措施。天问从文化激励、薪酬激励、荣誉激励和平台激励等四个方面,极大地调动了教师的专业成长激情。

三是重视不同班级、不同个体的差异性。在推行学生自主管理的过程中,既把握整体的方向,也注重个别差异性,实行有差异的、与整体相一致的自主管理发展方案。在班级自主管理的过程中,班主任做到了转变思维,明白班级自主管理的主体是学生,适当地放权给学生,让学生发挥自己的长处和优势,结合班级的发展,对自主管理过程中的制度建设以及具体的实践方式等给出一些指导性的建议和指点,使每一个学生都能积极参与到班级的自主管理过程中去(见图9-8)。同时,班主任注重完善班级日常管理制度和班级公约,营造良好的班级文化。

图9-8 促进学生自主发展策略词云图

(三)自主教育的组织机构

1.学生自治组织

学校层面由课程中心、政教处总揽全局,构建了学校、年级、班级三个层级的部委制。通过发布公告、演讲竞选、风采展示、颁发聘书的流程组建学校与年级两个层级的部委机构,他们每天以自主的形式对一日常规的各个环节进行公正的评价与督导,通过学校"自主教育一日看板"等外显方式,来加强督查,促使班级、学生自主反思,不断改进。而班级部委则按照管理无空白、无交叉的原则,改革班级"两委"即班委干部和团委的设置,明确分工,实行学生自治,班级部委与学校、年级对应设置相应管理岗位,实现无缝对接,同时按照班级人数细化事务性岗位,做到"人人有事做,事事有人管",在增强学生集体意识的同时,实现人人有责、人人成长。

以学习小组为自主管理的基本单元,培养学生自主管理的能力。科学组建学习小组,在班主任的组织下,首先通过民主的方式集中推选出小组长,再由学生自主申请、组长选聘的方式完成小组组建,在选聘的过程中,遵循"同质结对、异质编组、组间平行"的基本原则。各组自主设计小组文化(组名、组徽、组歌、组训、小组约定、小组目标),自主拟定小组成员分工和职责,各自承担发言人、质疑员、提醒员、梳理员等种种角色。在自主型的课堂中充分发挥小组功能,使得人人敢于创新、勇于质疑、勤于总结、乐于反思,充分体现学生的主体地位、教师的主导地位。小组的评价则以班级自主教育看板为外显方式促使组内合作,组间竞争。

积极探索学生自主管理的途径,晨会、班团会、自主整理课,都是学生锻炼自主管理的天地。学生晨会由学生自我组织,开展工作布置、主题讨论、分享交流等活动,形成晨会主题教育系列化。学生的自主能力在班团课上得到淋漓尽致的展现,以小组为单位开展班团课的设计,分工搜集素材,动手制作 PPT 课件,组织开展班团课。在此基础上,每年在起始年级开展"自主教育班班行"活动,每班选出代表以观摩者的身份去参与其他班级的自主教育推介会,由每位学生向观摩者自主介绍所负责的工作以及具体的做法,学生的才能得到提升。每天下午及晚自习各一节的自主整理课是在无教师的状态下,完全由班级部委管理,是学生个体自主梳理知识、查缺补漏、自主总结与反思的最佳时间。

这仅仅是天问自主教育的一个典型的创新实例,天问还精心设计了学生成长记录,把学习生活的体验以日记形式记录,引导学生每天进行主题式的自主反思和明日规划设想,努力做一个有规划目标、强化行动过程、勤于反思总结提升的人。

2.家校共育组织

做好家校共育。学校教育离不开家长的支持与参与,做好班级管理更离不开家长的直接参与,班主任在自主班级的创建中一定要充分利用好家长这一教育资源。

组建家教会(家长教师联合会的简称),它的主要功能是协助班主任参与班级管理,解决学校无法解决的一些问题与难题。班级家教会的产生可以由家长选举或推荐产生,以 3~5 人为宜,可设会长、组织委员、策划委员、宣传委员等各一名,这些家长必须认同学校和班主任的管理理念,有精力、有能力参与班级管理。家教会可每月召开一次例会,听取班级管理的建议,讨论班级管理中家长应做的一些事务性工作等。

开办"家长讲坛"。通过调查,了解家长中育儿经验丰富的家长、在某一领域内有建树的家长等,组成家长讲团,每1~2周为学生开设一次讲座,其内容可以是育儿经验介绍、安全知识及防疫讲座、理财讲座、家长成功奋斗经历等,以此丰富学生的知识。

加强家校平台建设。为了加强家校沟通,每班只可以建一个QQ群或微信群,在建群之始必须建立群内管理制度,群内只能是各类通知,弘扬正能量,严禁广告和负能量的传播。有条件的班级可以开通班级微信公众号,定期刊发学生习作、班级管理动态、家长育儿经验、安全知识讲座等内容。

规范家长开放日。各班可以根据班级实际,每周确定1~2天为家长开放日,让家长全程陪伴学生,了解学生学习状况、班级管理状况、学校管理状况、教师工作状况,让家长现场体验教师工作的辛苦与不易、学生成长的不易等,近距离加强与教师的沟通与交流。

成立家长志愿服务队。班级许多社会实践活动需要家长的参与,为落实亲子教育,加强活动的实效性、安全性,可以成立家长志愿服务队,让家长参与此类管理。合适的时候还可以让家长成为天问宣传员、管理参与者。

(四)自主教育的文化创生

用制度文化进行治理;用物质文化进行陶冶;用精神文化进行铸魂。

首先,在管理体系方面,2014年底,天问引进并实施卓越绩效管理,逐渐认识到,学校科学的管理体系是学校践行自主教育的保障系统。卓越绩效管理核心理念的关键词为:系统视野,远见卓识的领导,战略导向,学生驱动,社会责任,以教职员工为本,合作共赢,重视过程与关注结果,学习、改进与创新,敏捷应变,基于事实的管理等。这11项与学校领导、学校战略,学生、相关方、教职员工,过程管理、测量分析和知识管理、结果等7个类目相辅相成,道术相融。天问在不断摸索中,把"实施卓越绩效管理"定为阶段性总策略,遵循"打造命运共同体"的总思路,围绕"造就自主发展的人及打造自主教育品牌"的总方针不断前进。

天问建立的现代学校制度就是自主教育的制度保障。天问治理包括三大系统，即动力系统、保障系统、发展系统。命运共同体的打造保障了团队成员的归属感和凝聚力，团队围绕自主教育开展工作积极性更高。校长竞选制保证了校长的治校方案必须和天问教育集团使命、愿景、价值观保持契合，天问教育集团决策下的校长负责制保证了政策和治校理念的一致性、系统性、传承性，为集团及各学部的持续健康发展提供了强有力的保障。与打造命运共同体建设相关的是多年积淀形成的一套天问名师制度，是自主教育的资源保障。设置人格、研究、示范、卓越四个层级的课堂评价标准，达到研究课标准方能申报天问准名师，达到示范课标准方能申报天问名师，达到卓越课标准方能申报天问首席教师。从而保障了自主教育核心过程——自主课堂在全体教师中的落实，在引领学生的自主学习和自主发展中产生实效。

其次，在校园文化建设方面。天问在校园文化创建上，取屈原精神为学校铸魂，教学楼命名有屈子之风：修远楼、修能楼、端阳楼、佩兰楼、植兰楼、蕙兰楼、骋望楼、正则楼、灵均楼、九歌楼。初步构建起校园文化软实力的架构，营造了自主教育校园氛围。天问在实施自主教育的过程中，逐步生成了自主的文化。

以高新天问初中"墨竹班"班级管理为例，看自主文化的"植入"。班主任伍月铭在接手2016级新生时，用了整整两节课的时间，以联字组词的方式进行小组讨论、意义解读、多轮筛选，确定了班级这一共同的名字。师生共同选择了最引人遐思，最具文化韵味，融"坚、谦、雅、趣"为一体的植物——竹，作为班级的寓意。班级名为"墨竹班"，学生名为"小竹子"。该班在实施自主教育过程中，班级文化逐步形成，把墨竹精神解读为"竹之坚，竹之谦，竹之趣，竹之雅"。不仅是墨竹班，在天问的每一个班级，教室都是学生在校园里的家。自主班级创建，就是按照家的元素来设计教室里的"七区八角"。每一个班级都有名字："墨竹班""弘毅班""知行班""致远班"。每一个班级后面都有文化系统图，让学生有家的归属感。班有誓言，如家有家风，耳濡目染，感染熏陶，学习场地就是文化场，教室是师生共同营造的文化场。各具特色的班名、班徽、班训、班歌、班级愿景，班级的文化印刻在每一个学子身上，班级的每一个细节都朝向完美、明亮的方向。

最后,天问的自主文化与管理体系是互为表里、紧密联系的。卓越绩效的管理系统,帮助天问决策者逐渐清晰地认识到:"天问自主教育"要扎根,形成学校的文化,必须有坚定的保障系统,方能使校园文化枝繁叶茂、源远流长,以一个文化系统的形态持续走向深入,永葆活力。而特色的自主文化又能反过来促进管理体系的不断运行,为其正常运转提供精神动力与支持。

天问学校文化的三个层次:第一是传承以屈原精神为主要内容的中华文化;第二是打造书香盈庭求索天问的校园文化;第三则是在精神层面上生成的自主文化。天问实施自主教育十多年,逐步梳理、提炼出具有天问特质的使命、愿景、价值观。

天问学校的使命是造就自主发展的人;愿景是办成自主教育的品牌学校;价值观是人人自觉发奋,人人自由发挥,人人自主发展。天问的使命、愿景、价值观构成了天问的价值领导力。天问的使命、愿景、价值观在不断地激励全体师生员工奋发有为,不忘初心,奔向卓越,体现了价值领导力的强大能量。在传承文化、打造文化的过程中,天问逐步生成了自主的文化。

第三节

荆门市海慧中学的合作力培养

荆门市海慧中学(以下简称"海慧中学")的前身为荆门市第一中学初中部,1999 年,荆门市政府为缓解中心城区初中生入学压力,调整学校布局,市一中高中部迁出,初中部独立成为荆门市教育局直属的公办初中。2016 年,其管辖权转变为荆门市东宝区教育局,学校因地处海慧路而定名为海慧中学。2002 年,海慧中学成功创建湖北省示范学校,作为湖北省教育改革实验初中,不断深化教育改革,推进素质教育。2009 年,海慧中学加入"生活·实践"教育联盟,时任校长张勇开始组织实施阳光教育,建设合育课堂,做实"生活·实践"教育,逐步形成学校合育特色,学生合作力水平显著提升,办学实力不断提高,与武汉市第二十五中学一道,成为初中学段"生活·实践"教育改革实验的排头兵,在省内外产生一定影响。

一、合作力提出的背景及建设"合育课堂"构想的演变过程

2006 年前后,荆门城区的教育生态出现质的变化:一是城区内几所改制初中,凭借其体制优势及在招生方面享有的优惠政策异军突起,对海慧中学服务范围内的优质生源产生了虹吸效应。统计数据表明,经过三所改制学校的掐尖录取,对口校优秀小学毕业生升入海慧中学的已不足 15%,导致学校整体生源质量明显下降。在当时以升学率作为衡量学校办学水平唯一标尺的大背景下,不少教师悲观地认为,将"二类苗"培养成能考上省重点高中的"一类苗"比登天还难,而让总体学业能力为中下等的群体跃迁至中上等,如果没有头雁(优秀生)的带领几乎没有可能,学校面临着升学率大幅下降而带来的巨大生存危机。二是公办学校存在的一些普遍问题在海慧中学也日渐显现,教师年龄老化,部分教师教育观念陈旧,缺乏进行新课改的意愿和能力,时间加汗水、满堂灌等应试教育的惯性,加重了教师集体的职业倦怠感。教师在学生考分上比拼,各怀提分争分绝技和利器,有的教师甚至视同行为冤家,教师之间合作意识不强,集体教研和团队建设流于形式,收效甚微。教师与学生这两个对一所学校而言至关重要的因素,同时悄然发生不利的变化,一度使学校陷入了发展的困境。怎样才能突出重围,使学校走上可持续发展的道路,海慧人努力开启了新的探索。

海慧人希望从变革课堂教学入手,进而带动学校系统性整体改革,走出海慧中学的教改之路。

重塑课堂的首要之举是将优秀教改成果本土化。学校组织教师广泛学习借鉴名校的课改经验,外出取经学习者占教师总数的 50%以上,仅去山东杜郎口中学培训学习的教师就达 30 余人。优秀培训者成为学校课改的种子教师,作专题讲座,上汇报课,带领各学科教研组研讨样本校经验移植的可行性,探究

各种课改策略、行为中所隐含的教育思想和原则。这种基于经验认同与分享的校本培训模式，激发了教师们的课改诉求，海慧中学的课改自下而上、上下呼应。

海慧人深切认识到，没有理论烛照的实践终将行之不远，只有回归教育本真的实践才会历久弥新、长盛不衰。学校组织全员学习陶行知教育理论，营造知行合一、富于创造的有意义的学校生活；吸收古代传统文化中有价值的教育思想，创造性地运用"教学相长"精髓指导课堂重建。从研究课改样本，到寻求理论支撑，海慧人的教改思路逐渐明晰起来。尤其是在接触"生活·实践"教育的过程中，感受到了"生活·实践"教育体系的强大育人力量，其中的"合育"论像一把金钥匙打开了海慧人的心结，海慧人逐步摸索出了以提升合作力为支撑、建设合育课堂的行动路径。

合育是指以和合、合作、交往等思想为指导而对年青一代实施的一种教育，目的在于使学生既能善待自己，又能正确地对待他人和社会，成为合群、合作、合享的一代新人。合育论为现代课堂小组合作学习提供理论基础和方法论，基于此，海慧中学在吸收古代"教学相长"思想、陶行知生活教育和周洪宇教授的合育论的基础上，提出了"合育课堂"构想。合育指向立德树人，合育的重点是合作力的培养，就这一点来讲，合育既是目的，又是手段。"合育课堂"是指在"生活·实践"教育合育论指导下，以"教育相长"为核心，整合各种资源和要素的小组合作学习模式。这种小组合作学习，顺应了新课程标准"自主、合作、探究"学习方式转变的要求，合作是课改成败的关键点，而合作力这一核心素养的提升，成为合育课堂建设中亟待突破的重点和难点。

合群，就是培养学生的群体意识和群体观念。合作，是指教学活动中通过人际交往、信息互动共同完成学习任务的意识和行为。合享，即共同享有合作后的成果，共同分享成功后的喜悦。总体看来，合群、合作、合享构成合育前后衔接、层层递进的三个环节，大体形成"动机—行为—结果"逻辑链。而合作处于承上启下的关键环节，按照周洪宇教授在合育论中指出的，合作是所有参与者之间互动的一种复合活动，而生生互动则是最具潜在意义的宝贵人力资源和教学资源，同时还要发挥师师互动的前导性作用。概言之，来源于20世纪七八十年代西方的合作学习理论,至少包括师师互动、生生互动和师生互动等多种互动合作形式。在联合国教科文组织发布的报告中,"学会做事,学会做人,学会与人相处,学会学习"这四个"学会"均与合作紧密关联。讨论合作力,也必然包含意识、行为、技能等复合要素。

二、合作力的内涵

合作力,是指在一定的环境中为实现共同的目标和计划所具备的合作能力。陶行知特别注重集体生活、共同生活,合作力是核心素养的重要组成部分,是一个团队达成目标不可或缺的黏合剂。合作意识强,合作技能高,在群体中个体角色意识明晰且行为跟进符合角色要求,会分享、运用、反思合作成果是合作力优的基本特征。用"愿合作、会合作、合作好"不断正面强化、优化学生的合作力。合作力强有助于建立良好的人际关系,在学校、家庭、社会的不同环境中,用富于挑战性的任务,提供尽可能多的合作机会,在学习生活实践中提升学生的合作力,让学生学会交往、学会沟通、学会互助、学会做事、学会分享、学会生存,从而使创造真正有意义的学校生活成为可能。

三、建设合育课堂、培养合作力的实践与探索

(一)海慧中学合育课堂建设的三阶段

尝试、规范阶段(2009年9月~2011年7月)。在七年级用8个班尝试对比实验,教改效果明显,标志性事件是,2010年4月海慧中学的课堂教学展示赢得了"湖北省阳光教育·魅力课堂"建设与会专家的一致好评。学校拟定实验方案,成立课改核心团队,制定"合育课堂评价细则"。教师全员参与课内比教学,上考核达标课,基于小组合作学习模式的课堂结构框架基本成型。发挥校内"本土"专家在校本研修和培训中的引领作用,核心团队全面参与合育课堂建设的考核评价、定期研讨、发现问题、合力攻关,不断总结经验,发挥评价的激励功能,持续有效推进实验,从2010年秋季开始,实验在新的七年级全面展开。

提炼、创新阶段(2011年9月~2016年7月)。抓实三类培训,营造合育课堂建设的良好环境。一是七年级新生家长培训。利用家长学校阵地,校长张

勇、副校长彭继雄为家长举行多轮专题讲座,通过交流互动,消除家长对课改的疑虑,让家长理解、支持并参与到学校合育课堂教学改革中来。二是培训新生。建立小组合作学习的基本规范,增强学生的合作意识,培养学生的合作技能,完善小组合作学习评价机制,形成目标一致、分工合作、成果分享的课堂合享文化。变换方式,对合作小组持续进行以提升合作力为重点的团队建设。三是教师培训。用典型示范引路,教师行为跟进,完成全员通识培训;建立合育课堂规范,学科备课组完成教师课堂教学达标培训;尝试研究课,打磨精品课,研训结合,任务驱动,达成优秀教师能力提升目标。如在研制"导学案"过程中,搭建教师合作平台,各学科采取"任务驱动、行动思考、合作探究、成果分享"的方式,精心编制小组合作学习使用的"导学案",打造教师合作互助的教研共同体。

整体联动,完善课改深层推进的五项考评机制。成立课堂教学改革、课程开发、阳光阅读、家庭合育、学生社团实践五个导评组,分类指导,整体推进,注重过程反思,强化改进提升,并用《课改简报》《论文成果集》《校本研训资料》《案例汇编》等提炼固化实验成果。海慧中学在形成"五学"模式的基础上,学科首席教师对教学流程又进行了个性化、创新性设计,相继推出了概念课、实验课、复习课、评讲课等典型课例。无论课堂结构如何创新,小组合作学习形式不变,学生合作力提升的指向不变。2014年11月,全国第五届阳光教育论坛在海慧中学举行,海慧中学用合育课堂的"硬核实力",让来自全国的100多名专家代表为之惊喜和震撼。

深化阶段(2015年9月至今)。全方位与"生活·实践"教育对接,多维度开发活动类实践课程,在合育课堂建设中更加突出实践的广度和深度,细化"生活·实践"教育中合作力提升的新策略。增大校外家庭合育课堂学生参与的比重,深度发掘家庭合育课堂的育人价值,拓展"生活·实践"教育的新途径。

(二)基于合作力提升的合育课堂的实践模式

海慧中学创造性地运用"教学相长"的原则,在教学的准备和实施过程中,做到因教师合作而教教相长,因教师学生合作互动而教学相长,因学生间合作互动而学学相长。教师、学生都成为合作学习型组织中的一个负责任、能担当的成员,就一个学时的教学结构而言,依时序和功能可分解为独学、群学、展学、评学、拓学等有机联系、相互渗透的五个部分。

独学：就是独立探究以"简单、根本、开放"为原则设计的"前置问题"。独学的目的是：(1)提前了解课程内容，尝试建立自己的知识结构；(2)发现并提出个人问题(在独学中感到困惑的问题)，培养独立思考与自主学习能力。

群学：群学的形式为对学和组学。群学的目的是：(1)培养合作能力，鼓舞学习斗志；(2)在解决个人问题的过程中形成小组问题；(3)在准备展示的过程中加深对知识与方法的理解。

展学：就是在展示中学习、锻炼、提高的过程。展学的目的是：(1)解决小组问题，形成并解决班级问题；(2)建立完善的知识结构，形成对方法的清晰认识；(3)在展示的过程中，培养表达与质疑、合作与交往等能力。

评学：就是"评价性学习"。评学的核心是，把教师对学生学习效果的考量转化为学生自身学习的需要。评学的目的是：(1)熟悉知识、练习技能，锻炼用新知识解决问题的能力；(2)发现对知识理解的偏差及对方法掌握的漏洞，培养反思纠错能力。

拓学：分横向拓学和纵向拓学。其中横向拓学适用于基础较弱的学生，目的是解决自己在学习中暴露的问题，培养对自己的学习负责的能力；纵向拓学适用于学有余力的学生，是就与课堂学习有关的自己感兴趣的问题，独立或合作展开的深入的学习活动，目的是培养学术兴趣，发展探究能力。

在"五学"模式中，独学是合作学习的前提，教师设置生活情境化的学习任务，诱发学生内在的学习动机，为后续的合作学习铺路。群学是一个合作互助的动态过程，随着任务的难易变化，教师可相机调整学生个体的角色，使学生在不同的角色扮演中习得合作的技能、收获成功的愉悦。展学是合作学习模式中更高层次的学习形态，它要求学生首席(组长)规划展示的路径，组员之间沟通、协调、完善展示的内容，展示过程实际上已成为提升学生合作力的大练兵场。拓学的深度差异给学习力参差不齐的个体带来困难，只有学习力相近的学生合作互助才能达成拓学目标。在这一环节，教师对学生这一教育资源的整合和点拨，可使课堂生成魅力无限，学习力强的个体由此产生峰值体验而获得高阶能力，学习力稍逊一筹的部分个体在此牵引下，同样也可能获得能力进阶，这就是基于合作力培养的合育课堂的魅力所在。评学是师生对合作学习过程的反思。个体通过对在群体交往互动过程中自身行为、策略进行反思和总结,逐步明确提高合作力努力的方向。

继承和发展陶行知的生活教育学说,必须让学生读社会这部大书,因为生活即学习,学习即生活。由于家庭育人责任的缺失和家庭教育的弱化,有时会造成学校教育与家庭教育"5+2=0"的现象,严重影响"立德树人"目标的达成。因此,海慧中学引导家长根据家庭教育背景和学生个性差异,自愿组成有4至5名学生参加的"家庭合育小组",也就是海慧中学"家庭合育课堂",学校发布《家庭合育课堂活动课程与评价指南》,指导家长周末自主设计、自主参加学习、家政、文体及各种社会实践活动,成功地将教育的触角延伸到家庭这个最敏感、最具活力的神经末梢,能有效化解学校与家庭、社会生活脱离的痼疾,使"生活·实践"教育有"径"可寻。海慧中学把学校、家庭两个"合育课堂"成功对接,诠释了海慧人在"生活·实践"教育实践中对全场域育"全人"的新理解。

在"家庭合育课堂"建设过程中,因教师与家长、家长与家长之间合作,构成了家庭教育命运共同体。"教学相长"由课内延伸至课外,产生了"师长相长、长长相长、亲子相长"三种新的家庭合育课堂方法论。学生在社会调查、企业参观采访、民俗文化体验、果蔬采摘、工艺品制作、体育休闲等活动项目中,生命个体因合作而成长、因成功而精彩,学生的合作力在丰富多彩的社会实践活动中,不断得到正向强化。

四、成效与反思

一项较为成功的教育改革,可以成就一大批学生,也能成就一批优秀教师,而最终也必将成就这所学校。海慧中学以提升合作力为突破口,打造合育课堂教育品牌已见成效,完成了从普通弱校向特色强校的蝶变。

改革使学校的教学生态发生了根本性转变。变师本之教为生本之学,变教师个体之"教"为教师团队之"育",课堂翻转很容易,线上线下结合成常态,完成了从"教中心"到"学中心"教学方式的转变。从学生层面看,变被动坐听为自主求知,变题海操练为实验探究,变统一要求为个性发展,变考分竞争为互助合作,自主、合作、探究的学习方式已被大部分海慧学子认同和掌握。教师合作育人增强了职业的幸福感,学生合作学习降低了厌学发生率,在这一增一降之间,家校两个"合育课堂"建设,带来的是亲子关系、师生关系的良性改善。

鼓励并推动教师合作,建立合作型教师团队,促进教师专业成长,丰富合育课堂实践案例。十年来,海慧中学教师参加省、市优质课竞赛、"湖北好课堂"教学展示等活动,摘金夺银,屡创佳绩,获奖人数及等次在荆门市初中学校名列前茅。学校先后承担省、市课堂教学展示活动三十余次,接待省内外学校观摩学习二百余次,承担国培计划影子教师跟岗培训、省内外骨干教师培训、新教师岗前培训,共计培训三百余人,在各种教学展示活动、荆门市及东宝区教研联盟校教学研讨活动及送教下乡等活动中,提供优秀合育课堂教学课例三百六十多节,教师获奖、发表的实验案例、论文等二百余篇。学校为推动区域城乡教研一体化、促进城乡教育均衡化,发挥了海慧中学作为东宝区学校联盟体盟主的辐射示范作用。

关于海慧中学合育课堂建设的经验,《中国教育报》2014 年 11 月 25 日以《阳光教育,值得期待的理想教育样本》为题进行了专题报道。《湖北教育》等新闻媒体大篇幅连续对海慧中学的教育教学改革成效进行了深度报道,在省内外产生了较大的社会反响。

小组合作学习,发展的是学生合作力这一核心素养,收获的副产品是学生学业成绩的提高。海慧人致力于合育课堂建设,而所谓的中考质量似乎也从未抛弃过他们。海慧中学在践行马克思人的全面发展观的同时,扭住合作力这根牛鼻子,竭尽全力促进学生个性发展,创造了不少"海慧奇迹":连续五届获荆门市中学生田径运动会初中男、女团体总分第一名,获得金牌占总数 85% 以上;2017 年湖北省校园足球联赛,海慧中学男、女足球队在无一名外援的情况下,代表荆门市初中联队参赛,双双获得全省季军;学校海韵合唱团赴宝岛台湾,参加海峡两岸学生合唱艺术节,与多所大学、高中强队角逐,获得第二名的佳绩;近几年,代表荆门市初中学校参加省演讲、知识竞赛等活动的个人和团队,保守估计有 70% 以上来自海慧中学;参加全国中小学信息技术创新实践活动,曾连续三年获得全国一等奖;在 2019 年全国中小学电脑制作创意智造项目竞赛中,海慧中学曾子越、周金宇分获一、三等奖,在全国所有参赛校中仅有海慧中学一家独揽两个奖项,占当年湖北省获奖人数的一半……海慧人在学校生活中,不仅仅是把合作看作技能和手段,把合作力看作核心素养,更为看重的是合作力的育人价值,这也是合育的初衷。

海慧中学遵循育人规律,"五育"并举,聚焦立德树人的根本任务。学校按照"生命即成长"的原理,构建着眼于珍爱生命、呵护生命、发展生命、提升生命的丰富的活动类、实践类校本课程体系,使"生活•实践"教育有"本"可依,并成功创建"全国禁毒示范学校"和"全国国防教育先进学校"。海慧中学倡导绿色低碳的生活理念,并在湖北省率先成功创建"全国绿色学校"。海慧中学由局部的课堂教学变革,上升到关乎全局的学校文化重建,学校以中华传统和合文化为内核,以合育文化为鲜明特色,一举成为湖北省校园文化建设百强校和示范校,用文化经营学校,其中合作、合作力、合育爆发出惊人的教育力量。

第四节

杭州科技职业技术学院在"生活•实践"教育中育高素质人才

杭州科技职业技术学院(以下简称"杭科院")是"生活•实践"教育的实验学校。杭科院是杭州市人民政府主办的一所普通高等职业院校,与杭州广播电视大学、杭州开放大学实行"两块牌子、一套班子"的管理体制。在办学过程中,陶行知于1928年亲自指导创办的浙江省湘湖师范学校、杭州市城市建设学校、杭州广播电视中等专业学校等先后成建制并入杭州广播电视大学,创办于1916年被誉为"浙西山区园丁摇篮"的浙江省严州师范学校、杭州财税会计学校先后成建制并入杭科院,均为该校可追溯的重要办学渊源。

杭科院设立 8 个高职二级学院、1 个马克思主义学院、1 个继续教育学院、1 个基础教学部、1 个中专二级学院。现有全日制在校学生逾 1.1 万人,成人学历教育在籍生逾 1.6 万人。教职员工逾 800 人,其中在编教职工 522 人,高级专业技术人数占比 37%。该校教学、科研、实训和文体设施条件优越,现有各类仪器设备总值近 3 亿元。位于钱塘新区的国家级"智能制造"开放性公共技能实训基地,占地 40 余亩,投资 3 亿元,2022 年全面投入使用,致力于打造杭州推进实施"新制造业计划"的重要平台和国内有影响力的产教融合平台。

杭科院坚持以服务杭州区域经济社会发展为办学定位,不断提高人才培养质量,提升综合办学实力,入选国家"十三五"产教融合规划工程项目建设院校、全国现代学徒制试点单位、全国职业院校装备制造类示范专业点、全国高职院校社会服务贡献 50 强,主持建设国家职业教育专业教学资源库 3 项、国家专业教学标准 1 项,获得国家职业教育教学成果奖、浙江省高等教育教学成果奖及国家级、省级综合奖项近 20 项。在综合性办学质量指标中,该校在浙江省高等职业院校教学工作及业绩考核排名中连续四年位列全省 A 等(优秀)行列,在浙江省毕业生职业发展状况及人才培养质量综合排名中连续四年位列全省高校前六名。

杭科院近年来取得的成绩与其校本化的实践育人体系很有关系。基于生活与实践的、校本化的实践育人体系是陶行知生活教育理论在杭科院的继承与发展,是"生活·实践"教育下素质教育在高职院校的探索与呈现。

一、杭科院探索、构建实践育人体系的缘起

职业教育是不同于普通教育的类型教育,高职院校人才培养的目标是"高素质技术技能人才"。实现高素质目标,需要教育者面对教育对象的类型性,统筹教育主体的复合性,注重教育过程的实践性,其中实践育人在高职人才培养中尤为重要。

当前在高职学生思想政治教育中普遍存在以下三个问题:1.高素质培养目标的落地缺乏理论指导,导致目标难以转化、细化、具象化;2.德育体系"点、线、面"集成不够,导致德育过程不全员、不全面、不充分;3.思政实践平台单一,导

致思政教育体验感、亲和力、吸引力不够。

为了贯彻习近平总书记"要重视实践育人，坚持教育同生产劳动和社会实践相结合"的重要论述，在新时代继承与发展陶行知生活教育理论，践行"生活·实践"教育，遵循高职学生成长规律，杭科院统筹整合第一课堂之外、学习生活之中的育人平台与资源，着力提升思政教育亲和力和针对性，构建起"三力导向、四重协同"的实践育人体系和"生活课堂浸润、知行千日成长"的实践路径。

二、三力导向、四重协同——杭科院的实践育人体系

"三力导向、四重协同"的实践育人体系，转化陶行知的生活力、自主力、创造力"三力"为实践育人目标导向，根据德智体美劳全面发展育人要求，强化对高职学生职业成长能力和社会责任意识的培养，确立"四个并重"人才培养模式，协同"政校产教"资源多元打造"生活大课堂"，编制实施知行千日"生活教育历"，探索形成依托实践育人落实立德树人根本任务的校本路径。具体见图9-9。

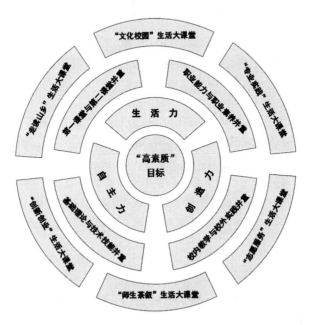

图9-9 "三力导向、四重协同"高职实践育人同心圆体系构建

　　"四个并重"人才培养体系,一是强调了职业能力与职业素养的兼备,体现了对党的教育方针的遵循和对陶行知"全人"教育思想的传承;二是建立在陶行知"教学做合一"思想的基础上,强调基础理论与技术技能的同步培养,凸显了高职教育理实一体的教学特色;三是贯彻了陶行知"社会即学校"思想,以产教融合、校企合作为抓手,以构建社会育人共同体为旨归;四是以陶行知"生活即教育"思想为着眼点,强调主课堂与社团生活、校园生活、校外实践等广泛的"第二课堂"之间的同向同行、共力共融。生活大课堂以"师生茶叙"生活大课堂为例,具体案例附于文后。

三、实践育人的具体做法

　　(一)转化生活教育理论,凝练实践育人理念

　　陶行知生活教育理论提出以生活力为基础、自动力为引领、创造力为关键培养学生"三力","生活·实践"教育主张"六力":生活力、学习力、实践力、自主力、合作力、创造力,杭科院以此指导高素质高职培养目标的实现,即以"生活力"养成为内容目标,以"自主力"增长为状态目标,以"创造力"提升为效果目标,同时构建起"职业能力与职业素养并重、基础理论与技术技能并重、校内教学与校外实践并重、第一课堂与第二课堂并重"的"四个并重"人才培养模式,提炼形成实践育人的发展性理念。

　　(二)推行千日生活教育,设计实践育人方案

　　杭科院以校训"德业兼修　知行合一"为目标要求,以高职在校千日的学习生活事件为主轴主线,精心设计实践育人"生活历",推行"知行千日"生活教育实施方案(见图9-10)。"启航工程"帮助学生入好门、迈好步,旨在"崇德识业";"引航工程"提升学生的职业发展能力,旨在"进德修业";"远航工程"帮助学生顺利就业、创业,旨在"明德立业";系统集成、分段进阶推进实践育人,同时建立完善学生成长评价方案。

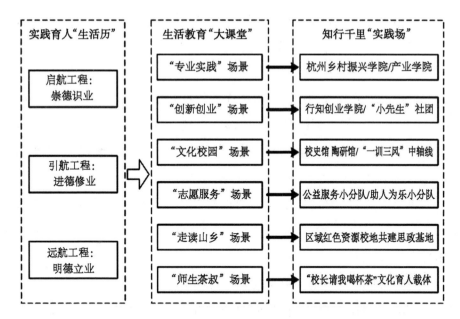

图 9-10 "生活课堂浸润、知行千日成长"高职实践育人实现路径

(三)创设多元生活课堂,打造实践育人平台

杭科院以学风"手脑双挥　匠心致远"为倡导引领,充分发挥"政校产教协同发展"办学优势,成功搭建生活教育六大实践育人场景:以杭州乡村振兴学院和产业学院为平台的"专业实践"场景;以行知创业学院和"小先生"社团为平台的"创新创业"场景;以校史馆、陶研馆和"一训三风"中轴线为平台的"文化校园"场景;以公益服务、助人为乐各类小分队为平台的"志愿服务"场景;以区域红色资源思政基地为平台的"走读山乡"场景;以"校长请我喝杯茶"育人活动为平台的"师生茶叙"场景。形成实践育人行走课堂多元拼图,打造全景浸润式教育场景。

四、杭科院实践育人体系的创新之处

(一)创新提出"三力导向、四重协同"的实践育人新理念及体系架构

杭科院创新性地将生活教育理论、"生活·实践"教育理论应用于高职实践育人的目标设定和体系构建,在陶行知"三力论"与高职高素质培养目标之间架起了转化桥梁,从时空、机制和资源三个维度为实践育人做好顶层设计,丰富了

生活教育理论的时代内涵，寻找到"生活·实践"教育在高职育人中的独特表达。

（二）系统设计高职学生知行千日"生活教育历"并建立学生成长评价方案

杭科院从 2017 年起试点三年生活成长教育，2019 年正式形成"知行千日"大学生成长方案。在教学行事历之外，以"启航、引航、远航"三大工程为时间轴，以"德智体美劳"五种"生活力"（品德意志、学习能力、职业能力、创新能力等）培养为能力轴，设计"生活教育历"。投入 150 万元资金开发学生综合管理系统，构建学生发展性评价体系，已为 11000 余名学生的综合表现"电子画像"，汇总形成生活成长"大数据"，从而激发学生的"自动力"，引导教育学生"德业兼修，知行合一"。

（三）持续打造"校长请我喝杯茶"全国有影响力示范性的实践育人品牌

2013 年，杭科院创建"校长请我喝杯茶"育人活动，已坚持 8 年不间断举办 42 期，活动机制不断迭代升级已形成"3.0"版，建立话题选择、人员海选、问题调研、建议交办与整改反馈的完整制度，形成校内领导、全体师生与校外嘉宾共同参与的"育人共同体"。活动覆盖学生逾 6000 人，递交学校重要决策事项 31 件，落实师生建议 78 条，先后获第五届全国教育改革创新奖、浙江省高校文化育人示范载体等荣誉。

五、成效

育人成效显著。六大实践育人场景受众广泛，成果丰硕。"文化校园"生活课堂形成 23 个典型案例；"走读山乡"共建红色育人基地 10 个，形成六方面 40 个主题实践教学内容；学生参与"乡村振兴"专业服务累计逾 1.5 万人次，220 名师生专业服务 G20 杭州峰会主会场获省、市主要领导批示表扬；行知创业学院雏鹰班、飞鹰班、雄鹰班累计培养逾 1500 人，获省级以上创新创业大赛奖 101 项，相关成果获省级教学成果二等奖；近五年参加志愿服务 5000 余人；涌现出 2019 年度"中国大学生自强之星"、2020 年全国大学生社会实践活动优秀个人等一批"德业标兵"。杭科院实施实践育人体系以来，包含综合素质、实践动手能力满意度等指标在内的学校人才培养质量综合排名连续四年位居全省前六，学校教学业绩考核排名连续四年全省 A 等(优秀)。

推广范围广泛。杭科院在全国"学生喜爱的大学校长"活动论坛(2016,广州)、纪念陶行知提出生活教育理论 100 周年学术论坛(2018,广州)、"陶行知与新时代教育"学术研讨会(2018,杭州)等全国性会议上作典型交流。"校长请我喝杯茶"活动在许多高职院校以不同形式得以推广。学校投资 2000 余万元建成的杭州陶行知研究馆获民盟中央盟员传统教育基地等多个国家级、省市级育人基地称号,全国逾 100 所学校(单位)前来考察交流育人经验,确立了在全国高职院校中学陶、研陶、践陶的引领地位。

教研成果丰硕。先后出版《德业兼修　知行合一——传承陶行知教育思想的高职人才培养典型案例》《陶行知职业教育思想及其当代价值》《校长请我喝杯茶》等专著 7 部,完成教育部人文社科项目"陶行知'艺友制'教育思想对现代学徒制的价值研究"等相关课题 97 项,在学术期刊发表相关论文 111 篇。学校陶行知教育思想研究中心 2017、2020 年两度获评杭州市哲学社会科学重点研究基地。

社会评价良好。先后获第五届全国教育改革创新奖(2017)和浙江省高校文化育人示范载体(2018)。《中国教育报》《中国青年报》《生活教育》《浙江教育报》等媒体多次专题报道,得到教育同行和社会各界广泛关注。周洪宇教授评价杭科院,"从陶行知先生倡导的'生活力、自动力、创造力'出发,结合高职人才培养目标,为构建全新的人才培养体系提供了重要思路"。

附录:"师生茶叙"生活大课堂:校长请我喝杯茶

"真的教育是心心相印的活动,唯独从心里发出来的,才能打到心的深处。"秉承陶行知"爱满天下"的教育思想,杭科院于 2011 年起打造了"校长请我喝杯茶"思政文化育人活动品牌。活动名称中的"校长"并非个体名词,而是指以校长领头,全体校领导、教师、嘉宾都参与的师长"群体"。在历经 10 年实践后,该文化品牌确立起"三个一"的目标定位:

1. 搭建一个立德树人的思政教育平台

从高职人才培养需要出发,充分调动社会各界资源,将"校长请我喝杯茶"

活动打造成学生、校领导、教职员工、社会知名人士、企业代表、校友代表等共同参与的思想交流平台,培养学生的人际交往能力、表达能力、思辨能力,并且以嘉宾们言传身教的榜样力量拓展学生的视野,帮助学生树立正确的世界观、人生观、价值观,规划好职业生涯。

2. 打造一个深耕行知文化的校本教育平台

杭科院从办学历史出发,充分利用学校丰厚的陶行知生活教育思想实践积淀,将"校长请我喝杯茶"活动打造成学陶、传陶、用陶的校本教育平台,用抗战时期湘师七迁校址流亡办学的"苦硬"精神引导学生树立爱国报国志向,用陶行知的生活教育思想引导师生"知行合一,惟真惟实",以"本土化"的故事和语言推动当代高职学生践行社会主义核心价值观,形成"杭科人"的共同价值认知。

3. 培育一片践行民主办学的校园沃土

杭科院从培养社会主义建设者和接班者的育人目标出发,充分结合学校生活的真实情境,将"校长请我喝杯茶"活动打造成师生共同管理学校的议事决策平台。鼓励学生关注学校以及社会发展,培养学生的大局意识、主体意识和责任意识,在集思广益的基础上,激发思想火花和改革思路,并真正地用以改进学校教学、管理、服务等各方面工作,为推动学校内涵建设向纵深发展凝聚集体智慧和师生共力。

实施举措:

1. 多次升级彰显特色

以增强育人实效为目标,"校长请我喝杯茶"活动至今已进行了 4 次优化改进。2013 年第一次升级优化了活动设置,将原本由分管学生工作的校领导、学工部门听取学生意见建议的学生座谈活动,转变为彰显人文关怀、有固定讨论主题的交流活动,活动名称从"我与校长面对面"改成了"校长请我喝杯茶"。2015 年第二次升级优化了活动机制,建立起从话题选择、话题预热、人员海选、讨论交流到问题梳理、问题交办与反馈的一整套较为完整的配套制度,思政教育、民主治校的作用得到加强,行知文化特色进一步彰显。2017 年活动第三次升级,杭科院制定了《打造学校思政工作示范品牌——"校长请我喝杯茶"活动升级方案》,明确了活动的三大定位,明晰了活动的组织机构、规范流程和保障机制,使活动能常态化、更加深入地开展。2018 年,活动被立项为省高校文化育人示范载体后,针对"00 后"学生群体特点改进参与方式、扩大参与范围,增设线上活动内容,进一步提高受众面和传播力。

2. 话题引导入脑入心

作为一项恳谈交流类文化活动,"校长请我喝杯茶"的实际育人效果与话题质量、现场互动质量息息相关。该校通过团委微信公众号面向全体学生公开征集议题,"关注学生所关注的一切",并结合社会时事热点与学校不同发展阶段的重点工作,提前策划话题方案,引导学生"关注学校所关注的一切",将学生的视角从日常的课堂、寝室生活,拓展到学校与个人发展、公共事务管理与社会发展。教学质量提升、美丽校园建设、第二课堂管理、学校"十三五"规划、公共卫生与安全等看似宏大的话题,都以身边事的角度为切入口交给学生们讨论。"桃李时节话桃李——课堂点赞会""我眼中的'优质校'""做冬日暖阳下的动感达人""追寻工匠足迹"等选题,取得了非常好的活动反响,有效培养了在校大学生爱国爱校、关注公共事务的"大爱"情怀与倾听各方声音、理性思考问题的意识和能力。

3. 全员参与共同育人

"校长请我喝杯茶"活动最大化地拓展参与对象,不仅体现学校"全员育人"的理念,更积极建设"社会育人共同体"。从最初的分管学生工作的副校长、学生处处长、团委书记参与,逐步扩展到书记、校长领衔,全体校领导、管理人员、专业教师乃至普通的电工、保安都来参与,并以活动嘉宾的形式邀请政府部门管理人员、企业和校友代表、社会人士来与学生交流。中国教育学会名誉会长、著名教育家顾明远,公羊队全国总队长、浙江省人民政府个人一等功获得者徐立军,杭州国际博览中心等校企合作单位的负责人,诸多行业的翘楚、优秀毕业生校友都曾先后受邀参加活动,为大学生的成长提供了开阔的阅历脚本和身边榜样。

4. 机制保障注重实效

"校长请我喝杯茶"并不是喝完茶、聊完天就算完成任务,而是每次都有后续措施来求"真见效"。活动建立起了交办机制、归档机制,由宣传部和团委负责,整理每次活动中师生提出的合理诉求和建议,填写《工作交办单》或《咨询建议单》,由校长签批后交对口职能部门定期整改,党办、校办负责督办。改造食堂、建设美食广场,改建灯光球场、学生广场,周二下午不排课设立专业社团活动时间……很多学生建议得到了学校的积极回应,极大地培养了在校大学生的爱校意识、主人翁精神和务实的态度,也借由学校这方天地让学生了解到了社会事务的管理模式,增强了对社会主义制度的自信心。

5. 经验推广社会认可

2016年,在中国高等教育学会、中国青年报社联合中华全国学生联合会共同主办的2016年"学生喜爱的大学校长"活动论坛上,该校的"校长请我喝杯茶"活动经验介绍引起了与会校长们的强烈反响,赴杭科院学习取经并推出类似师生恳谈交流活动的高校众多。2018年1月,"校长请我喝杯茶"获第五届全国教育改革创新奖。2018年6月,"校长请我喝杯茶"品牌案例被收录于《德业兼修　知行合一——传承陶行知教育思想的高职人才培养典型案例(第一辑)》一书,由光明日报出版社出版发行。2018年7月,《生活教育》杂志专题报道了该校在高等职业教育中传承与实践陶行知教育思想、以行知文化育人的经验做法。"校长请我喝杯茶"文化品牌获得《中国青年报》《浙江教育报》《杭州日报》《中青在线》等媒体多次报道。

参考文献

（一）中文类

1.专著

[1]蔡清田.核心素养与课程设计[M].北京:北京师范大学出版社,2018.

[2]陈鹤琴.活教育[M].南京:南京师范大学出版社,2012.

[3]丁水娟.陶行知职业教育思想及其当代价值[M].杭州:浙江工商大学出版社,2018.

[4]董宝良,喻本伐,周洪宇.陶行知教育论著选[M].北京:人民教育出版社,2011.

[5]华中师范大学教育科学研究所.陶行知全集(第1-8卷)[M].长沙:湖南教育出版社,1983.

[6]黄光雄,蔡清田.核心素养:课程发展与设计新论[M].上海:华东师范大学出版社,2017.

[7]李政涛.教育常识[M].上海:华东师范大学出版社,2016.

[8]联合国教科文组织总部中文科.反思教育:向"全球共同利益"的理念转变?[M].北京:教育科学出版社,2017.

[9]林崇德.21世纪学生发展核心素养研究[M].北京:北京师范大学出版社,2016.

[10]王湛.从教育大国迈向教育强国[M].北京:人民教育出版社,2008.

[11]谢列卫.校长请我喝杯茶:高校文化育人典型案例[M].北京:光明日报出版社,2021.

[12]谢列卫.德业兼修　知行合一:传承陶行知教育思想的高职人才培养典型案例[M].北京:光明日报出版社,2018.

[13]杨九诠.学生发展核心素养三十人谈[M].上海:华东师范大学出版社,2017.

[14]叶澜.回归突破"生命·实践"教育学论纲[M].上海:华东师范大学出版社,2015.

[15]余滔.萧湖之畔的丰碑[M].南京:河海大学出版社,2003.

[16]余文森.核心素养导向的课堂教学[M].上海:上海教育出版社,2017.

[17]章开沅,唐文权.平凡的神圣——陶行知[M].武汉:华中师范大学出版社,2013.

[18]中国学生发展核心素养课题组.中国学生发展核心素养[S].中国学生发展核心素养课题组内部资料,2016.

[19]钟启泉,崔允漷.核心素养研究[M].上海:华东师范大学出版社,2018.

[20]钟启泉,等.为了中华民族的复兴,为了每位学生的发展:基础教育课程改革纲要(试行)解读[M].上海:华东师范大学出版社,2001.

[21]周洪宇,鲍成中.大时代:震撼世界的第三次工业革命[M].北京:人民出版社,2014.

[22]周洪宇,徐莉.第三次工业革命与当代中国[M].武汉:湖北教育出版社,2013.

[23]周洪宇,易凌云.教联网时代:一场即将来临的教育变革[M].北京:科学出版社,2018.

[24]周洪宇,刘来兵.全球视野下的陶行知研究(第1—8卷)[M].北京:北京师范大学出版社,2015.

[25]周洪宇,邹伦海,等.教育大变革:全体·全面·全程的阳光教育[M].济南:山东教育出版社,2005.

[26]周洪宇,邹伦海,等.教育大创新:阳光教育实践行[M].济南:山东教育出版社,2008.

[27]周洪宇.陶行知教育名篇精选(教师读本)[M].福州:福建教育出版

社,2013.

[28]周洪宇.陶行知生活教育学说[M].武汉:湖北教育出版社,2011.

[29]周洪宇.陶行知研究在海外[M].北京:人民教育出版社,1991.

[30]朱慕菊.怎样培养孩子的交往能力[M].北京:北京师范大学出版社,2020.

[31]朱清时,李传玺.现代大学校长文丛·蔡元培卷[M].合肥:安徽教育出版社,2015.

[32]朱永新.未来学校 重新定义教育[M].北京:中信出版集团,2019.

[33]《马克思恩格斯选集》(第1卷),北京:人民出版社,1972.

[34]伯特兰·罗素.教育与美好生活[M].杨汉麟,译.石家庄:河北人民出版社,1999.

[35]伯尼·特里林,查尔斯·菲德尔.21世纪的技能——为我们所生存的时代而学习[M].洪友,译.天津:天津社会科学院出版社,2011.

[36]玛丽亚·哈迪曼.脑科学与课堂:以脑为导向的教学模式[M].上海:华东师范大学出版社,2018.

2.论文

[1]蔡清田."国民核心素养"转化成为领域/科目核心素养的课程设计[J].湖南师范大学教育科学学报,2016(5).

[2]蔡清田."核心素养":新课改的目标来源[N].中国社会科学报,2012-10-10(B01).

[3]蔡清田.核心素养的学理基础与教育培养[J].华东师范大学学报(教育科学版),2018(1).

[4]蔡元培.教育部总长蔡元培对于新教育之意见[J].中华教育界,1912(2).

[5]陈琳.颂"学生发展核心素养体系"[J].英语学习,2016(1).

[6]褚宏启.核心素养的概念与本质[J].华东师范大学学报(教育科学版),2016(1).

[7]褚宏启.核心素养的国际视野与中国立场——21世纪中国的国民素质提升与教育目标转型[J].教育研究,2016(11).

[8]褚宏启.核心素养是否过时:关键能力能否取代核心素养[J].中小学管理,2017(10).

[9]褚宏启.解读关键能力[J].中小学管理,2017(11).

[10]褚宏启.再谈核心素养与关键能力[J].中小学管理,2017(12).

[11]崔允漷.素养:一个让人欢喜让人忧的概念[J].华东师范大学学报(教育科学版),2016(1).

[12]丁水娟,茅佳清.贾儒结合:陶行知职业教育思想的本土化特质探析[J].历史教学问题,2018(2).

[13]丁水娟,茅佳清.陶行知"生利主义"职业教育思想的历史背景与时代价值[J].中学历史教学参考,2015(11).

[14]丁水娟,许淑燕."艺友制"与现代学徒制的比较研究[J].中国职业技术教育,2019(4).

[15]丁水娟,许淑燕.陶行知创造力思想对高职"双创"人才培养的借鉴价值[J].东华大学学报(社会科学版),2018(3).

[16]高伟.论"核心素养"的证成方式[J].教育研究,2017(7).

[17]高正华."生活·实践"教育理念与自主教育[J].湖北教育(政务宣传),2018(11).

[18]高正华.基于现代学校制度的集团化管理[J].湖北教育(政务宣传),2020(5).

[19]高正华.天问特色的自主教育课程与教学观[J].湖北教育(政务宣传),2018(7).

[20]龚建平.略论梁漱溟人生哲学中的儒佛双重性[J].陕西师范大学学报(哲学社会科学版),1996(3).

[21]郭文娟,刘洁玲.核心素养框架构建:自主学习能力的视角[J].全球教育展望,2017(3).

[22]韩玉霞.清末民初的军国民教育[J].史学月刊,1987(5).

[23]黄美芳.新劳动教育生态种植课程建构与实施[J].课程教学研究,2020(2).

[24]江心力.梁漱溟人生哲学探微[J].中国海洋大学学报(社会科学版),2003(5).

[25]晋欢,鲁照斌."生活·实践"教育视域下的课程设计与实施[J].教育视界,2020(31).

[26]李艺,钟柏昌.谈"核心素养"[J].教育研究,2015(9).

[27]李镇西.怎样才算将一本书读懂了[N].中国教师报,2021-8-18.

[28]李政林,李政涛."新基础教育"教学变革研究的"生命·实践"特质[J].中小学管理,2021(5).

[29]李政涛.基础教育改革的未来走向与典型经验——以四川"高品质学校建设"探索为例[J].教育科学论坛,2021(8).

[30]李子建.21世纪技能教学与学生核心素养:趋势与展望[J].河北师范大学学报(教育科学版),2017(3).

[31]林崇德.对未来基础教育的几点思考[J].课程·教材·教法,2016(3).

[32]林崇德.构建中国化的学生发展核心素养[J].当代教育家,2017(2).

[33]刘荣辉,邹伦海,高莉.阳光教育理念下的学校管理新策略——武汉市第二十五中学的教育实践[J].教师教育论坛,2017(8).

[34]刘云杉."核心素养"的局限:兼论教育目标的古今之变[J].全球教育展望,2017(1).

[35]柳夕浪."综合素质"与"核心素养"——再谈"培养什么样的人"[J].华东师范大学学报(教育科学版),2017(2).

[36]柳夕浪.从"素质"到"核心素养"——关于"培养什么样的人"的进一步追问[J].教育科学研究,2014(3).

[37]卢志文.散论新教育[J].教育,2019(46).

[38]鲁洁.教育的原点:育人[J].华东师范大学学报(教育科学版),2001(9).

[39]鲁照斌.以"陶"树人:人工智能时代生活教育的校本研究与实践[J].生活教育,2021(2).

[40]鲁照斌.中小学家校合作中的偏失现象透析[J].江苏教育,2021(Z2).

[41]马国新.都市中的田园[J].湖北教育(政务宣传),2021(7).

[42]马国新.校园里的树[J].湖北教育(政务宣传),2021(8).

[43]马克荣.基于微课的小学数学生本课堂的构建研究[J].数学学习与研究,2020(10).

[44]裴新宁,刘新阳.为21世纪重建教育——欧盟"核心素养"框架的确立[J].全球教育展望,2013(12).

[45]邵朝友.评价范式视角下的核心素养评价[J].教育发展研究,2017(4).

[46]申国昌,周洪宇.陶行知求真务实的治学理念探析[J].华中师范大学学报(人文社会科学版),2006(4).

[47]汪拥军.从抗"疫"模式下的在线教学眺望未来学校建设[J].中国教师,2020(5).

[48]汪拥军.探索育人方式改革,厚植学生创新素养[J].教育家,2021(21).

[49]王湛.努力促进基础教育均衡发展[J].人民教育,2002(9).

[50]王湛.世纪之交"两基"的实现与基础教育的改革发展[J].中国教育学刊,2016(8).

[51]谢列卫,任红民,吴建设.陶行知教育思想与高职创新创业人才培养的关系研究[J].职业技术教育,2017(7).

[52]谢列卫.行知文化引领的高职创新创业教育体系构建与实践——以杭州科技职业技术学院为例[J].湖州职业技术学院学报,2016(3).

[53]谢维和.谈核心素养的"资格"[J].中国教育学刊,2016(5).

[54]辛涛,姜宇,刘霞.我国义务教育阶段学生核心素养模型的构建[J].北京师范大学学报(社会科学版),2013(1).

[55]辛涛,姜宇.基于核心素养的基础教育评价改革[J].中国教育学刊,

2017(4).

[56]辛涛.学生发展核心素养研究应注意几个问题[J].华东师范大学学报（教育科学版）,2016(1).

[57]许新海.在危机中育新机[N].江苏教育报,2021-2-26.

[58]杨红.把美贯穿于学校教育全过程[J].湖北教育（政务宣传）,2019(4).

[59]杨红.如何做教育信息化2.0时代的好校长[J].人民教育,2019(15).

[60]杨志成.核心素养的本质追问与实践探析[J].教育研究,2017(7).

[61]叶澜.探教育之所"是"，创学校全面育人新生活——新时期"新基础教育"研究再出发[J].人民教育,2018(13).

[62]叶澜.转化融通在合作研究中生成——四论教育理论与教育实践的关系[J].教育研究,2021(1).

[63]易凌云,周洪宇,王明雯等.推动我国互联网教育立法的思考与建议[J].现代远程教育研究,2017(1).

[64]尹弘飚.课程改革一定要"核心素养"吗？——兼评全球化时代的香港课程改革[J].全球教育展望,2017(10).

[65]余文森.从三维目标走向核心素养[J].华东师范大学学报（教育科学版）,2016(1).

[66]余文森.论学科核心素养的课程论意义[J].教育研究,2018(3).

[67]袁建林,刘红云.核心素养测量:理论依据与实践指向[J].教育研究,2017(7).

[68]张华.核心素养与我国基础教育课程改革"再出发"[J].华东师范大学学报（教育科学版）,2016(1).

[69]张华.论核心素养的内涵[J].全球教育展望,2016(4).

[70]张娜.DeSeCo项目关于核心素养的研究及启示[J].教育科学研究,2013(10).

[71]张勇,何青,占正奎.围绕合育课堂,建设校本教学资源库[J].软件导

刊(教育技术),2016(3).

[72]张勇.有什么样的课堂就有什么样的学校[J].湖北教育(综合资讯),2014(5).

[73]赵荷花.人性论的新视角及其教育意义[J].教育学报,2010(6).

[74]钟启泉.核心素养的"核心"在哪里[N].中国教育报,2015-4-1(7).

[75]周洪宇,鲍成中.扑面而来的第三次教育革命[J].中国教育报,2014-5-2.

[76]周洪宇,鲍成中.第三次工业革命与人才培养模式变革[N].教育研究,2013(10).

[77]周洪宇,鲍成中.论第三次教育革命的基本特征及其影响[J].中国教育学刊,2017(3).

[78]周洪宇,鲍成中.论教育家的"群生现象"及启示[J].中国教育学刊,2016(8).

[79]周洪宇,徐莉.第三次工业革命与当代中国[J].当代电力文化,2014(5).

[80]周洪宇,徐莉.联合国教科文组织教育 2030 框架对中国教育现代化2030 的启示[J].河北师范大学学报(教育科学版),2017(5).

[81]周洪宇,徐莉.站在人类历史拐点处探求教育变革之路[J].国家教育行政学院学报,2014(7).

[82]周洪宇,易凌云.大数据时代教师教育的变革[J].教育研究与实验,2017(1).

[83]周洪宇,易凌云.互联网教育推动我国文化传播的思考及建议[J].学习月刊,2016(24).

[84]周洪宇,易凌云.万物互联时代的教育新视域[J].今日教育,2019(2).

[85]周洪宇,操太圣.生活教育运动的历史及对当代教育的影响[J].教育研究,1997(10).

[86]周洪宇,龚苗.生活力、自动力、创造力:陶行知的学生核心能力论[J].

教育科学研究,2016(12).

[87]周洪宇,龚苗.陶行知的"三力论""常能说"与21世纪核心素养观[J].教育史研究,2017(2).

[88]周洪宇,广少奎."阳光教育"论[J].中国教育学刊,2004(1).

[89]周洪宇.核心素养的中国表述:陶行知的"三力论"和"常能论"[J].华东师范大学学报(教育科学版),2017(1).

[90]周洪宇.继承中的超越与超越中的继承——陶行知与杜威关系略论[J].教育研究与实验,1993(4).

[91]周洪宇.今日我们为什么需要建立"陶行知学"[J].教育科学研究,2016(12).

[92]周洪宇.生活教育研究如何深入[J].华中师范大学学报(人文社会科学版),1991(6).

[93]周洪宇.陶行知历史定位新论[J].华中师范大学学报(人文社会科学版),2017(2).

[94]周洪宇.陶行知研究的方法论问题[J].华中师范大学学报(哲学社会科学版),1989(2).

[95]周志平.生活教育当代化与新生活教育探索[J].生活教育,2014(19).

[96]朱传世.简论核心素养的十大关系[J].中国教师,2018(1).

[97]朱慕菊.全国六年课改的经验与创新[J].上海教育,2007(17).

[98]朱慕菊.献给倾情奉献的改革者——纪念基础教育课程改革20年[J].基础教育课程,2021(17).

[99]朱旭东.基于学生发展的核心素养界定[J].教育发展研究,2017(4).

[100]朱永新,郝晓东.信息化:为高质量教育创造条件和可能[J].陕西教育(综合版),2021(6).

[101]朱永新,罗晶.中国共产党与中国教育百年[J].教育研究,2021(7).

[102]邹伦海,刘焱明.浅谈开展合作学习的有效策略[J].湖北教育(政务宣传),2004(3).

（二）英文类

[1]DeSeCo. The Definition and Selection of Key Competencies:Executive Summary [EB/OL] . (2003-06-25). https://www. pisa. oecd. org/dataoecd/47/61/35070367. pdf.

[2]The European Parliament and the Council of the European Union. Recommendation of the European Parliament and of the Council of 18 December 2006 on Key Competences for Lifelong Learning[EB/OL]. (2006-12-30). http://eur-lex. europa. eu/LexUriServ/LexUriServ. do? uri＝OJ:L:2006:394:0010:0018:en:PDF.

[3]P21. P21 Framework Definitions [EB/OL]. (2015-05-15). http://www. p21. org/storage/documents/docs/P21_Framework_Definitions_New_Logo_2015. pdf.